社會工作理論與方法

An Introduction to Applying Social Work Theories and Methods, 2e

Barbra Teater
著

溫如慧、李易蓁、黃琇櫻、練佳姍、鮑曉萱
譯

國家圖書館出版品預行編目(CIP)資料

社會工作理論與方法 / Barbra Teater 著；溫如慧等譯. -- 初版. -- 臺北市：麥格羅希爾, 臺灣東華, 2018.01
　面；　公分
譯自：An introduction to applying social work theories and methods, 2nd ed.
ISBN　978-986-341-373-8 (平裝)

1. 社會工作

547　　　　　　　　　　　　　　　　　　106021881

社會工作理論與方法

繁體中文版 © 2018 年，美商麥格羅希爾國際股份有限公司台灣分公司版權所有。本書所有內容，未經本公司事前書面授權，不得以任何方式 (包括儲存於資料庫或任何存取系統內) 作全部或局部之翻印、仿製或轉載。

Original English language edition copyright © 2014
Open International Publishing Limited. All rights reserved.
Traditional Chinese (long-form) language edition of *An Introduction to Applying Social Work Theories and Methods*, 2E by Barbra Teater (ISBN: 978-0-33-524763-9)
Copyright © 2018 by McGraw-Hill International Enterprises, LLC., Taiwan Branch. All rights reserved.

作　　　者	Barbra Teater
譯　　　者	溫如慧、李易蓁、黃琇櫻、練佳姍、鮑曉萱
合 作 出 版暨發行所	美商麥格羅希爾國際股份有限公司台灣分公司台北市 10044 中正區博愛路 53 號 7 樓TEL: (02) 2383-6000　　FAX: (02) 2388-8822
	臺灣東華書局股份有限公司10045 台北市重慶南路一段 147 號 3 樓TEL: (02) 2311-4027　　FAX: (02) 2311-6615郵撥帳號：00064813門市：10045 台北市重慶南路一段 147 號 1 樓TEL: (02) 2371-9320
總 經 銷	臺灣東華書局股份有限公司
出 版 日 期	西元 2018 年 1 月 初版一刷

ISBN：978-986-341-373-8

譯者簡介

溫如慧

現職

嘉南藥理大學社會工作系 助理教授

學歷

台南大學教育系教育經營管理組博士

英國巴斯大學社會政策與科學碩士後研究 (Bath University, M.Phil.)

美國紐約州立大學水牛城分校社會工作碩士 (State University of New York at Buffalo, MSW)

社會工作師專技高考及格

老人專科社會工作師考試及格

經歷

新光吳火獅紀念醫院社會工作師

彰化基督教醫院社會工作員

李易蓁

現職

嘉南藥理大學社會工作系助理教授

學歷

中正大學犯罪防治研究所博士

東吳大學社會工作研究所碩士

社會工作師專技高考及格

兒童、少年、婦女及家庭專科社工師

經歷

三軍總醫院精神醫療部社工師

國防部台南監獄心輔老師

黃琇櫻

現職
新光吳火獅紀念醫院社會工作督導

學歷
東海大學社會工作系碩士
東海大學社會工作系學士

經歷
馬偕醫院社會工作員

練家姍

現職
專職翻譯

學歷
英國巴斯大學社會與政策學系碩士後研究 (Bath University, M.Phil.)
英國厄斯特大學應用心理學系碩士 (Ulster University, MSc in Applied Psychology)
社會工作師專技高考及格

經歷
家扶基金會研究發展室專員
實踐大學家庭研究與兒童發展學系、社會工作系 兼任講師

鮑曉萱

現職
英國 JP Strategic Consulting 倫敦外語工作室執行副總監

學歷
日本大阪大學戲劇文學士
德國 Die Neue Schule 高級德語課程修畢

經歷
時代國際英日語講師
萬國法律事務所日語翻譯

譯者序

　　本書羅列社會工作十一個重要理論，也將團體工作與社區工作包含其中。本書內容詳盡介紹理論之起源、建構背景、基本假設與釋義、理論於實務場域之應用、倫理與文化的考量、理論的相關研究以及理論的優勢與限制。透過案例說明，我們可以看到各個理論如何適當地運用於多元的社會工作領域，文中亦強調文化倫理考量並引導讀者進行批判性思考，提醒社會工作者在立基於理論所實施的工作技巧之下，案主權利與專業關係維繫的重要性。期許本書能幫助有志於助人工作之學生與實務工作者排除對於理論的障礙，有效連結並運用理論於實務工作，同時省思如何考量台灣的社會、文化、環境、結合社會資源網絡，採取適合之理論以協助案主，改善其問題，促進服務品質。

　　由衷感謝共同參與本書的四位譯者，李易蓁老師、黃琇櫻督導、練家姍小姐、鮑曉萱小姐，在本書翻譯期間相互支持、不厭其煩地討論與修正。感謝東華書局/新月圖書採購編輯儲方先生、編輯部謝佩珈小姐以及優秀的編輯群給予我們許多的鼓勵與支持，使本書得以順利完成。本書內容難免有不足或疏漏之處，尚祈社會工作界先進前輩與夥伴們不吝惠予。

溫如慧 謹識

2017年11月28日

推薦序

　　Barbra Teater 再版的《社會工作理論與方法》，讓讀者能透過這些具有價值的文字，了解社會工作理論。本書也協助讀者將理論應用於實務上，並進行批判性思考。新增的〈團體工作〉與〈社區工作〉二章，為本書增添了新的面向，讓讀者能進一步了解關於更多服務使用者及不同服務場域的社工理論。本書是學生絕佳的資源；除了提供知識基礎，也支持讀者將所學知識應用於實務工作上。

Penelope Welbourne, Associate Professor of Social Work, Plymouth University, UK

　　第一版《社會工作理論與方法》甫出版，我就將之放在大學部與碩士班學生的閱讀書單中；因為書中文字流暢，組織嚴謹，內容深入淺出。本書的優點，在於詳盡且有條理的案例，條列式的優勢與限制分析，並列入了當代文獻及開創性的相關研究。我高度推薦第二版《社會工作理論與方法》；它更新了資料與案例，包括著墨於失智症的探討，及新增了〈社區工作〉及〈團體工作〉二章。這些都是社會工作者在經濟條件嚴峻及人口統計變化的當代，需特別關注的議題。

Mandy Hagan, Senior Lecturer, Manchester Metropolitan University, UK

目 錄

譯者序		v
推薦序		vi
第一章	理論與方法的介紹	1
第二章	系統理論與生態觀點	17
第三章	優勢觀點	43
第四章	增權與語言的運用	63
第五章	社會建構主義	83
第六章	女性主義理論與實務	105
第七章	個人中心取向	125
第八章	動機式晤談	147
第九章	認知行為療法	175
第十章	焦點解決實務	197
第十一章	任務中心社會工作	217
第十二章	危機干預	235
第十三章	社區工作	253
第十四章	團體工作	271

第一章
理論與方法的介紹

前言

　　理論(theories)是實務中重要的元素,可以做為社會工作者在面對個案、團體、社區與社會時,所持的觀點與取向之依據。當社工面對有特殊歷史、問題或特定目標的個案時,理論可以協助社工預測、解釋與評估狀況與行為,並提供具理論基礎的回應及介入方式。**方法**(methods)則是特定的技巧與取向,讓社工加以應用,以協助個案完成任務並達到特定目標。理論通常也能告知社工哪一種方法最適合應用在個案上。在面對個案時,社工有義務要以心理學、社會學及社會工作等理論來接近個案,並予以評估與介入。

　　每位社工,不論他們有沒有發現,都有其實務上的理論架構(Coulshed and Orme, 2012)。有些社工不一定全然發現或了解他們的理論架構;他們藉由個人或專業上的經驗來形成實務工作上的假設或信仰,而非完全藉由已知或研究而來的理論。在這樣的情況下,社工依自己的假設或價值來進行實務工作可能會讓個案陷入危機。社工有倫理與專業上的責任,去學習那些已形成或已經過研究的理論知識,並以此作為社會工作價值建構的基礎。此外,在社工實務上也要持續採用這些理論。本章提供了理論與方法的概述,包括定義說明,及解釋理論與方法在社工實務上的角色與運用。接著概述心理社會理論。不論是歷史上或當代社會,心理社會理論是許多社工理論與方法的基石,並做為社工—個案關係裡各步驟中該考量的依據。在本章的最後介紹反壓迫實務工作及本書大綱。

理論與方法有何不同？

「理論」及「方法」二名詞既是獨立的概念，卻又彼此相關。若以獨立的概念來探討，是對某種條件下的某種情況將會發生什麼事所做的假設、所產生的想法或預測。方法，是當社工實際與個案工作的真正做為。簡單來說，理論是你對特定狀況有些什麼思考，以及對這樣的狀況有些什麼推測；方法則是針對你對特定狀況而來的思考與推測，所採取的作為。理論可以幫助預測或描述某特定的現象；在面對該特定現象時，方法可以將所應採取的作為具體化。表1.1列出了理論與方法的同義詞，有助於認識這兩個不同的概念。「方法」這個名詞通常會與「**取向**(approach)」、「**處遇**(intervention)」或「**實務**(practice)」相通。這些專有名詞都表示**行動**(action)，為方法的同義詞，意指社工的作為或**執行**(implement)。

若以彼此相關的概念來探討，理論通常可以幫助社工選擇某種方法來處理個案的特定問題。理論幫助社工去了解不同的狀況、困境、行為及經驗；方法則指引社工如何對特定的現象做出回應（見圖1.1）。例如，**改變理論**(change theory)中提及改變的階段〔通常指**五階段模式**(five-stage model)〕，明確地說明個案在改變的過程中會經歷明顯的階段，且在最終改變成果得以維持前，會重複這些改變週期數次。因此，當協助個案做改變時，社工要依據改變階段理

▶ 表1.1　理論與方法的同義詞

理論	方法
假說(hypothesis)	方法(means)
前提(premise)	方法(way)
推定(presumption)	流程(process)
推測(conjecture)	系統(system)
推斷(speculation)	方案(scheme)
假設(assumption)	技術(technique)
猜測(guess)	模式(mode)

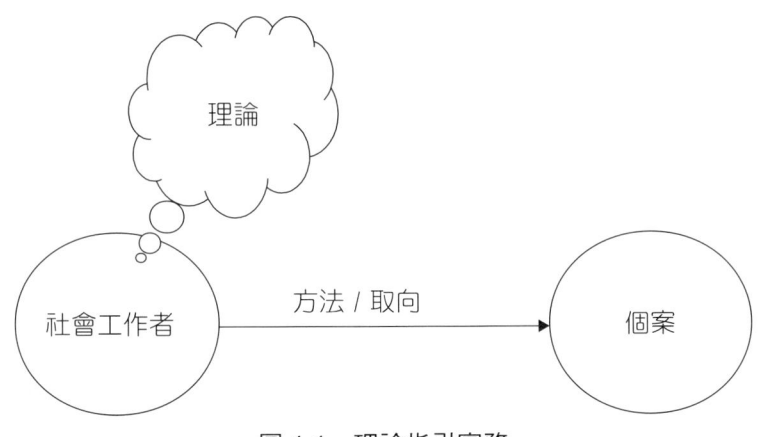

圖 1.1　理論指引實務

論來評估個案當下屬於改變中的哪個階段，並依此決定要對個案採用何種方法或技巧。若個案目前處於**沉思期階段**(contemplation stage)，也就是個案對改變一事感到矛盾，此時社工應要能知道採用什麼技巧，例如**決策權衡**(decision balance)或是**量尺法**(scaling)，來協助個案處理矛盾情緒，進而願意改變。在這種情況下，社工使用改變階段論（理論）來評估個案目前處在改變歷程中的哪一個階段，並依此評估，採用特定的技巧與介入（方法）來達到改變的目標。因此，理論與方法彼此相關；理論指引了實務。

除了理論與方法二專有名詞，社工可能還會接觸到**觀點**(perspective)、**模式**(model)、取向、處遇或實務等專有名詞。觀點與理論稍有不同；觀點不一定能預測或描述某一現象。觀點通常是指一種**架構**(framework)或檢視的方式，藉以用來看待或了解某特定狀況。模式通常是指以邏輯性及／或圖表化的方式來描述某一理論或方法，且著重在將會發生什麼事情，及事情如何發生。當你在閱讀本書時，每章都會使用到一種以上的上述專有名詞，來闡釋該章的主題。例如，**社會建構主義**(social constructivism)會被歸類為理論，因為它試著解釋與描述特定的現象；但若社會建構主義影響著社工對特定經驗的看法或了解，則它可以被歸類為觀點。社工也可以融合社會建構主義中的各個面向來作為介入的依據，例如對個案採取**好奇的態度**(position of curiosity)，此時社會建構主義就成為介入的方法。其他章節的主題可能較能讓人一目了然，例如**動機式晤談**(motivational interviewing)，是**個人中心理論**(person-centred theory)

及改變階段理論〔通常會以**視覺模式**(visual model)來描述〕所衍生出的方法；**危機介入**(crisis intervention)則是依據**危機理論**(crisis theory)而來的方法。表1.2提供了常用的專有名詞及其定義。

▶ 表1.2 常用的專有名詞

專有名詞	定義
理論	對特定現象提出描述、解釋或預測。
方法	當面對特定現象時，能有的特定做為。
觀點	檢視或了解特定經驗的方式；依據文字或原則。
模式	以邏輯性或圖表畫的方式來描述某理論或方法。

社工理論的功能

為什麼社工要在實務工作中使用理論呢？理論能協助社工去了解、解釋或釐清狀況或行為；並對過去曾經發生了什麼事，或未來可能發生什麼事，提供省思性的想法。例如，一位兒童個案在嬰兒時期就進入寄養照顧，並轉換了多個寄養家庭。當社工與這位兒童個案一同工作時，可依據Bowlby (1979; 1988)的**依附理論**(attachment theory)來解釋兒童在寄養家庭中的**破壞行為**(disruptive behaviour)；因為他在嬰兒時期無法穩定地與父母或照顧者建立安全連結。另一個例子應用**系統理論**(systems theory)或**生態觀點**(ecological perspective)；這些理論認為個人與環境是屬於不同的系統，彼此互相關連也互相依賴。當其中一個系統有所改變或變動時，會導致另一個系統的改變或變動。因此，當社工採用系統理論或生態觀點時，他／她要針對個人系統與環境系統進行評估，以決定哪一個系統需要介入。上述例子都說明了理論可以指引社工的實務，藉由對個案狀況提供基礎性的解釋，讓社工了解個案的狀況；當提供某種方法或採取某個取向時，社工也能預期可能發生的反應。

社工有專業上與倫理上的責任，要以具有信度且與社工專業價值相符的理論與方法來觀察、評估、接觸與介入個案及其環境。這與以直覺指引實務恰好

相反。若社工是以直覺去觀察、評估、接觸與介入個案,也就是說社工個人覺得這樣做是對的、是一種直覺性的感受或個人假設。這些做法都可能讓個案陷入受到傷害的危險中。這不代表「**實務智慧**(practice wisdom)」不存在;相反地,實務智慧指的是過去曾依據著理論與方法,獲得成功或不成功的經驗,來做為未來面對類似狀況時的一個指引。也就是說,實務智慧並非缺少對理論與方法的應用;而是一種根據過去已應用過理論與方法的相關經驗與類似狀況,所匯集成更快、更正確的反應。

社工實務中使用的理論與方法是可靠且有效的。這些理論與方法都是經由量化與質化的研究而來。社工應以批判性思維來對個案與實務結果進行評估,並對使用了理論與方法的實務與執行狀況進行反思,以了解哪些是成功的,哪些是不成功的,或哪些在未來的狀況中需要被修正、調整或繼續維持。這些過程可讓社工知道如何針對當前個案與狀況,選擇應用最適切且最有效的理論與方法。正如 Payne 等人(2009, p. 3)所述,「具批判性的反思讓人能夠以不同角度去回顧,並在做出『最佳實務』前有更多選擇。」

具批判與反思的實務需要社工在實務工作中能時時反思,並有批判性思考。社工可以藉由詢問自己所遇到的下列問題來開始批判與反思的過程(Adams, 2009, p. 234):

- ▲ 發生什麼事?
- ▲ 要如何與過去的經驗相比較?
- ▲ 我該如何做?
- ▲ 我做得多好?
- ▲ 我可以做些什麼讓事情更好?
- ▲ 我可以做些什麼讓事情變得不一樣?

前三個問題是社工對狀況及所發生的事進行反思;後三個問題是社工對所經驗到的事、所學到的事、及在未來的實務中可以做些什麼修正等進行批判性反思。

> **練習1.1** 將理論與方法融入實務中
>
> 兩兩一組或小組討論,依照你個人或實務經驗討論下列問題:
> 1. 你在實務中使用過哪一種方法?
> 2. 該方法的理論依據為何?
> 3. 解釋你使用該理論與方法的理由。
> 4. 在當時的狀況中,你所使用的理論與方法恰當嗎?解釋你的答案。

理論與方法:實務的選擇

　　社工該如何開始建立實務上應使用哪些理論與實務?要讓自己成為擁有知識與效能的社工人員,就要從社工實務中常見且建立已久的理論與方法開始熟悉與學習。一旦取得了這些知識,社工便可以評估狀況,並決定哪一項或多項理論與方法是最適合個案、當下狀況與社工個人。通常,社工會因個人特質或所處機構的屬性而偏好某些理論或架構。例如,藥酒癮治療中心可能建議使用動機式晤談,以挑戰個案的成癮行為;飲食障礙診所可能建議使用認知行為治療,以改變個案的飲食常規。這兩種取向都建立已久,且能有效改變人的行為。重點是社工應選擇什麼理論與方法,才是對個案與狀況最適合且有效的。若某理論或方法沒有成效,社工並非要更努力地繼續嘗試,而是要換一個更符合個案需求的理論或方法。

　　有很多不同的方式能讓社工將理論與方法融入實務工作中。社工可以使用單一理論或方法;也可以使用**折衷取向**(eclectic approach)。折衷取向是指社工使用不同理論與方法,並在實務中結合全部或數種觀點。例如,有些社工與機構會專精於使用某一方法,例如**焦點解決實務工作**(solution-focused practice)、動機式晤談或認知行為治療;另一些社工與機構則依據個案、當下狀況與最終目標融入了不同的理論與方法。舉例來說,社工以個人中心取向做為開始介入的工作方法,但同時也採取了**任務中心取向**(task-centred approach);到後期為了達成一項或多項所設定的目標而採取了認知行為治療。對理論與方法的選擇一定要是對個案及其狀況最適切的,且是社工所熟知的。再次說明,若所採用

的理論或方法不成功，社工不應繼續地嘗試該理論或方法，或假設是個案處在抗拒階段；相反地，應該再次評估個案及狀況，並修正理論與方法，以最符合個案及共同工作的目標。

社工實務理論與方法：簡介心理社會理論

理論與方法在社工實務中已占有一席之地。目前社工理論與方法的根基是**心理社會理論**(psychosocial theory)。當代社工理論學家強調個人在其環境中的脈絡關係相當重要(Robinson and Kaplan, 2011)；社工專業認為個人與其環境是彼此相關且相互依賴。個人的發展與社會狀況在某種程度上屬於環境的產物；但個人也能影響並改變他們的環境(Kondrat, 2002)。心理社會理論為社工所熟知的其他理論方法提供了脈絡，尤其是為當代社工理論奠定了基礎。

心理社會理論、心理分析與心理動力個案工作，對社會工作有重要的影響。心理社會理論是社工專業發展初期時最顯而易見的理論，也持續地影響當代的社工專業(Robinson and Laplan, 2011)。社工專業中心理社會理論的源起是史密斯學院(Smith College)中的學者Frank Hankins (1931)，及Mary Richmond所著《社會診斷》(*Social Diagnosis*) (1917)及《什麼是社會個案工作》(*What Is Social Casework*?) (1922)二書。二位學者皆強調要依據心理社會層面去了解個人。另外，Mary Richmond及Florence Hollis (1958; 1972)則被視為心理社會取向的先驅，因為她們認為必須同時考慮個人及其環境。Hollis以佛洛伊德心理分析理論來解釋個案工作中的個人層面；並以系統理論來解釋環境層面(Robinson and Kaplan, 2011)。如此整合了心理社會理論及社會工作實務，表示「生物基因上與生俱來的能力、重要關係的影響、生命經驗的影響，及社會、文化與當下所發生的事件等，皆是做為了解個人的線索」(Turner, 1978, p2)。許多社工實務是根據心理分析學家及心理社會學家所致力發展的概念(Robinson and Kaplan, 2011)；特別是當社工要同時了解個人及其環境時。

心理社會理論可以為社工實務提供基礎。此理論強調要對個人及其心理過程、人際或其他關係、所居住的環境、獲得或尋求所需資源等進行了解與

評估。在其他社工理論與方法中皆可見到心理社會理論的基本概念，如系統理論、生態觀點、**女性主義理論**(feminist theory)、**增權取向工作**(empowerment-based work)、**反壓迫工作**(anti-oppressive work)、**優勢取向**(strengths-based approach)、任務中心社會工作、危機介入及**認知行為理論**(cognitive behavioural theory)。因此，在本書針對其他特定理論與方法進行探索前，應對心理社會理論與觀點有基本的了解。

在將一般心理社會取向帶入社工實務中，我們強調建立與注重社工－個案關係的必須性。對心理動力與心理社會工作的基本概念也要有所了解，因為這些會影響個案與社工之間的關係。

社工－個案關係

社工－個案關係是社工人員介入成效好壞的關鍵性因素，也是社工實務中不可忽略的一環。要成為稱職的社會工作者，一定要對各個理論與方法有所認識；了解理論與方法如何應用於不同的個案與不同的狀況下；並知曉社工－個案關係的重要性。

Ruch等人(2010)認為社工花非常多心力去建立與維持社工－個案關係，因此他們提出了**關係取向社會工作模式**(relationship-based social work)，有以下幾個重點：(1)在任何專業關係中，人類行為與專業關係屬於一體的元素；(2)人類行為是複雜且多樣的。人類不僅是理性的個體，也具有情感層面（包括意識與潛意識）；這讓人類關係變得豐富卻複雜；(3)個人內在與外在世界是無法分開的，所以在面對社會問題時，相較於單一面向的回應，整合性的回應（心理社會取向）是社工實務中更重要的部分；(4)每一件社工案件都是特殊的，所以一定要對每個人所處之特殊狀況予以留意；(5)**合作性的關係**(collaborative relationship)是一種工具；藉由它作為介入的管道。這樣的關係特別強調要能「**運用自我**(use of self)」；(6)尊敬那些能深入使用關係取向並以接納及增權方式進行社工實務的工作者(p. 21)。

Carl Rogers (1957)認為，正向的社工－個案關係通常能為處遇的最初階段

帶來三項具治療性的因子：(1)真誠的社工，會對個案表現出溫暖及關心；(2)同理的社工，會試著了解個案的經驗與感受；(3)社工能對個案秉持著無條件、正向的關心與不具批判性的態度。在第七章會討論到，這三項因子能讓個案感受到自在、被接受、及更多改變的能力。

為了要能對個案建立正向關係，社工人員應要熟悉由佛洛伊德最先提出的心理分析理論中的**情感轉移**(transference)與**情感反轉移**(countertransference)。這兩個概念提到了潛意識對人格、行為與功能的影響；也因此有能力建立正向的關係(Turner, 2009)。潛意識被認為會影響個案與社工，因此，社工應要能覺察潛意識對個案建立正向關係能力的影響。這些專有名詞都會在下文詳細說明。

情感轉移是指「在當下的關係與互動中，我們的潛意識會將過去關係中的感受，『轉移』到此時此刻的關係中」(Ruch, 2010, p. 34)。情感轉移會發生在當個案的過去經驗鮮明浮現時，引發個案將過去直接經驗到的感受、想法與行為，或是已修改過的版本，轉移到社工身上。這些轉移的感受、想法與行為可以是正向或負向的(Ruch, 2010)。例如，若個案過去一直受到保護，且被認為無法獨自完成任何事，則這位個案可能會將社工視為協助者的角色，會照顧他／她，並為他／她完成所需工作。另一個例子是，若個案過去持續地被那些應該要幫助他／她的人傷害與操弄，則這位個案會認為社工可能試圖要傷害或操弄他／她。該個案對社工的回應可能是防衛且猜疑的，等著社工對他／她的傷害或操弄。這兩個例子顯示，社工－個案關係可能會遭逢挑戰，導致社工迫於壓力，甚或不自覺地成為了個案情感轉移。在這些狀況中，當社工試著幫助個案時，可能會開始感受到對方的抗拒、敵意、要求或不被認可(Preston-Shoot and Agass, 1990)；或對社工角色理想化或過度依附社工(Kenny and Kenny, 2000)。

情感反轉移(countertransference)定義為「工作者能夠接收到個案不同的潛意識溝通型態，並了解其意義。這不僅引發工作者經驗到了特定感受，並表現出特定角色」(Preston-Shoot and Agass, 1990, p. 42)。在這樣的情況下，個案影響了社工的潛意識，進而引發了社工的感受、想法與行為，並轉移到個案上。

例如，在面對個案時，社工可能扮演著父母或照顧者角色，而非與個案共同合作的專業角色。另一個例子是，若個案還沒準備好要在行為上有所改變時，社工可能會扮演懲罰性或權威性的角色。社工的潛意識受到其個人經驗、經歷，甚或過去與個案工作的經驗所影響。情感反轉移可以藉由自我檢視、省思及有技巧的督導予以發現並減少其影響層面(Kenny and Kenny, 2000; Preston-Shoot and Agass, 1990; Ruch, 2010)。社工需要覺察其情緒；覺察過去經驗與經歷如何影響自己的想法、感受及行為；覺察當下的擔心。這些都會影響到社工－個案的關係(Rabinson and Kaplan, 2011)。

依附理論

社工－個案關係也受到個案過去的關係與依附品質所影響。Bowlby (1979, 1988)的依附理論可以幫助社工對個案有更多的了解與釐清；包括在實務工作脈絡下，及在個案自己的人際關係與環境系統中，個案的行為表現及有無建立關係的能力等議題有所了解。依附關係理論中，Bowlby強調過去關係的重要性，因為過去經驗決定了個人將如何發展其情緒與社會性，以及未來與他人的關係。Bowlby也特別關注個人與其父母、照顧者或其他家庭或非家庭成員的互動與依附關係。依附關係「特別指關係中較為弱勢方對較為強勢方的**情感連結** (emotional bond)」(Page, 2011, p. 32)。在他的理論中，一些因素可以預測兒童在未來關係中的情緒發展、社會性發展、及如何檢視他人或與他人的互動方式。這些因素包括兒童能不能與父母、照顧者或**重要他人** (significant other)建立依附關係；父母、照顧者或重要他人對回應兒童情緒需求的一致性程度；及兒童能不能在父母、照顧者或重要他人身旁感到安全與保障。若兒童能感到安全與保障，且有感受到適切的關懷與愛，則這樣的正向關係會反映到該兒童未來與他人的關係及互動。這些人的心理與情緒發展也會更為正向。相反地，若兒童沒有感受到足夠的關懷與愛，或未能感到安全，則 他／她有較高的可能性會有情緒與／或社交問題，且在未來的人際關係與互動中會有扭曲或不正確的想法。這些人的心理與情緒發展會較為負向。因此，Bowlby依附理論的基

本假設是，過去經驗到的關係與互動，會影響心理、情緒、社會發展及社會功能，並進一步影響了新的關係與人際互動。

Mary Ainsworth 依據Bowlby的依附理論，設計了**陌生情境實驗**(experiment of the Strange Situation) (Ainsworth et al., 1978)，去檢視嬰兒與母親分開與重逢時的反應。根據實驗結果，她發展出三種依附類型：安全型(secure)、不安全－矛盾型(insecure-ambivalent)及逃避型 (avoidant)。後輩學者(Main and Solomon, 1990)也依據實驗結果增加了第四種依附類型：混亂型(disorganized)。這四種兒童與父母、照顧者或重要他人的依附類型可以幫助解釋個人在與他人互動時的行為。四種依附類型摘要說明如下(Howe, 2009, pp. 141-3)：

1. 安全型依附。父母或照顧者持續地給予兒童關愛，並對兒童的想法、感受與需求有所察覺與回應。兒童與父母的互動為彼此都帶來好處，並關心著彼此；兒童對父母或照顧者感到安全與安心。對兒童而言，能夠預測父母或照顧者的行為。「我愛你，我會保護你並提供你所需。但你必須遵守一些規則，並承擔未遵守規則時的後果。」
2. 不安全－矛盾型依附。對兒童而言，父母或照顧者在表達愛與情感時不一致；對兒童的想法、感受與需求回應也不一致。父母或照顧者的行為也讓兒童難以預測。兒童可能會因為父母或照顧者這些不一致的情感表現或對兒童的關注而感到焦慮或壓力。兒童可能認為自己不值得擁有一段自在、有愛的關係。「如果你表現出的行為舉止是我要的，我就會愛你；如果你的行為舉止是我不喜歡的，我就不會愛你。」
3. 不安全－逃避型依附。父母或照顧者對兒童的反應是敵意、暴力或嚴苛的；對兒童的想法、感受與需求冷漠以對。父母或照顧者不一致的行為讓兒童感到孤單，且無法面對自己的感受。「你不值得愛。」
4. 混亂型依附。父母或照顧者的行為常不一致；有時表現出敵意、暴力或嚴苛的行為，有時卻又有仁慈、關愛與熱情的行為。兒童從父母或照顧者接收到混亂的訊息。「我會保護你、讓你安全；我也會恐嚇你及傷害你。」

這樣讓人困惑的訊息讓兒童感到焦慮，且無法解釋自己的感受。

依附理論可以幫助社工人員去評估社工－個案關係，了解個案的過去經驗如何影響個案的行為，及建立正向關係的能力。依附理論與情感轉移／反轉移概念是相容的，且這些心理學理論可以一起用來評估社工－個案關係及其他人際關係。Robinson及Kaplan (2011)強調心理社會理論對社工實務的重要性，特別是理論可以用於評估人際關係，及個人與環境的關聯性。理論也能解釋在社工及個案的意識與潛意識影響下之想法、感受與行為，如何去影響關係的發展與品質。

反壓迫實務工作與理論及方法的整合

社會工作者是從事促進改變的行業。改變不僅來自於個人、家庭、團體及社區之間的改變；也包括了要對壓迫或阻止正向成長與發展的系統環境進行改變。社工人員勇於挑戰不公平與劣勢；提倡社會正義；為個人、團體與社區尋求更多資源與機會(Burke, 2013; Burke and Harrison, 2009)。為了要達到這些目標，社工要與個人、家庭、團體、社區及整個社會一起致力於反壓迫的工作。

反壓迫實務的工作重點在那些社會中使用甚至濫用權力的各個系統。反壓迫實務是一種態度或觀點；在社工實務上，要與其他理論與方法整合使用(Robbins, 2011)。個人、社群及社會架構可能會透過明顯或隱蔽的種族主義、階級主義、性別主義、對身心障礙者的歧視(ableism)或老人歧視等行為來壓迫其他人、團體或社群。反壓迫實務也牽涉到在社會與政治層面上因權力與資源分配不均而產生的壓迫現象(Burke, 2013; Robbins, 2011)。這類因壓迫某些人來圖利其他人，會造成個人、家庭、團體或社群的能力因而受限，無法成長、發展並達到他們的全部潛能。

反壓迫實務在本質上是一種增權，因為它致力於提供一個平等的工作環境，讓個案看到自己的需求；並與社工合作，發現自己的優勢與資源，進而能在所處的環境中克服障礙與困境。反壓迫實務中，社工需要了解到他們要以多個層面（個人、人際、結構與文化層面）去介入，以對抗壓迫並讓個案能獲取

資源，進而能成長與發展。最終結果會是個案增權了，能對抗壓迫、獲取資源及機會，並達到了個案的需求。

Thompson (2012)以Dalrymple及Burke (1995)的研究為基礎，發展了一套工作取向，用以分析反歧視及反壓迫實務工作。**Thompson取向** (Thompson's approach)，也稱作**PCS模式**(PCS model)，認為反歧視與反壓迫實務工作會發生在三個面向：**個人層面**(personal level, P)、**文化脈絡**(cultural context, C)及**社會架構**(societal framework, S)。PCS模式有如三個圈，每個圈也會相互交錯。個人層面包含了人際關係、個人感受、態度及自我概念；另外也包含了人際間的互動，通常會涵蓋了社工實務中的關係(Payne, 2005)。個人層面與文化脈絡是相互影響的。個人的文化會發展出規範與規則，進而影響著個人對自己與周遭人的感受，及人際間和人與環境間的互動。個人層面、文化脈絡也都與社會架構交錯著；體系、規範、規則與制度都依此建立起來。PCS模式讓社會工作者了解反歧視與反壓迫實務不僅存在於社工最常介入的個人層面上，也存在於文化脈絡與社會架構；這些面向都是彼此交錯著。社工在個人層面工作時，可能可以挑戰歧視與壓迫，但較難改變一群人的歧視與壓迫行為。例如，一個團體所處的文化與社會一直存在著歧視與壓迫的事實。社會工作者可以先從檢視與省思個人的看法、文化與社會的規範、規則與架構開始做起。

在社會工作中的各個層面都應融入反壓迫實務；包括社工－個案關係、雇主－員工關係、社服機構的文化、及社會脈絡等層面，都應致力於挑戰不平等與劣勢(Burke, 2013; Burke and Harrison, 2009; Dominelli, 2002)。在達成這項目標的過程中，社工要時時自我省思，並自我覺察不公平、不對等及不公義的狀況是否影響著自己；及／或自己是否因優勢與權力而受惠。社會工作者的價值觀、過去經驗及當下的覺察都會形塑出他們的工作方式。因此，去了解與反思社工自己帶了什麼狀態到工作關係中，可以幫助社工去實踐反壓迫實務。根據Dominelli (2002, p. 15)，當實踐反壓迫實務時，社工應考慮到三個重要的層面：(1)知識層面－了解反壓迫實務的原則與方法；(2)感受層面－能有自信地處理壓迫與歧視，並能夠從錯誤中學習；(3)實務層面－能夠執行反壓迫實務的原則。

摘要及本書概述

本章定義了理論與方法,並討論二者如何分別獨立卻又彼此相關。理論可以幫助描述、預測或解釋人類行為及社會工作狀況;方法則提供社工技巧或步驟,來與個案一同工作以達到目標。此二概念是相互關聯的:當社工認識了理論,就更能針對當下狀況選擇最適合的方法。部分理論也明述了可供應用的技巧,這些理論可以直接轉換為方法。例如增權理論認為,個人若能獲取資源與機會,就能因而成長、茁壯及發展。增權方法有幾項技巧,像是言語上的激勵或政治上的倡議;這些可用於個案工作上,讓個案能朝向個人增權的目標前進。因此,在定義理論與方法的差異時,要檢視是否能幫助了解、預測、解釋或假設行為或狀況(這屬於理論);或是否有步驟、技巧或行動提供社工在協助個案改變時使用(這屬於方法)。

本章特別提供了心理社會理論的概述,因為它與社工-個案關係的發展有關。雖然本書沒有專章為該理論作完整的介紹,但對該理論的一些重要概念有基本的了解是必須的。例如要認識情感轉移與反轉移、依附理論等,因為這些理論會影響社工-個案關係的發展。更多心理社會理論及關係取向實務工作等資料可在本章末所提供的書單與參考文獻中找到。

出版第二版的目的,是為了讓讀者對常見的社工理論與方法有基本卻具體的認識。第二版也新增了兩章:社區工作及團體工作。每一章都對理論或方法做深入的探討,包括提供定義、歷史源起、基本論述或元素;討論任何相關的方法及其工具或技巧;提供實務上如何應用或執行理論或方法;討論優勢、限制、文化上的考量、及某一方法如何透過案例結合反壓迫實務;討論各理論與/或方法成效的相關研究與案例等。這些都能幫助讀者對理論與方法的應用有進一步的探究。每章最後提供最新的理論與方法相關文獻,幫助讀者針對特定主題做研究。

延伸閱讀

Davies, M. (ed.) (2013) *The Blackwell Companion to Social Work*, 4th edn. Chichester: John Wiley & Sons.
An overview of social work with different populations in different settings. Provides an overview of 25 theories and methods.

Dominelli, L. (2002) *Anti- oppressive Social Work Theory and Practice*. Basingstoke: Palgrave Macmillan.
Provides an overview of anti- oppressive practice as a theory and method.

Fook, J. and Gardner, F. (2007) *Practising Critical Reflection: A Resource Handbook*.
Maidenhead: Open University Press. Provides a detailed discussion on critically reflective practice.

Howe, D. (2008) *The Emotionally Intelligent Social Worker*. Basingstoke: Palgrave Macmillan.
Discussion of how to understand and manage emotions in social work practice.

Ruch, G., Turney, D. and Ward, A. (2010) *Relationship-based Social Work: Getting to the Heart of Practice*. London: Jessica Kingsley Publishers.
An overview of relationship- based social work practice and its application in various settings.

參考文獻

Adams, R. (2009) Being a critical practitioner, in R. Adams, L. Dominelli and M. Payne (eds), *Critical Practice in Social Work*, 2nd edn. Basingstoke: Palgrave Macmillan.

Ainsworth, M.D.S., Blehar, M.C., Waters, E. and Wall, S. (1978) *Patterns of Attachment: A Psychological Study of the Strange Situation*. Hillsdale, NJ: Erlbaum Associates.

Bowlby, J. (1979) *The Making and Breaking of Affectional Bonds*. London: Tavistock.

Bowlby, J. (1988) *A Secure Base: Clinical Application of Attachment Theory*. London: Routledge.

Burke, B. (2013) Anti- oppressive practice, in M. Davies (ed.), *The Blackwell Companion to Social Work*, 4th edn. Chichester: John Wiley & Sons.

Burke, B. and Harrison, P. (2009) Anti- oppressive approaches, in R. Adams, L. Dominelli and M. Payne (eds), *Critical Practice in Social Work*, 2nd edn. Basingstoke: Palgrave Macmillan.

Coulshed, V. and Orme, J. (2012) *Social Work Practice: An Introduction*, 5th edn. Basingstoke: Palgrave Macmillan.

Dalrymple, J. and Burke, B. (1995) *Anti- oppressive Practice: Social Care and the Law*.
Buckingham: Open University Press.

Dominelli, L. (2002) Anti- oppressive practice in context, in R. Adams, L. Dominelli and M. Payne (eds), *Social Work: Themes, Issues and Critical Debates*, 2nd edn. Basingstoke: Palgrave.

Hankins, F. (1931) The contributions of sociology to the practice of social work, *Proceedings of the National Conference of Social Work, 1930*. Chicago, IL: University of Chicago Press.

Hollis, F. (1958) Personality diagnosis in casework, in H. Parad (ed.), *Ego Psychology and Dynamic Casework*. New York: Family Service Association of America.

Hollis, F. (1972) *Casework: A Psychosocial Therapy*, 2nd edn. New York: Random House.

Howe, D. (2009) Psychosocial work: an attachment perspective, in R. Adams, L. Dominelli and M. Payne (eds), *Critical Practice in Social Work*, 2nd edn. Basingstoke: Palgrave Macmillan.

Kenny, L. and Kenny, B. (2000) Psychodynamic theory in social work: a view from practice, in P. Stepney and D. Ford (eds), *Social Work Models, Methods and Theories*. Lyme Regis: Russell House.

Kondrat, M.E. (2002) Actor-centered social work: re-visioning 'person-in-environment' through a critical theory lens, *Social Work*, 47(4): 435–48.

Main, M. and Solomon, J. (1990) Procedures for identifying infants as disorganized/disoriented during the Ainsworth Strange Situation, in M.T. Greenberg, D. Cicchetti and E.M. Cummings (eds), *Attachment in the Preschool Years: Theory, Research, and Intervention*. Chicago, IL: University of Chicago Press.

Page, T. (2011) Attachment theory and social work treatment, in F.J. Turner (ed.), *Social Work Treatment: Interlocking Theoretical Approaches*, 5th edn. Oxford: Oxford University Press.

Payne, M. (2005) *Modern Social Work Theory*, 3rd edn. Basingstoke: Palgrave Macmillan.

Payne, M., Adams, R. and Dominelli, L. (2009) On being critical in social work, in R. Adams, L. Dominelli and M. Payne (eds), *Critical Practice in Social Work*, 2nd edn. Basingstoke: Palgrave Macmillan.

Preston-Shoot, M. and Agass, D. (1990) *Making Sense of Social Work: Psychodyamics, Systems and Practice*. Basingstoke: Macmillan Education.

Richmond, M.E. (1917) *Social Diagnosis*. New York: Russell Sage Foundation.

Richmond, M.E. (1922) *What Is Social Case Work? An Introductory Description*. New York: Russell Sage Foundation.

Robbins, S.P. (2011) Oppression theory and social work treatment, in F.J. Turner (ed.), *Social Work Treatment: Interlocking Theoretical Approaches*, 5th edn. Oxford: Oxford University Press.

Robinson, H. and Kaplan, C. (2011) Psychosocial theory and social work treatment, in F.J. Turner (ed.), *Social Work Treatment: Interlocking Theoretical Approaches*, 5th edn. Oxford: Oxford University Press.

Rogers, C.R. (1957) The necessary and sufficient conditions of therapeutic personality change, *Journal of Counseling Psychology*, 21(2): 95–103.

Ruch, G. (2010) Theoretical frameworks informing relationship-based practice, in G. Ruch, D. Turney and A. Ward (eds), *Relationship-based Social Work: Getting to the Heart of Practice*. London: Jessica Kingsley Publishers.

Ruch, G., Turney, D. and Ward, A. (2010) *Relationship-based Social Work: Getting to the Heart of Practice*. London: Jessica Kingsley Publishers.

Thompson, N. (2012) *Anti-discriminatory Practice*, 5th edn. Basingstoke: Palgrave Macmillan.

Turner, F.J. (1978) *Psychosocial Therapy*. New York: Free Press.

Turner, F.J. (2009) Psychosocial therapy, in A.R. Roberts (ed.), *Social Workers' Desk Reference*, 2nd edn. New York: Oxford University Press.

第二章

系統理論與生態觀點

前 言

　　社會工作專業一直被認為是「幫助人們，並提升環境友善度，以支持人們成長、健康並滿足其社會功能」(Gitterman and Germain, 2008, p. 51)。社會工作的國際定義也提到了社工對人與環境互動的關注：「社工介入的時機是在於人與其環境互動上」〔國際社會工作聯盟(International Federation of Social Work), 2012〕。因此，社工實務其中一項基本功能便是考量「人在環境中」的狀況，通常寫作"person-in-environment"。社工會以何種理論架構來考量環境，端視當時的狀況。通常當社工在評估或詢問個人的社會狀況或環境因子對個人的影響時，或多或少會考量環境因素。但當社工著重在處遇工作時，會在其他狀況下針對個案的環境進行完整評估，並鎖定環境中不同標的做為處遇工作的重點。後者的作法考慮到個人與所處環境，就是所謂的**系統理論** (systems theory)與**生態觀點** (ecological perspective)。這兩個相互關聯的理論為社工實務提供了評估架構，幫助社會工作員在處遇時能看到多樣的工作目標。本章將介紹這兩個理論，及它們如何應用在社工實務上。

系統理論與生態觀點的起源

　　系統理論是源於Ludwig von Bertalanffy所提出的**一般系統理論** (general systems theory)，用於檢視當許多元素集合在一起時所創造出的**功能體**

(functional whole)。一般系統理論一直影響著物理科學與社會科學等領域，例如工程、生物、心理、社會及管理等(Forder, 1976)。對於系統，有開放式的定義，也有封閉式的定義。開放式的定義為，系統會接收外界刺激，也會影響外界。封閉式的定義為，系統是已固定成形或不會再接收外界刺激。建立系統理論的目的是為了解釋系統中不同部分之間錯綜複雜的交互作用，及這些不同部分的交互作用如何有意義的成為一個整體。von Bertalanffy認為，人類就是最為複雜的系統(Andreae, 2011)。

最早將一般系統理論應用在社會工作領域的是Pincusm與Minahan (1973; 1977)，及Goldstein (1973; 1977)。他們討論系統理論並應用在單一模式上。另外，Specht與Vickery (1977)在英國將系統理論應用在個案工作上。這些理論學家相信系統是開放的，因此可以為社工在評估個人、家庭及社區時提供評估架構；並在處遇及試著在系統中進行改變時提供不同的標的。例如，為了試著減緩個人面臨的問題或議題，不同於只針對個案提供處遇，應用系統理論的社工會鎖定家庭中或社會服務機構中更為有效的系統以加快改變的發生。

到了1970年代，將一般系統理論應用於社會工作上變得更為蓬勃。Forder (1976)在〈社會工作與系統理論〉文章中，對這個時期系統理論應用於社會工作中之好處有最深入的描述。在文章中，Forder說明了一般系統理論，並討論對社工領域而言系統理論帶來的好處，主要有四大方面：(1)對人類與社會的存在帶來了哲理上的貢獻；(2)系統理論融合了社會工作觀點，鼓勵社工在評估狀況時要與不同系統進行互動；(3)幫助社工建立觀點，決定要鎖定哪個或哪些系統進行處遇工作；(4)有助於解釋社會工作歷程。系統理論至今仍存在於社工實務中，尤其展現於**家族治療**(family therapy)。

與系統理論相較，生態觀點強調人與環境之間的互動與依賴。不過這主要源自於生態學，研究生物體與環境的相互依賴與互動(Gitterman, 2011)。生態觀點是一般系統理論的一種型式。在1970年代末期至1980年代初期，由兩位社工學者，Alex Gitterman與Carel Germain將其帶入社工領域，受到此領域的廣大注意。雖然系統理論與生態觀點的前提與基本假設大致相同，但各有其專業術語。生態觀點之所以會在社工專業中發展，是因為對系統理論沒有帶

入人性用詞的批評,例如「系統」、「**均衡**(equilibrium)」及「**系統內部平衡**(homeostasis)」等,且社工人員再針對系統做評估後,缺乏進一步方向。生態學著重在人在環境中的研究,且更以生物而非物理為出發,因此理論學家認為生態觀點的語言及取向更適合用來解釋與評估個人在環境中的狀況,並提供社工實務的基礎(Germain, 1979; Gitterman and Germain, 2008)。生態理論也影響了社工實務的**生命模式**(life model)。

系統理論的釋義

對系統理論最好的總結是:「整個系統會優於每個獨立元素的總和」。此理論著重在系統的發展與轉變,及系統間的互動與關係。為了要了解理論,必須對系統的定義與目的有所了解。系統定義為「元素或元件組成的複合體,在平時的網絡中有直接或間接的關聯;在特定的一段時間中,每個元件多多少少會與至少一個以上的其他元件有穩定的關聯」(Buckley, 1967, p. 41)。系統中不同部分或元素並不會獨立運作;必須相互依賴與互動才能讓系統完整。若沒有每個元素的存在與參與,系統就無法完整。

系統的定義可以應用在人類上。人由生物、心理、生理等元素構成。家庭由不同成員(即元素)所構成(母親、父親、兄弟姊妹、兒子女兒等),也由不同關係型式做為元素所構成(配偶／伴侶、親子、手足)。社工課堂亦由各元素構成,例如老師與學生是元素,會支配著課堂上該教些什麼。系統中每個元素可以從系統分離,並加以仔細檢驗;但若任何元素被移開,系統就無法有效地運作(Preston-Shoot and Agass, 1990)。為了要有系統,每個元素都必須共同運作。

元素也可以是**次系統**(subsystem)。對每個系統而言,除了最大的系統外,每個系統可以做為較小的次系統;除了最小的系統外,所有的系統可以作為其他系統的背景環境(Forder, 1976)。例如,家庭系統可以由父母-子女作為元素與次系統所組成;父母-子女可以是個系統,由個人作為元素或次系統所組成;而個人本身也是個系統,但也可以組成次系統。因此,系統理論的一項重要特徵是能夠從你所工作的主要系統中去分離出不同的次系統與／或元素;這些次

系統與元素能組成主要的系統。因此，系統理論的一個重要特徵是能夠分辨你所工作的主系統，及找出組成與形塑主系統的許多次系統及／或元素。

> **練習2.1** 社會工作中常見的系統
> 兩人一組或小組討論在社工實務中常出現的系統，及其元素／次系統。

在繼續說明系統理論的假設前，需要先定義本理論中常用的名詞。表2.1提出了系統理論的主要概念及簡介。當你繼續閱讀本章時，可以再回頭翻閱本表，可能會有所幫助。

系統理論傾向描述系統為開放性的，會持續地有資料或訊息輸入與輸出，且系統是目標導向。開放系統與封閉系統是光譜的兩端。封閉系統對外界刺激無回應或不受其影響。開放系統則是目標導向，以維持系統內部平衡；如此得以維持系統，並允許系統回應並改變(Andreae, 2011; Forder, 1976)。系統也可能是目標導向以達到穩定狀態；成長與發展也正在系統內發生。穩定狀態不代表平衡；當轉向下一個目標時系統會表現出些許緊張。Forder (1976: p. 25)提到，當系統達成一個目標並轉向下一個目標前進時，「內部緊張會維持著」；這些都是正向成長與發展的過程之一。通常會有許多不一樣的路徑去達到相同的目標，也就是「殊途同歸」。因此，兩個相似的系統對外界的刺激可能有不一樣的反應，但二系統都會努力達成同一個目標。系統理論著重在系統、系統的行為、系統與其他系統的互動，及它們在經歷正向成長與發展時能維持穩定狀態的能力。

在社工專業應用系統理論時，基本目標是用於評估，並決定標的系統或次系統以進行處遇或正向改變。評估是為了辨識主要系統、次系統，及對此系統有正向及／或負向影響的其他系統；尤其要評估所有上述系統間的互動狀況。社工可以依據評估狀況做決定，了解哪些系統或次系統需要介入處遇以帶來必需的改變。例如，當與一位在學校有行為問題的孩子工作時，社工可以鎖定孩子作為處遇對象，使用認知行為取向來改變負面行為。或者，社工可以視孩子為一個系統進行全面性的評估，包括身體、生物及生理等次系統，及與孩子有

▶ 表2.1 系統理論中的概念與定義

概念	定義
系統	一系列的元素，有條理且彼此相關地運作以形成有功能的整體。[1]
次系統	在較大系統中的其中一部分或元素；次系統可以獨立視為一個較小的系統運作（例如個人是家庭中的次系統；個人也是一個獨立的系統）。
開放系統 (open system)	開放系統會與其環境互動，並會受到這些互動影響。開放系統會不斷地對來自環境的影響作出反應與適應。開放系統有二個方向：(1)對環境開放（允許新資訊進入系統中）；(2)對自己開放（允許新資訊在系統中循環）。[2] 每個系統開放的程度不同，有些系統比另一些系統更開放。
封閉系統 (closed system)	封閉系統不與環境互動，也不受環境干擾與影響。每個系統的封閉程度不同，有些系統比另一些系統更封閉（例如某家庭可能受到環境的影響；但他們拒絕改變，且維持自己已固定的歷程）。[3]
界線 (boundaries)	每個系統都有界限，才可以與其他系統做區分。界線可以是物質上或心理上的。[3] 每個系統的界線可被滲入的範圍不一；有些系統允許外來資訊自由進入或跨越其系統；但有些並非如此。
系統內部平衡	系統內部平衡是一種過程。當系統在回應來自環境的訊息（輸入、回饋）時，透過系統內部平衡過程，系統可以調整與維持內部一貫的狀態。
均衡	系統能回應來自環境的訊息（輸入、回饋）並維持內部平衡，而不受衝突影響。
失衡 (disequilibrium)	系統不平衡了；回應或接收環境的訊息無法使系統有正向的成長與改變。
穩定狀態 (steady state)	當系統回應環境時，成長與改變就會發生。此時系統會經歷正向的**內部緊張狀態**(inner tension)。在穩定狀態下，系統會持續地進行目標導向；當一個目標達成時，系統會轉向下一個目標。
殊途同歸 (equifinality)	有許多不同路徑都能達到同樣的目標。一個問題可以用不同角度檢視，也有不止一條路徑來解決問題。[1]

註：[1] Kirst-Ashman and Hull (2002); [2] Alexander (1985); [3] Preston-Shoot and Agass (1990).

互動的其他系統，像是家庭、學校、社區等。進行完整評估後，社工發現父母正在辦離婚並爭取孩子監護權；每天早上孩子要上學前都會目睹父母的爭吵。社工因此決定以父母為處遇重點，試著改變他們互動的模式，並把焦點放在孩

子身上。換句話說，完整的系統評估能讓社工決定該以哪一個系統作為處遇標的。

Pincus與Minahan (1973; 1977)發現，在決定處遇策略時，有四種系統可供社工人員考慮：

1. **改變中介系統**(change agent system)－能促成改變的系統，例如社工人員、機構、法令及政策，這些能影響資源與工作。
2. **個案系統**(client system)－個人、家庭、社區或其他團體，是改變中介系統工作的對象。
3. **標的系統**(target system)－被認定最需要介入處遇的系統（例如上述將父母認定為標的系統，而非孩子）。
4. **行動系統**(action system)－能協助改變中介系統，或與之合作的其他系統，以幫助並促成改變。

當考慮到上述各個系統時，社工可能會發現有些系統是同樣的。例如，個案系統和標的系統可能是同樣的（例如，兒童是屬於個案系統，也是處遇的對象以帶來改變）；或改變中介系統及標的系統是同樣的（例如，來自社會服務機構的社工人員是屬於改變中介系統，與個案系統一同工作；但社工需要去改變社會服務機構的政策，以帶來必需的改變）。需謹記在心的是，使用系統取向時，需要社工人員全面性的評估系統，並讓社工在處遇策略上有更多的發揮。

基本假設

在討論如何將系統理論應用在社工實務時，先回顧與摘要其基本假設：

1. 系統的整體會比每個小部分的總和來得更好。一個系統是由許多相互關聯的元素及／或相互作用的次系統所組成，以形成一個具功能性的整體。這些元素及／或次系統各有其意義，而非任意地組合在一起。例如，個人是個整體，由生物、生理與心理等元素組合而成並相互作用，以完成人的基

本存在與生存目的。當考慮到個人時，這些元素不應被單獨考慮，而是視為整體，以創造出完整的個人。

2. 系統的各個部分是相互關聯並相互依賴。系統的其中一部分若有改變或變動，會造成其他部分的改變或變動。例如，若將情侶關係視為一個系統，當其中一個次系統（A員）的舉動和行為會與另一個次系統（B員）的舉動和行為有所相關。A對B所做的行為會影響著B對A的行為反應。圖2.1描繪了情侶系統中的次系統如何互動與彼此影響。因此，當檢視一個系統時，要看到系統中的各部分是如何互動與聯結，以形成一個整體。以這個例子而言，若要解釋A的行為和行動，就必須考慮到B的行為和行動。

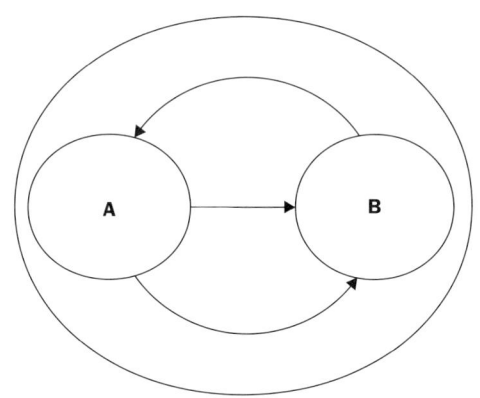

圖 2.1 系統間的相互關聯與相互依賴示意圖

3. 一個系統會直接或間接地受到其他系統的影響。不僅一個系統內的不同元素及次元素會相互作用與影響；系統也會與其他系統相互作用與影響。例如，將個人視為一個系統，會直接或間接地受到家人、朋友、上司、老師、社區與社會的影響。有些影響是直接的，例如一位母親會讓小孩接受處罰以減少孩子的負向行為(Payne, 1991)。影響也可能是間接的，例如減少社會服務機構的補助，會因而限制了個案獲取服務的次數。因此，除了要了解與評估個元素與次系統間的互動與影響，也要考慮到其他系統對此系統直接或間接的影響。

4. *每個系統都有界限。* 每個系統都有界限，以與其他系統做區隔。不過在有些情況下系統的界線是有所重疊的。例如，家庭系統中會有一些重疊的次系統，像父母－孩子次系統與手足次系統就有重疊。雖然每個系統有其界限，但在不同的點上是可滲透的。滲透的程度取決於系統是開放或封閉。開放系統的可滲透性較高，也較能接受改變與發展。封閉系統的可滲透性較低，且抗拒外在的影響，傾向維持不變。

5. *所有的系統需要維持系統內部平衡與均衡。* 即使有具衝突性的影響，系統仍要維持內部的平衡。當系統處於平衡狀態時，它便能成長與發展，努力達成目標。系統有時會無法平衡，和在達成目標的過程中感到阻礙。這是社工對來到社服機構的個案身上最常觀察到的狀況。此時，工作的目標是讓系統回復平衡狀態。

依據這些假設，系統理論的論點在於強調多個系統間的互動、聯結、依賴與影響(Payne, 1991)。系統理論並不建議應用在僅針對個人單一面向進行治療的醫療模式。該理論建議將人視為一個系統，進行全面性的評估，並了解人與環境中的其他系統之互動狀況。因此，處遇計畫不一定僅針對外顯的問題或個案這個單一系統；在經過全面性多重系統的評估後，處遇計畫可能是針對造成問題的其他系統，並協助所需改變。

應用系統理論

在社工實務中，系統理論主要用於評估工作上。該理論為社會工作者提供理論架構，用以評估個案系統，及其系統如何受到環境中的其他系統所影響。藉由多重系統評估，社工能決定何者是最需要介入處遇的系統。系統理論能讓社工有更多的視角去檢視個案的問題，及可能同樣是問題來源的其他系統。如此可讓社工決定最需要處遇服務的標的（是個人、家庭、社區、社會服務機構或社會）。系統理論也認為，社工與個案系統可以藉由不同的路徑達到相同的目標。

為了讓系統能接受改變，社會工作者必須評估當下的系統是如何運作的。系統理論假設，系統的運作是受到與環境持續交換訊息及互動等影響(Andreae, 2011)。系統接收訊息（輸入）、**處理訊息**(throughputs)、回饋給環境關於系統是如何接收及處理訊息，以及系統對訊息運作得好或不好(Andreae, 2011)。例如當小孩打斷母親與朋友的談話。母親嚴厲地告訴小孩不可以打斷她與別人的談話（輸入）。小孩開始處理這個來自母親的訊息（處理），接著告訴母親他懂了（回饋）。小孩之後就未再打斷母親與他人的談話（輸出），未來也不會打斷別人的談話。這樣的行為回饋給母親，讓她知道她的方法是有效的。

　　整合了多重系統去評估與分析系統當下是如何處理訊息，能讓社工對系統有基本的了解，並知道其他系統的互動及產生的影響，進而找到處遇的重點。在使用這項理論時，社工須先有基本的信念：即便系統處在困境中變得受限或封閉，系統仍有改變的潛能。社工的目標是與個案系統工作以帶動改變，使得系統能有穩定的功能，讓環境及其他系統能傳遞訊息，進而鼓勵正向成長與發展。

生態觀點的釋義

　　生態觀點著重人在環境中的狀況，及個人、家庭、社區和環境之間不斷地互動與交流。生態觀點關注「個體能成長、發展並有潛能；個體所處的環境是否能夠支持個體發展其潛能」(Gitterman and Germain, 2008, p. 8)。以生態觀點為工作核心的社會工作者會將實務重點放在促進個人、家庭、團體及／或社會與其所處的環境之互動與交流，以提升永續的成長與發展(Germain, 1979)。

　　若要檢視個人與環境間的契合度，社工必須考量環境的物理性與社會狀況，及文化對個人與環境互動的影響程度(Gitterman and Germain, 2008)。物理環境包括了自然界（即大自然）及人工界（即人類對環境的建設）。社會環境包括了人類溝通及在社會中的關係。互動是指個人與家人、朋友、社會和社區網絡的往來。社會架構則指環境如何運作及使之有秩序，例如透過政治、法令及經濟架構(Teater, 2014)。物理環境與社會環境都受到了社會中的文化、價值

與規範所影響。如Gitterman與Germain (2008)所述,社會中的文化決定了建築物被建構的型態;接著決定了社會內部及社會周遭各種互動的型態。舉例來說,1960年代,伊利諾州的芝加哥在遠離商業區的地方興建了許多高樓型社會住宅。這樣的高樓型社會複合住宅讓家庭與兒童缺少空間與他人互動,附近也沒有可以互動的社區。這樣的安排讓低收入的家庭被隔離與集中於某一區域。實體建築物限制了社會互動的頻率與形式,將低收入戶(主要是非裔美國人)隔離於主流社會之外的現象也受到文化價值與規範的支持。在這樣的脈絡下,物理環境與社會環境都會對個人認同能力與自主的發展有所影響(Gitterman and Germain, 2008)。例如,身處這些社會複合住宅的家庭們,在實質上與社交生活上都被迫離開了主流社會,進而造成他們懷疑自己的價值、能力與自主性。

系統理論與生態觀點在基本的前提與假設極為類似,但各有其特殊的專有名詞。在繼續說明生態觀點的內容前,必須先定義理論中的專有名詞。表2.2為生態觀點中的主要概念,並做了簡短說明。當你接著研讀本章其他部分時,回頭參閱表2.2可能有所幫助。

▶ 表2.2 生態觀點中的概念與定義

概念	定義
個人:環境契合度 (person: environment fit)	泛指個體與所處群體在各個面向的契合程度,包括兩者之需求、權利、目標與能力,以及在特定文化與歷史脈絡下,與其物理環境與社交環境運作的品質。此契合程度可分級為**高度契合**(favourable)、**低度契合**(minimally adequate)或**不契合**(unfavourable)。[1]
適應 (adaptations)	持續地以改變為導向,並涵蓋了認知、感知與行為的運作,讓人自己可以維持或提高融入環境的程度。[1]
生命壓力源 (life streesors)	由生命中重要的議題引發,並超出了個人與環境資源所能處理。壓力源代表了嚴重的傷害或失去,且常讓人感覺身處絕境。[1]
壓力 (stress)	是個人面對生命壓力源的內部反應,會以負面的情緒或變差的身體狀況來表現,有時二者皆有。[1]

▶ 表2.2 生態觀點中的概念與定義（續）

概念	定義
因應方式 (coping measures)	為了處理生命壓力源而產生的特殊行為，通常與平日的行為不同。成功的因應方式有賴各種的環境與個人資源。[1]
關係 (relatedness)	指依附、友情、正向的親情，及在支持性的社會網絡上感受到的歸屬。[1]
自尊(self-esteem)	指個人自覺的能力、尊重與價值。[1]
自我引導 (self-direction)	對個人的生命能有所掌控的能力，對自己的決定與行為能負責；同時能尊重他人的權利與需求。[1]壓迫、歧視與缺乏增權會威脅或限制個人的自我引導。
居住區域 (habitat)	居住區域包括居住地；身處之城市或鄉村社區；學校、公司、醫院、社會機構、採購商店及宗教活動等硬體建築；公園及其他休閒區域。[1]
社會地位 (niche)	在某一社群裡，個人或家庭在社會架構中的地位。社會地位受到壓迫的狀況通常會與權力議題有關。[1]
壓迫的權力 (coercive power)	在個人或文化特性上屬於弱勢的一方剝奪權力，造成這些弱勢群體遭到壓迫，使其缺少權力。[1]
剝削的權力 (exploitative power)	優勢團體汙染了我們的空氣、食物、水、土地及海洋，並增加了住家、學校、工作場所與社區中的有毒化學物質及有害廢物。[1]
生命歷程 (life course)	在多樣的環境、文化與歷史世代中，生理、心理與社會的發展不會是一致的；從出生到年老的發展方向也不會是明確的。[1]
個人時間 (individual time)	指個人在生命過程中，會有持續性且有意義的生命經驗。[1]
歷史時間 (historical time)	指歷史及社會變遷會影響某一世代的發展方向。[1]
社會時間 (social time)	指個人的轉變、家庭的轉變、及生命事件等發生的時間點會因生理、經濟、社會、人口統計學及文化等因素而受到影響。[1]

註[1]: Germain and Gitterman (1995, pp. 817-20); Gitterman (2011).

生態觀點有四個基本原則，這四個基本原則也存在於系統理論中 (Gitterman, 2011; Gitterman and Germain, 2008)：

1. 網絡間是相互依賴的。在系統理論中，環境中的個人是彼此相關且相互依賴的。因此，唯有檢視個人與環境二者的關係，以及存在其間的不同元素（物質層面、社會、文化等），才能真正了解個人與環境。在生態觀點中，這樣的關係稱為**個人：環境契合度**(person:environment fit)；個人：環境契合度可以是正向的、負向的或中性的(Gitterman and Germain, 2008)。

2. 人會努力地讓個人：環境契合度更好。個人會在各種生命歷程中，努力讓自己在環境中有較好的契合度。若個人在環境中有正向且健康的契合度，則可以推測他／她的適應狀況是好的。適應狀況好，代表個人認為自己擁有優勢、資源與能力去成長與發展；同時也覺得環境能給予成長與發展之所需資源。若適應狀況不好，個人會覺得環境無法提供所需資源；也感覺自己缺少優勢、資源與能力去成長與發展。個人會因為資源無法或難以取得，甚或資源根本不存在，而對環境有負向感受。這會造成壓力，通常也是在這個時候個人會尋求協助或成為社會服務的對象(Gitterman, 2011; Teater, 2014)。

3. 生態過程的本質是具循環性的。生態觀點需要生態的思考模式；亦即檢視A與B之間的關係與交流時（也就是系統理論中所解釋的），同時需要考慮會影響A與B互動的環境因素，及A與B的回應方式。如同Teater（出版中）所言，「社會工作者可能會發現處遇對象既非A也非B，而是A與B所屬的家庭（社會環境），或是他們所居住的物理環境。這些都可能是壓力與負擔的源頭。」

4. 非線性。如同第三點所述，個人與環境的互動是非線性的。個人對環境的回應，會讓環境也有所改變並回應個人。通常，個人或環境需要自我約束或自我管理，進而能有更正向的個人：環境契合度(Gitterman, 2011)。

因此，應用生態觀點時，需要考慮個人、家庭、團體及／或社區與政治環境、社會環境及文化環境間的關係與關聯性，以及如何影響與形塑另一方(Gitterman, 2011)。對社工而言，處遇的需求可能是在個人、環境，或二者皆是。

對個人的處遇包括提升自尊、自我價值、因應技巧、自主性與能力，或試著降低心理上的不適。對家庭與團體的處遇可以是讓成員看到並改變彼此的互動與溝通模式。或者，對環境的處遇可以是增加可適度讓個人更能適應，像是降低與消除歧視、壓迫與偏見；增加機會讓個人與團體更能積極地參與環境以滿足自身所需(Germain, 1979; Gitterman and Germain, 2008)。

個人：環境契合度是生態觀點的中心思想。若個人：環境契合度是正向的，個人會覺得適應良好，包括感到安全，且覺得自己與環境都擁有資源去支持自己的成長與發揮潛能。相反的，個人：環境契合度是負向的，會造成個人對環境缺少安全感，並認為個人與環境的資源是不足的，無法維持與滋養他們的成長與發展。負向的個人：環境契合度讓個人感到壓力(Gitterman and Germain, 2008)。壓力的定義是，「個人的能力及內部與外部可獲得的資源無法因應環境的需求，這樣的不平衡狀況所產生的結果」(Gitterman, 2011, p. 281)。壓力程度的高低取決於個人認為自己獲取所需資源的能力。

在生命歷程中，個人會持續地努力去維持正向的「個人：環境契合度」(Gitterman, 2011)。然而，個人在生命歷程中，可能會有特別困難的生命週期過渡期而感受到壓力（例如，青春期與青少年時期、開始新工作、結婚等）；經歷到痛苦的生命事件（例如醫療診斷、失去所愛的人）；環境上的壓力（例如缺乏資源，像是食物、錢、房子、健康照顧）；及在家庭、團體及社區生活中遭到功能不佳的人際相處過程（例如衝突的關係）(Gitterman, 2011; Teater, 2014)。這些經驗對個人而言可能是個挑戰，個人也許有資源去面對，但若沒有適當的資源幫助個人去因應壓力，則也許會引起內部的壓力，像是造成生理及／或情緒上的負面表現。例如近期某位家人接到了癌症末期的診斷，然而這位家人是家庭中的經濟與精神支柱。這件事可能讓人覺得太過震驚並感到很大的壓力；因此他／她可能向其他延伸家庭成員或社區教會尋求協助與資源，以因應家庭所需，如此可以大幅降低壓力程度。相反地，另一人面對同樣的情況，卻沒有延伸家庭成員或社區教會可以提供援助來緩解壓力，此時個人可能會感受到難以承受的巨大壓力。最後，前者能夠增進個人：環境契合度；後者卻覺得個人：環境契合度更差了。因此，個人因應外在壓力與事件的能力，與

是否擁有並獲取所處環境之資源有所關聯。

　　社工從這個角度切入的工作目標是評估個人：環境契合度，然後量身規劃出為個人、環境或二者的處遇計畫，以提高個人：環境契合度。處遇計畫要能降低個人、家庭、團體及／或社區的壓力，並提升正向的成長與發展。中長期的目標是幫助個人在未來能獲得並使用適合的資源，以因應壓力。

　　Gitterman 與 Germain (2008, p. 55) 提出個人會有三種方式去創造或維持好的個人：環境契合度：(1)改變自己，去符合環境所認知的期望或需求，並把握住機會；(2)改變環境，讓社會與物理環境更能回應自己的需求與目標；(3)改變人與環境的交流，以增加契合度。雖然個人持續地去適應環境，這不代表人是被動的，或不願挑戰現況(status quo)來讓環境更為適宜。生態觀點試著去支持個人來創造個人：環境契合度，讓環境更為多樣性與支持性，並讓個人能有正向的成長與發展(Gitterman and Germain, 2008)。

應用生態觀點：生命模式

　　生命模式的社工實務是以生態觀點為基礎，由社工專業領域的 Gitterman 與 Germain (1976)所發展。生命模式認為社會工作的目標在於幫助增進個人：環境契合度，尤其要幫助個人找尋與應用自己與環境的優勢與資源，以減低生命中的壓力源，及／或對環境進行介入以創造更好的資源去符合個人所需(Gitterman, 2011)。

　　生命模式著重生命歷程，或可說「每個人，從受孕、出生到年老，在各式的環境中，有著各種的生命經驗其獨特的發展路徑」(Gitterman and Germain, 2008, p. 57)。生命模式是依據生命歷程而來，它沒有一致性。多樣的環境與文化，以及不同的人類特性，如種族、族群、性別、性取向、社經狀況、及生理／心理健康等，都讓生命歷程充滿變化(Gitterman and Germain, 2008)。生命歷程觀點能讓個人為了所處的環境且依據自己的文化去成長與發展，並由自己的歷史時間、個人時間與社會時間來決定。這與生命階段觀點很不一樣；生命階段觀點是由具主導性的多數文化體，依據特定時間來預先決定與定義各個階段。

由生命歷程觀點出發，生命模式試著幫助個人降低生命歷程中產生的生命壓力，例如充滿壓力的發展過渡期、困難的社會過渡期及痛苦的生命事件等。發展過渡期指整個生命歷程中，要進入不同的人生角色，例如青少年期、成年期、父母期、老年期等。每一個發展過渡期或多或少會需要個人重新適應。主要文化中的教條與規範、次文化、環境中所能獲取的資源等，都會讓個人感受到不同程度的困難。社會過渡期也會帶給每個人不同程度的壓力，包括開始新工作、養育子女或結束一段關係。最後，痛苦的生命事件也會對個人造成困境與壓力，像是失去所愛的人，或失去對個人重要且意義重大的事物(Gitterman and Germain, 2008)。

生命模式實務工作試著幫助個人去運用其優勢與資源，以創造正向的個人：環境契合度，並降低壓力源，而達到正向的成長與發展。契合度的提升可以藉由以下方式達到：(1)藉由更有效的個人評估、環境評估及行為技巧，來增進個人（或集體）的壓力管理能力；(2)去影響社會與物質環境，使之更能應付個人（或集體）的需求；及／或(3)增進個人－環境交流的品質(Gitterman, 2011, p. 285)。

生命模式工作為階段性的，分為預備期、開始期、過程期及結束期(Gitterman, 2009)。預備期包括蒐集資料及準備進入個案的生命。同理心是這個階段的主要技巧，讓社工能傾聽，並試著去了解個案的故事。開始期要評估個案當下的個人：環境契合度，包括個人的生理、心理、社會狀況及環境的屬性。評估時要考慮個人經驗到的壓力程度，及其因應方式。由個案界定問題與目標，社工也同樣分享問題與目標，以共同參與及解決問題。解決問題的部分會在過程期中進行。過程期的工作方式是為個案量身擬定處遇計畫，目的在提升自尊、自我價值、能力與自主性；或是試著改善物質或社會環境來增進個人：環境契合度。在結束期時，社工及個案強調處遇計畫接近結束時的感受，並針對未來可能會遇到的生命壓力擬定因應計畫。生命模式實務工作是增權取向；針對種族、族群、性別、性取向、生理／心理狀態，及其他社工／個案相異之處予以敏感地應對。此外，也要遵守以下原則(Germain and Gitterman, 1995, pp. 821-2)：

1. 社工與個案間是合作的關係。社工與個案間是夥伴關係，雙方都用自己已知的事情與知識來影響著合作。
2. 將個案視為專家，而非社工。社工要明白個案才是自己經歷上的專家，社工不應將自身的價值及信念加諸個案身上。
3. 增權。社工與個案共同努力來為個案增權。可以透過連結個案直接或間接的支持系統，及／或參與政治活動來倡議服務與資源，以達到進一步的增權。

案例：系統理論及生態觀點在實務上的應用

Randeep，43歲的印度裔男性，於南印度出生。19歲移居英格蘭並上大學。Randeep與Natalie結婚22年。Natalie，42歲，英國白人女性。他們與三個小孩一直居住在英格蘭。Randeep六個月前遭到公司裁員，且一直無法找到新工作。自失業後，他一直感到憂鬱，並覺得沒有精力也沒有優勢找新工作，尤其是他覺得他在上一個職場中遭到歧視。Natalie威脅Randeep，若他無法開始處理憂鬱狀況並幫忙支持家裡，兩人就分開。你接到Randeep憂鬱問題的轉介。

你是一位社工，應用系統／生態觀點對個案作全面性的評估，以決定哪一部分的系統或網絡需要介入處遇。你與Randeep會談，對他個人、人際關係及社會關係與互動等方面獲得更多資訊，全面性地評估目前的問題。Randeep訴說了他在職場上遭遇的歧視，他如何成為種族笑話的笑柄，即便他有很亮眼的銷售表現。當他知道自己被裁員，而不是其他生產力較低的業務代表，他感到相當驚訝。他被告知，其他員工「與顧客有較多相同之處」。Randeep說，他對找另一份工作感到焦慮，且擔心會再遭遇同樣的歧視。Randeep進一步解釋，他覺得自己是個失敗者，因為他失業了，且這一切是因為他所屬的族群，也認為Natalie難以了解他的遭遇。另外，Randeep非常想念仍居住在印度的家人，多數的朋友也仍在印度。英格蘭的朋友無法全然了解他來自何處。Randeep說，他想要變好，並能再成為家庭的支柱。

依據這些資訊，你能夠判斷有幾種狀況或因素造成Randeep目前憂鬱的問題，而不是僅聚焦在他個人身上。例如，Randeep描述了在職場上受到歧視的經歷，且認為因為他所屬的族群而解雇他是個錯誤。這樣的經驗深深地影響Randeep：他在工作上的表現亮眼，卻會因為他所屬族群，讓老闆認為他對公司的價值較低。這些歧視都是讓Randeep憂鬱的因素。由於Randeep認為Natalie及他的朋友都無法了解他，因此不再向他們表達想法與感受，造成Natalie及朋友減少與他相處互動的頻率與程度。這些狀況也是Randeep憂鬱的因素之一。

系統理論

　　你現在能夠判斷Randeep經歷的種族主義對待與歧視，以及來自Natalie的挫折心情（輸入），二者經過Randeep的腦海（訊息處理），造成了他低自我價值的感受與憂鬱（輸出）。另外，遭到孤立及缺少與Natalie的互動，也更讓他感到憂鬱，這些使Natalie加倍認為Randeep不試著幫她支持家務（回饋）。在Randeep生命中的幾個系統都有讓他感到憂鬱的因素（失衡）；對降低憂鬱狀況的處遇計畫也會擴及Randeep之外的其他系統上。

　　針對Randeep所遭遇到的種族主義與歧視、憂鬱感受、Natalie覺得缺少來自Randeep的支持等惡性循環的過程，可以由以下一個或多個系統進行處遇：

- 個人系統（Randeep）：個人諮商、抗憂鬱藥物，及／或非主流但專精於Randeep文化的治療等，以降低憂鬱感受與症狀。
- 伴侶系統（Randeep及Natalie）：婚姻諮商，探討Randeep與Natalie之間的溝通與互動，並允許彼此表達想法與感受，以試著對彼此有更好的了解與支持，並共同解決問題。
- 法律系統（針對Randeep前一個職場）：針對Randeep遭遇到的歧視與可能不合法的解雇，進行法律介入。
- 職場系統：探索Randeep未來可以工作的職場。
- 社區系統：探索Randeep的支持團體或社區活動，讓Randeep能與擁有相

同文化背景的人互動。

▲ 社會系統：代表Randeep提出倡議，以喚起對多元文化的重視，並打擊歧視與種族主義。

你與Randeep探索著不同的系統（殊途同歸）探討Randeep的狀況，藉此介入以達到Randeep的目標：變得好些並可以再度成為家庭支柱；希望針對可能違法的解雇探討法律介入的可能性；希望探索有哪些社區活動可以參與；與Natalie尋求婚姻諮商。因此，你與Randeep的工作包含下列數點：(1)你與相關反歧視法令可視為改變中介系統；(2)伴侶系統（Randeep與Natalie）、法律系統、及職場系統可視為個案系統；(3)伴侶系統、法律系統及職場系統可視為標的系統；(4)法律系統可視為行動系統。你與Randeep藉由上述工作共同努力達到他的目標與系統內部平衡。

生態觀點與生命模式

從你與Randeep工作的預備期與開始期，你能夠判斷Randeep目前的個人：環境契合度不佳。他無法獲得內部的力量，也無法取得外部優勢與資源去因應他的生命壓力。這些讓他不能持續地正向成長與發展。Randeep目前負面的個人：環境契合度讓他的生命產生了壓力，造成憂鬱、低自我價值及缺少安全感等感受，也因而負面影響了與Natalie的關係。除了職場上遭遇的種族主義與歧視，你也發現Randeep遭到解雇後，他在社會過渡期上處於困境。面對生命壓力，Randeep的因應方式是從家庭中退縮而獨自一人。為了幫助Randeep減低生命壓力並轉變為正向的個人：環境契合度，首先你需要與Randeep合作，以判斷他是自己及／或環境影響了他，並找到處遇的標的。這些都需要合併考量個人時間、社會時間與歷史時間。

在過程期中，你與Randeep探討他的問題與目標。Randeep表示他的目標是找到工作及幫忙照顧家庭。他確定他想訴諸法律來處理可能違法的解雇案；他想在社區中找到能與其他南印度同鄉的交流活動；他想與Natalie參加婚姻

諮商以重拾關係。處遇計畫涵蓋了Randeep個人及他的環境。Randeep相信這些處遇能有效減緩憂鬱，並增進自信、自我價值、能力與自主性。一旦開始進行處遇計畫，你與Randeep會一路進行到結束階段。屆時你們要處理結束時的情感，及為未來的生命壓力發展因應計畫。

> **練習2.2** 系統理論或生態觀點？
> 兩人一組或小組討論，你們在社工實務中較想採用系統理論還是生態觀點？針對你們的答案提出原因。

優勢與限制

系統理論與生態觀點有許多優勢與限制，需要在實務應用前先行探討。二理論的優勢如下：

- 二理論皆是增權取向，因為它們都試著提升個案的認同、自主、能力及與環境的聯結。二理論強調社工與個案的合作關係，共同努力來增進個案的力量，以獲取直接或間接的資源來維持平衡，或提升正向的個人：環境契合度。
- 二理論都需要社工以全人的角度去整體評估個案的狀況，而非僅將之視為個人的問題。這點讓社工可由不同的觀點看到個案的困境，並依個案的需求擬定處遇計畫；而非由社工個人喜好的實務方法切入(Gitterman, 2009; 2011)。然而，對理論的批評通常在於，理論僅讓社工知道問題是如何持續存在著，卻不一定能了解問題為什麼會產生。
- 二理論是主張反壓迫。它們強調消彌歧視與壓迫，因為二者會造成個人的失衡，或負向的個人：環境契合度。然而，在系統理論中，所使用的語言通常被認為缺乏人性，因為它將人視為「系統」，會受到周圍其他系統的影響；也忽略了人這個主體的力量。
- 二理論是具彈性的。它們為評估個人、家庭、團體或社區提供了方法，然

後社工可以使用其他方法來進行處遇。例如，社工可能應用系統理論來評估狀況，然後帶入認知行為取向，及／或政治倡議來讓處遇計畫更完善。

二理論的限制如下：

▲ 社工有時被迫要從有限的資訊中工作，會因此無法對所有的系統或影響個案的各種因素中做正確的評估。在這種情況下，理論可能無法幫助個案如何或從何看透某個系統。例如，較少語言表達的個案可能無法描述出造成目前問題的所有系統。因此，社工與個案可能著墨在表徵；但潛在的問題卻未知或未被揭露。這項限制可以藉由與個案維持合作的關係來降低，以完成個人、人際與環境系統評估。

▲ 社工的工作可能會因為所屬機構的時間或資源而有所限制。例如，社工利用系統理論或生態觀點去評估個案的狀況，也發現了幾個需要介入處遇的系統（例如政治、家庭及個人）；然而，由於缺少時間或機構資源，社工及個案無法針對所有系統進行處遇。在這樣的狀況下，社工與個案要決定什麼是當下最需要進行處遇的。然而，社工與個案可能無法將重點全部放在潛在問題上（像是社會不平等或暴力虐待），僅能針對表徵做處遇。

▲ 社工可能發現自己工作對象的系統不允許他們介入。例如，社工與個案發現家庭系統需要介入，但其他家庭成員不願意加入處遇。社工與個案要一起試著去打破不願參與的系統之界線；若有需要，社工與個案應尋求其他處遇方式以協助個案達成最終目標。另外，非自願個案可能對介入不能接受，或覺得沒有需要。在這樣的狀況下，社工需要加入動機式晤談（見第八章），讓個案可以順利進入需要的工作階段並看到處遇的重要性。

▲ 在使用全人、人在環境中的評估時，有一個危險性，即社工可能過度評估與個案生命相關的系統，而忽略了重點在於與個案一同工作。社工應謹記在心，除了要針對個案做完整評估外，也要時時檢視以確保共同工作有為個案帶來助益，並一起朝個案的目標前進。

倫理與文化的考量

系統理論與生態觀點皆重視文化與多元性在個案生命中的重要性。當評估個案在其環境中時，社工及個案應探討價值、信念、及個案所處文化與次文化之角色設定，以及這些如何轉化為個案自己的價值、信念與人生角色設定。社工與個案要致力於共同合作；社工要明白個案才是自己人生經驗的專家。因此，社工不應將自己的價值與信念強加於個案上。在某些狀況下，個案的文化或社會中的主流文化具歧視及／或壓迫，可能正是造成當下問題的因素，需要介入處遇，以創造更正向的個人：環境契合度。另外還有一種狀況是，社工覺得價值、信念與文化造成了當下問題，但個案並不同意。在這樣的狀況下，社工要尊重個案；但同時要秉持著社工專業的價值、原則與倫理，確保個案不受到傷害。

系統理論、生態觀點與反壓迫實務

系統理論及生態觀點／生命模式的社工實務是以反壓迫為前提。這些理論以增權為基礎；它們要看到個人在環境中有正向的契合度，然後並對那些會影響個人能力使之難以有力量去控制自己生命的藩籬予以降低及／或消除。二理論對種族、族群、性別、性取向、生理／心理狀態、及其他社工－個案之間相異處等議題都會抱持著高度敏感性。為了要看到這些差異，社工與個案要考量影響著個案的文化及次文化，並發展與個案而非社工之價值與人生前提一致的處遇計畫。為了維持反壓迫實務，社工與個案須共同合作，將個案視為自己狀況與人生經驗的專家。任何形式的處遇都要由社工與個案共同做決定；藉此能讓個案掌控自己的生命，進而達到增權。在工作的最後階段，社工與個案可以討論個案要如何藉由提升其內在與外在的優勢與資源，以面對未來的障礙與壓力。

系統理論與生態理論的研究

由於系統理論與生態觀點屬於理論，其研究多著重於理論相關的特定方法與取向。相關的取向通常包括家庭系統理論，將家庭視為一個單位或系統，並與家庭成員工作，以帶來改變。另外也包括了Murray Bowen的**代間取向**(intergenerational)；Salvador Minuchin的**結構性取向**(structural)；Jay Haley的**策略性取向**(strategic)；de Shazer與Burg的**焦點解決短期治療取向**(solution-focused brief)；Virginia Satir的**人本取向**(humanistic)；Epston與White的**敘事治療**(narrative therapies)等(Sharf, 2012)。針對家庭系統理論的研究發現，家庭理論的功效並不亞於其他形式的理論(Sharf, 2012)。

系統理論與生態觀點也發展出**一般性評估架構**(common assessment framework, CAF)；社會服務機構通常會將CAF用於對兒童或青少年進行全面性的評估。CAF為四步驟的過程，針對下列三方面進行評估：(1)兒童或青少年的發展；(2)父母／照顧者；(3)家庭與環境 [Department of Education (DfE), 2012]。CAF是具自主性的；當實務工作者或父母／照顧者對兒童的生長與發展有所擔心，或兒童／青少年的需求仍不清楚或是機構無法提供時，可以藉由CAF來了解所需服務(DfE, 2012)。Easton等人(2011)針對CAF在早期介入的成效所作的研究，發現應用CAF能讓兒童獲得更好的成效，像是家庭生活的進步、更能參與學校學習、兒童發展有進步、情緒更健康，並有更好的服務成果。應用CAF來進行早期介入時，發現個案在未來會較少需要使用服務，也就是說是具有成本效益的(Easton et al., 2011)。Holmes等人(2012)的研究針對CAF的成本與影響進行研究，發現父母／照顧者表示CAF讓他們獲得所需支持；且專業人員對所能提供的服務有更多察覺。但即使有這些正向的研究結果，如同上述系統理論與生態觀點在使用上的限制，Holmes等人(2012)也發現時間上的限制成為專業人員在使用CAF時的阻礙。這些研究成果表示若對個人及其環境進行整體性的評估，有助於更好的人：環境契合度。

摘要

系統理論與生態觀點二理論旨在看到環境中的個人；對個人、家庭、團體／社區進行整體性評估；及探討個案所需或獲利的所有可能處遇方式。要使用此二理論架構，社工應要「致力於對下列事項有全面性的了解，包括個案及社會與物理系統所有層面之間複雜的互動；以及個案在每個互動中的意義」(Andreae, 2011, p. 246)。

系統理論相信，系統整體會大過每個小部分的總和，也強調需要評估系統之間的聯結性與依賴性，以及這些互動如何造就了當下的問題。系統理論的目標在介入一個或多個系統，以減輕當下的問題，讓個案回歸到平衡的狀態。生態觀點同樣也探討個人與環境間的關聯性、依賴性及目前個人適應環境的程度。生態觀點認為，每個人都應要能有正向的個人：環境契合度，才能有好的適應力，降低壓力程度，及提升成長與發展。處遇，尤其是使用生命模式對個人、環境或二者的介入處遇，是為了探索生命過程中，艱困的過渡期所帶來的壓力源。生命模式的四個階段，預備期、開始期、過程期與結束期，為降低生命壓力源提供了工作架構，也讓個案獲得更好的個人：環境契合度。

個案研究

Karen（英國白人，38歲）被匿名轉介到兒童家庭社會服務中心。這位媽媽由於酗酒，被認為在白天疏忽了她18個月大的女兒Amie。Karen嫁給Keith（英國白人，43歲）；Keith是工廠的督導，做日班的工作。Karen和Keith住在郊區，所以Karen白天沒什麼機會與鄰居或親友互動。Karen在Keith出門上班到下班回家期間都在喝葡萄酒。Keith說，他下班時常發現Karen在睡覺，且Amie無人照顧。Keith限制Karen對金錢的使用，以減少她購買酒的可能性，但似乎有朋友送她一箱葡萄酒。Keith的母親Sue（73歲，身體不佳），住在15分鐘遠的地方，常會過來探視Karen與Amie。當Karen爛醉時，Sue會待在Amie與Karen旁等著Keith下班。Amie是Karen第一個也是唯一的孩子，且是意外懷孕的。Karen曾在美容美妝零售商擔任經理，但他們決定當寶寶出生後，Karen全職在家。Karen過去沒有酒精濫用的問題。你接到這個轉介，準備去訪視Karen。

首先，請描述進行評估時，你要如何應用社會系統理論，並針對Karen擬訂可能的處遇計畫。其次，請描述在協助Karen的過程中，要如何使用生態觀點及社工實務中的生命模式。

延伸閱讀與網路資源

Andreae, D. (2011) General systems theory: contributions to social work theory and practice, in F.J. Turner (ed.), *Social Work Treatment: Interlocking Theoretical Approaches*, 5th edn. New York: Free Press.

Provides an overview to general systems theory and its application to social work practice.

Gitterman, A. (2011) Advances in the life model of social work practice, in F.J. Turner (ed.), *Social Work Treatment: Interlocking Theoretical Approaches*, 5th edn. New York: Free Press.

Provides an overview to the ecological perspective and the life model of social work practice.

Gitterman, A. and Germain, C.B. (2008) *The Life Model of Social Work Practice: Advances in Theory and Practice*, 3rd edn. New York: Columbia University Press.

Explores the ecological perspective and details the life model of social work practice.

Global Alliance for a Deep Ecological Social Work: http://www.ecosocialwork.org

Teater, B. (2014) Social work practice from an ecological perspective, in C.W. LeCroy (ed.), *Case Studies in Social Work Practice,* 3rd edn. Belmont, CA: Brooks Cole.

Provides a succinct overview of the ecological perspective and a detailed application of the perspective to a case example.

參考文獻

Alexander, P. (1985) A systems theory conceptualization of incest, *Family Process*, 24(1): 79–88.

Andreae, D. (2011) General systems theory: contributions to social work theory and practice, in F.J. Turner (ed.), *Social Work Treatment: Interlocking Theoretical Approaches*, 5th edn. New York: Free Press.

Buckley, W. (1967) *Sociology and Modern Systems Theory*. New York: Prentice Hall.

Department for Education (DfE) (2012) *The CAF Process*. http://www.education.gov.uk/childrenandyoungpeople/strategy/integratedworking/caf/a0068957/the- caf- process (accessed 11 May 2013).

Easton, C., Gee, G., Durbin, B. and Teeman, D. (2011) *Early Intervention, Using the CAF Process, and its Cost- effectiveness: Findings from LARC3*. Slough: National Foundation for Educational Research.

Forder, A. (1976) Social work and system theory, *British Journal of Social Work*, 6(1): 23–42.

Germain, C.B. (ed.) (1979) *Social Work Practice: People and Environments*. New York: Columbia University Press.

Germain, C.B. and Gitterman, A. (1995) Ecological perspective, in R.L. Edward and J.G. Hopps (eds), *Encyclopedia of Social Work*, 19th edn. Washington, DC: NASW Press.

Gitterman, A. (2009) The life model, in A.R. Roberts (ed.), *The Social Workers' Desk Reference*, 2nd edn. New York: Oxford University Press.

Gitterman, A. (2011) Advances in the life model of social work practice, in F.J. Turner (ed.), *Social Work Treatment: Interlocking Theoretical Approaches*, 5th edn. New York: Free Press.

Gitterman, A. and Germain, C.B. (1976) Social work practice: a life model, *Social Service Review*, 50(4): 601–10.

Gitterman, A. and Germain, C.B. (2008) *The Life Model of Social Work Practice: Advances in Theory and Practice*, 3rd edn. New York: Columbia University Press.

Goldstein, H. (1973) *Social Work Practice: A Unitary Approach*. Columbia, SC: University of South Carolina Press.

Goldstein, H. (1977) Theory development and the unitary approach to social work practice, in H. Specht and A. Vickery (eds), *Integrating Social Work Methods*. London: George Allen and Unwin.

Holmes, L., McDermid, S., Padley, M. and Soper, J. (2012) *Exploration of the Costs and Impact of the Common Assessment Framework*. London: Department for Education.

International Federation of Social Work (2012) *Definition of Social Work*. http://ifsw.org/policies/definition- of- social- work/ (accessed 3 March 2013).

Kirst- Ashman, K.K. and Hull, G.H. (2002) *Understanding Generalist Practice*, 3rd edn. Pacific Grove, CA: Brooks Cole.

Payne, C. (1991) The systems approach, in J. Lishman (ed.), *Handbook of Theory for Practice Teachers in Social Work*. London: Jessica Kingsley.

Pincus, A. and Minahan, A. (1973) *Social Work Practice: Model and Method*. Itasca, IL: Peacock.

Pincus, A. and Minahan, A. (1977) A model for social work practice, in H. Specht and A. Vickery (eds), *Integrating Social Work Methods*. London: George Allen and Unwin.

Preston- Shoot, M. and Agass, D. (1990) *Making Sense of Social Work: Psychodynamics, Systems and Practice*. London: Macmillan Education.

Sharf, R.S. (2012) *Theories of Psychotherapy and Counselling: Concepts and Cases*, 5th edn. Belmont, CA: Brooks Cole.

Specht, H. and Vickery, A. (eds), (1977) *Integrating Social Work Methods*. London: George Allen and Unwin.

Teater, B. (in press) Social work practice from an ecological perspective, in C.W. LeCroy (ed.), *Case Studies in Social Work Practice,* 3rd edn. Belmont, CA: Brooks Cole.

第三章

優勢觀點

前 言

優勢觀點是一種與個案工作的方法。社工由只看到個案的問題、缺點及標籤，改變為注重與個案的互動，並在處遇時看到個案的優勢、能力、資源與成就。相較於個案的缺點與限制，優勢觀點是立基於對個案能力有根本的相信，也是能讓處遇有所進展的真正方法(Weick et al., 1989)。優勢觀點實務工作可定義如下：

> 是看到所有個案正向行為的方法。藉由幫助他們了解到問題部分是次要的，優勢部分才是主要的；他們做得好的部分可以成為解決問題的方法，加以應用於每天生活中，並作為成功的技巧，來因應生命中各種主要的議題、問題與擔憂。(Glicken, 2004, p. 3)。

優勢觀點並不直接處理個案的痛苦與問題，而是著重在發現個案優勢（這個部分本身就可以宣洩壓力），以及在處遇計畫中使用這些優勢。社工在評估與處遇時通常會採用優勢觀點，並結合其他的優勢取向工作方法，像是個人中心取向、焦點解決實務工作等。本章提供優勢觀點的概述，討論其原理，並說明如何將優勢觀點應用在社工實務上。

優勢觀點的起源

優勢觀點已由許多種不同樣貌存在多年,尤其是在哲學與宗教領域,及個人中心、增權與女權等實務領域。優勢觀點的正式理論與方法源於1980年代;當時社工領域的實務工作者與理論學家,如Dennis Saleebey,批評社工專業多充斥著問題取向或醫療模式,著重在病態、缺點與標籤化。歷史上,社工實務是由問題中心取向而來,這樣的根源可追溯到慈善機構會社(Charitable Organization Society),因為它們認為個案有**道德缺陷**(moral weakness) (Weick et al., 1989)。道德缺陷一詞成為病理診斷的疾病之一。將人類問題中的道德缺陷轉稱為病理診斷的先驅之一是Mary Richmond,她提出了「**社會診斷** (social diagnosis)」(Blundo, 2001)。這樣以科學為基礎的問題導向典範所帶來的影響是,一旦做出診斷,就會有相對應的治療以修正存在的問題;若沒有做出診斷,則無法提供治療(Weick et al., 1989)。

優勢取向是由社工專業的學者所發展,像是Dennis Salleebey, Charles Rapp與Ann Weick;這樣的改變與問題導向社工實務是相反的。優勢取向實務工作的改變是由兩個前提而來(Weick et al., 1989):(1)社工專業的價值基礎在於尊重每個人的尊嚴與重要性,而非他們當下的狀況 —— 只看到問題與限制,或做出只貼上問題標籤而失去個人價值的診斷,這些都與社會工作價值是對立的;(2)以診斷為主的系統讓社工的權力地位優於個案:社工可以決定個案有什麼問題,及解決個案問題的最好方法。優勢取向實務工作則是將社工實務帶回最根本的面向,即尊重個案並與其合作。優勢觀點改變了社工專業,從著重在社工或其他助人工作者所界定的問題與缺點,轉變為透過平等與合作的關係去看到並強調個案的優勢、能力與潛能(Blundo, 2001)。優勢觀點持續地受到探討與研究,尤其是在堪薩斯大學(University of Kansas)的優勢學會(Strengths Institute)中所進行的工作。

優勢觀點的釋義

社工首先要了解優勢一詞,以應用優勢觀點。根據Greene與Lee (2002, p.

182)的解釋，優勢是「有能力因應困境；在面對壓力時仍能維持功能；在巨大創傷後能回歸正軌；挑戰為成長的動力；能運用社會支持作為幫助自己恢復的資源」。優勢可以是來自個人或環境，能夠激發成長與解決問題(Saleebey, 2013a)；優勢可以同時存在於個人與個人生命裏的社區中(Rapp and Goscha, 2011)。就個人身上的優勢而言，優勢是抱負、能力與信心；就環境或社區中的優勢而言，優勢是機會、社會網絡、資源及可獲取的服務。

根據Saleebey (2013b)，優勢有三大重點，連結成三角架構：C、P及R。CPR優勢架構幫助社工依據三大重點找到個案的優勢。C代表能力(competence)、能量(capacities)及勇氣(courage)；P代表承諾(promise)、可能性(possibility)、正向期待(positive expectations)及潛能(potential)；R代表回復力(resilience)、準備(reserves)、資源(resources)及智慧(resourcefulness)。因此，若要發覺個案的優勢，社工除了要看到個案明顯的個人優勢外，更要探索個案的可能性、能力及回復力。表3.1列出了當社工評估個案的優勢時，可與之探索的面向。

▶ 表3.1　探索優勢的幾個面向

個人知道些什麼／學到了什麼	教育與職場
性質、特點與優點	之前的成功經驗
天賦	堅持
自尊	愛好
精神生活	求知慾
因應技巧	信念
文化與個人故事與學識	彈性
社區	過去試著解決問題的經驗
支持網絡	社會－政治的支持與資源
動機	健康
人際關係	機會
回復力	希望

資料來源：Cowgere and Snively (2002); Glicken (2004); Saleebey (2013a).

優勢觀點的假設與原則

優勢觀點有以下六個重要的假設(Saleebey, 2013b, pp. 17-20)：

- 每個人、團體、家庭及社區皆有優勢。
- 創傷、受虐、生病及掙扎可能具有傷害性；但也可能是挑戰與機會的來源。
- 要假設你無從得知個人成長與改變能力的極限；要認真看待個人、團體及社區的抱負。
- 最好能與個案共同合作。
- 每個環境都充滿資源。
- 關心、照顧並了解脈絡背景。

優勢觀點認為社工與個案要共同合作，以評估並找出個案能利用的優勢及資源，並增進個案的自決與自控，進而成長與發展(Greene and Lee, 2002)。關於這些假設的相關討論受到所有優勢取向實務工作所遵循並以此為基礎。

優勢觀點是由一系列的原則所組成，引導著社工進行優勢取向助人工作。這些原則表現出優勢觀點的首要哲理；可被應用在發展社工－個案間的關係、評估個案優勢、及發展優勢為主的處遇計畫。Kisthardt (2013, pp.59-65)提出這些原則如下：

1. 助人過程中，首先要著重在個人的優勢、興趣、能力、知識潛能；而非看到個人的診斷結果、缺點、症狀及劣勢(Kisthardt, 2013, p. 59)。當個案開始與社工一同工作時，他們通常能覺察到自己的問題，卻沒有覺察到自己正是因為有正向的特質，才能帶領他們來到這助人關係中(De Jong and Berg, 2008; Walter and Peller, 1992)。若僅著重問題，尤其是診斷帶來的標籤，會對個案有極大的負面影響。例如，個案背負著精神疾病的標籤時，通常會遭遇生活機會減少，及更差的心理社會功能(Link et al., 1989)。協助個案解決問題是社會工作中不容忽視的重要一環(McMillen et al., 2004)；優勢為主的實務工作其價值在於探索及開發個案的優勢，

關注於個案做得好的事情上,可以增進他們的希望及個人力量(Greene et al., 2006)。探索並點出個案做得好的事情上,讓他們從認為自己是有問題的人,改變為認為自己是有能力的人。社工可以藉由尊重與欽佩個案、對個案的希望、夢想與抱負感興趣等,來開啟優勢工作的過程(Kisthardt, 2013)。

2. 讓助人關係成為合作、互惠與夥伴關係。與對方共享權力,而非讓權力高於對方(Kisthardt, 2013, p. 60)。傳統問題中心取向最主要遭人批評的部分之一,是該取向讓社工的權力高於個案,並認為社工是個案問題的專家。優勢取向則認為,若認為社工扮演專家,則無法全面探索個案的優勢、資源與價值;此時社工僅遵循著事先定義的參考架構及／或假定,而未認定個案是自身經驗與看法的專家,或認為個案有能力解決自己的問題(Saleebey, 2013b)。Kisthardt (2013)認為,從既定的參考架構著眼,某種程度而言,是壓迫那些已經受到壓迫的個案。藉由共同合作及夥伴關係,社工與個案都能了解到個案是有權力的,且能對自己創造的生命有正向的影響;而非由專家來解決他們的問題。進一步而言,互惠的合作關係讓個案能感受到希望,即他們可以克服人生的困境(Rapp et al., 2005)。

3. 每個人有與生俱來的能力去學習、成長與改變。人們有嘗試的權利;有成功的權利;也有失敗的權利(Kisthardt, 2013, p. 62)。個案因標籤而受限;這些標籤來自於貧窮、生理或神經性的障礙、制度上的壓迫、汙名、歧視及／或種族主義(Kisthardt, 2013)。由於這些標籤,社會降低了對於個案有成長與發展能力的信任,同樣也降低了個案對自己的信念。Gallo (1994, p. 408)在描述自己的精神疾病時,提到:「精確地來說,我認為自己有精神疾病很不幸。所以我會自我貶抑,認為自己是『社會的一堆垃圾』。」這段文字顯現出,那些被貼上標籤的人如何受到負面的影響。顯而易見地,Gallo認為自己的社會地位極低。若社工視個案有能力去學習、成長與改變,就能挑戰這些負面標籤,並鼓勵他們成為比標籤所述更好的人。幫助個案看到他們有與生俱來的能力去改變,能讓個案從標籤或診斷結果

的束縛中獲得解脫，並讓他們有機會成為一個全新的、真正的人。

4. 鼓勵將助人的活動放在社區中各個生活所及的地方(Kisthardt, 2013, p. 64)。針對重度精神疾病患者所做的研究發現，這些個案從機構或醫院所學到的技能，並無法成功地轉換並應用於社區生活中(Stein and Test, 1980)。Rapp與Goscha (2004)提到，「**真實取向**(*in vivo* approach)」的工作模式，讓個案學習到能普遍應用於社區生活中的技能。此外，在社區中提供服務，能讓處遇效果維持得更好；也讓社工針對個案與社區的優勢與資源做更出正確的評估(Rapp and Goscha, 2004)。在社區中提供服務也能讓社會大眾知道這些個案有權利在生區中生活，進而達到去汙名化。

5. 整個社區像是綠洲般，擁有服務使用者所需的潛在資源。首要考慮使用自然生成或存在的資源；其次才是具隔離性或正式的「心理衛生」或「社會服務」機構(Kisthardt, 2013, p. 65)。在**問題導向模式**(problem-based approach)中，通常會在正式社會服務機構中，以「科技」來為個案嚴重的問題提供處遇。此外，社工通常會認為是因為環境的艱困，才造成個案的問題。Saleebey (1996, p. 19)卻認為，雖然環境可能會造成身心傷害，但每一個環境卻充滿著資源。如他所述，「不論環境多困難，或是考驗著居住者的勇氣，但環境仍存在著豐富多樣的資源及可能性……一定會有一群人、組織、團體及機構有能力可以給予他人所需的東西：知識、援助、具體的資源或天賦、甚至單單付出時間或是提供場地。」要檢視社區，而非傳統中的處遇系統，以尋找個案關心的答案；最終，讓個案能回歸社區，幫助他們較少感受到自己不再是個完整的人。社工有責任幫助個案尋找社區中的各種機會，並跳脫傳統的社會服務場域。

> **練習3.1　思考優勢**
>
> 兩人一組，或小組討論，輪流回答下列問題。同時要考慮你的家庭、朋友、社區、文化與歷史如何影響著你的答案。
> 1. 想想有一些個案，你難以與之一同工作；描述你如何發現他們有成長、學習與改變的能力。
> 2. 找出自己三項優勢。
> 3. 找出你社區中的三項優勢。
> 4. 描述你如何與個案建立夥伴關係。
> 5. 辯論問題導向模式與優勢觀點取向二者在價值上的關聯之處。

優勢觀點取向的元素

　　優勢觀點的原則提供了脈絡，讓社工能夠直接思考實務的方向。Saleebey (2009) 發現，當應用優勢觀點時，有四項優勢取向實務工作的元素會連續或同時發生。這些階段、時期或實務元素可應用於個人、家庭及社區工作中。四項元素分別為：

1. 在優勢的預示 (harbinger) 與線索 (hints) 中掙扎 (Saleebey, 2009, p. 104)。個案因生活上的問題、困境或壓力而尋求社工協助。這些問題是由個案自己定義而來，或來自外在（法院、兒福單位等）。在這些情況下，個案多被專注於問題或壓力源，而非他們擁有的優勢。當個案訴說著痛苦的故事，他們會漏掉過去的成功、因應技巧、希望及抱負等線索。社工傾聽個案關於問題的故事時，也應尋找個案的優勢；並在適合的時機，讓個案思考這些優勢。例如，「聽起來你有個很好的家庭支持系統」；或「在工作處理及親職責任上你非常成功」。當開始接觸個案之際，社工就要進行找出個案優勢的工作。

2. 鼓勵說話，並敘述自己的回復力與優勢 (Saleebey, 2009, p. 104)。當社工、個案持續對話之時，社工要幫助個案從病態與問題的講述，轉向為優勢與

能力。這一步驟不容易。由於自我懷疑、自我責備、責怪他人或是受到他人及／或社會的壓迫，個案可能將自身的優勢與資源深埋多年。社工藉由示範看到個案的優勢與資源，讓個案也能確認自己的優勢與能力。這個過程包括了社工評估與辨識出優勢、幫助個案說出對自己優勢的思考，及與個案討論符合其每日生活的各種可行機會。

3. 在脈絡中行動：訂定計畫(Saleebey, 2009, p. 104)。除了能辨識出自己的優勢外，個案要學習優勢的用語，並能視自己是充滿優勢與能力的。個案要看到自己的希望與目標，並運用自身優勢及外在資源，讓自己朝向目標前進。計畫的訂定是合作性的，社工擔任經紀人或是倡導者，幫助個案連接外在資源，或對抗藩籬，讓個案朝向目標前進。

4. 邁向正常化，並運用個人的優勢(Saleebey, 2009, p. 105)。藉由處遇，個案有能力可以看到自己與社區的優勢；他們也有能力運用優勢，且需要被強化及正常化。個案要能夠將與社工一起學到的能力帶走，並運用於日常生活中。

優勢取向實務工作有兩個層面需要被強化。其一是優勢評估。雖然有許多實務工作者認為自己是以優勢觀點進行實務工作，但他們僅是嘴上說說，「優勢評估只出現在評估報告或處遇計畫的最後幾行字」(Saleebey, 1996, p. 303)。Cowger (1994, p. 264)認為，對個案的優勢評估是優勢觀點的基本工作，「若評估僅著重在問題，則這些問題很有可能會成為社工與個案接下來會面時的焦點。把重心放在問題或是優勢，會成為個案日後對自我實現的預言。」藉由優勢評估，社工與個案一同奠定找答案的基礎工作。每個個案，包括無家可歸者及／或貧窮者，都有其優勢。優勢評估的目的並不是否認個案當下遇到問題的事實，而是著重在可以專注於個案有些什麼自我照顧的條件。表3.2列出Cowger 與 Snively (2002)十二項優勢評估的方針。

▶ 表3.2　十二項優勢評估方針

1. 讓個案清楚了解到，自己是自身經驗的專家。
2. 相信個案終將是值得信賴的。
3. 找出個案想要從一同工作中獲得什麼。
4. 將評估重點由問題與缺點，轉為對個人與環境優勢的評估。
5. 以多重層面去評估優勢，包括個人、人際與社會－政治層面。
6. 利用評估來發現每個個案的獨特之處。
7. 當寫下評估報告與界定優勢時，要用個案使用的語句。
8. 讓評估成為工作者與個案間的共同活動。
9. 評估要讓社工與個案二人都同意，也要公開與分享。
10. 避免抱怨與指責，因為這會讓焦點放在問題上而非優勢上，並會讓過程停滯不前。
11. 避免做效益考量，因為這最後會變為指責。
12. 評估，而非診斷。

資料來源：Cowger and Snively (2002, pp. 221-5).

其二是語言的使用。優勢觀點需要社工有意義性地使用語言(Saleebey, 2013b)。社工要多使用優勢、可能性、抱負及希望等詞彙。相反地，社工要減少強調具問題性、標籤性或診斷結果等用語(Saleebey, 2001)。當個案回到問題性的話題上，De Jong與Miller (1995, p. 735)建議，「社工可以傾聽、同理，並溫柔地帶著個案回到他們理想未來的目標界定上。」社工可以運用**焦點解決問題**(solution-focused questions)（見第十章）來繼續地運用優勢用語(De Jong and Miller, 1995; Greene et al., 2006)。這類問題包括：(1)生存性問題－找出過去與當前生存或因應機巧（「你是如何靠著自己的力量生存到現在？」）；(2)支持性問題－找出支持網絡／個案生命中的人（「你能夠依賴誰？」）；(3)例外性問題－找出個案生命中什麼時候是過得比較好，或問題有減緩（「對你而言，什麼時候情況有好轉一點？這些時候與其他時候有什麼不一樣？」）；及／或(4)可能性問題－找出個案的希望、夢想、目標與抱負（「在人生中你想要些什麼？五年後你想要在哪裡？」）(Saleebey, 2009, pp. 102-3)。

案例：優勢觀點在實務上的應用

Sally，英國白人女性，23歲時被診斷出**思覺失調症**(schizophrenia)。她的精神科醫師告訴她，她可以藉由藥物被治療，但這樣的診斷疾病是無法治癒的，且她可能無法工作。精神科醫師建議她找社區精神科社工。你就是社區精神科社工，使用優勢觀點實務工作。你與Sally第一次見面，她描述著被診斷為精神疾病的經驗。她說，那些聲音大約在20個月前出現，讓她覺得害怕。雖然診斷出思覺失調症讓她對害怕的幻聽有了答案，但診斷結果本身同樣讓人害怕。她提到過去在學校及職場成功的事情，及她有能力去參加社會活動。但也聊到當她開始有幻聽後，這些事情如何消散無蹤。你開始評估Sally有幾項優勢，像是聰明及能力，讓她在學校及職場表現良好（能力及可能性）；對當下問題有清楚的洞察（能力及可能性）；及對幻聽的經驗具回復力（回復力；CPR優勢）。Sally同意來找你並討論她的經驗，表示她對更好的未來表現出希望。

　　進一步探索Sally的優勢與資源時，你問及她聽到的聲音（在優勢的預示與線索中掙扎）。她說：「那些聲音告訴我，我在世界上是獨自一人，且不能相信任何人。它們說我必須依賴自己。」你問Sally：「你如何面對聽到的聲音？」（生存性問題）Sally表示，當她現在回頭看這些經驗，她了解到即便有幻聽，她也努力繼續過生活。她有很多時間獨自一人，且經常想著要傷害自己；但想到將會離開家人和朋友，就打消念頭。你接著問：「有什麼時候那些幻聽不這麼困擾妳嗎？」（例外性問題）Sally說當她開始服藥，就沒有這麼常出現幻聽；當她與家人在一起或玩電腦時，就不曾出現幻聽。你好奇地請她描述，與家人在一起時是什麼樣子，可以減少聲音的影響（鼓勵說話並敘述自己的回復力與優勢）。Sally認為，與家人在一起時可以把聲音嚇跑。她的家人永遠是她生命中的堅強後盾，當聲音告訴她是獨自一人時，一定是在騙她。接著你問當她與別人在一起時也可以減少聲音出現嗎（支持性問題）。Sally說當她與一大群朋友在一起時，聲音出現的狀況會減少；但當她只與幾位親近的朋友在一起時，聲音會出現的更多。為了探索Sally在社交網絡中的優勢，

你問她探視朋友與家人的頻率（鼓勵說話並敘述自己的回復力與優勢）。Sally 說她現在搬回家與父母同住，但通常是自己待在房裡。至於朋友，她很少見他們。基於 Sally 的優勢與資源所在，你鼓勵她多花一些時間與家人朋友在一起（在脈絡中行動：訂定計畫）。

在下一次的會談中，你詢問 Sally 花了多少時間與家人朋友相處（鼓勵說話，並敘述自己的回復力與優勢）。她說，她真的去聯絡了朋友 Andy，他們聊到了她發生了什麼事。Andy 答應會保持聯繫，並盡一切努力來幫助 Sally。此外，她說她現在較少待在房裡；花較多時間幫父親煮飯及整理家裡（在脈絡中行動：訂定計畫）。她坦白地說，當她幫忙父親及與 Andy 在一起時，那些聲音比較沒有那麼煩人。

在找出了 Sally 的動機優勢、洞察力、回復力及外在支持，你將會談的重點轉向討論未來的計畫。Sally 哭著說，她已經放棄許多事了，只是一天過一天。你問她，「妳在生病前，本來想要做些什麼？」（可能性問題）。她說原本希望成為繪圖設計師。你點出 Sally 在學校與職場中是成功的，並提醒她玩電腦是打敗聲音的一個方式。你問 Sally 她想不想重新將目標設定為成為繪圖設計師。Sally 說她想。在接下來的幾個月，你與 Sally 共同計畫著讓 Sally 重新回到學校（在脈絡中行動：訂定計畫）。在與 Sally 的精神科醫師與家人商議後，這個計畫完成了。你與 Sally 讓 Andy 與她的家人共同參與，負責接送 Sally 上下學。Sally 拿到了繪圖設計的學位。在詢問過 Sally 及她的同事後，Sally 申請了幾家當地的繪圖設計公司。你與 Sally 為了應徵工作，一起練習面試技巧；並討論她在職場中要如何利用她的優勢（邁向正常化，並運用個人的優勢）。

優勢與限制

優勢觀點社會工作有幾項優勢與限制。優勢包括：

- 優勢觀點是增權取向。因此優勢取向實務工作的原則與假設是每個個案、家庭與社區都有優勢與能力去成長與發展。這個取向需要社工與個案有夥

伴性的合作關係，去評估優勢，去看到問題與困境，去看到現有或新發現且能運用在未來的優勢與資源。

▲ 優勢觀點能與其他理論與方法合併使用。優勢觀點的一般原則與假設可以做為社工在面對個案時的基礎。例如，社工可以應用優勢觀點來評估，然後運用動機式晤談來幫助個案去改變特定行為。

▲ 優勢觀點會評估個人層面、人際層面與社會－政治層面的優勢與資源。多面向的評估，讓社工與個案去看到造成個案問題或阻止個案達成目標的任何結構性壓迫或歧視。在與個案工作時，社工是倡導者或經紀人的角色，讓個案去運用所需優勢與資源以達成目標。

▲ 優勢取向實務工作可以運用在不同的場域，及有多樣問題的個案上。優勢取向實務工作可以運用在社區工作、犯罪矯治系統、戒治所、養老中心、或個人的個案管理上。

Saleebey (1996)提出了對優勢觀點的四項主要的批判，並一一提出回應：

▲ 優勢觀點只不過是變相的正向思考。優勢觀點並非向個案重複傳達一系列的語句或想法；而是將個人與環境的優勢轉換為對個案有意義的未來。

▲ 優勢觀點只是將悲慘生活重新架構。優勢觀點會看到個案生活經驗中的痛苦、悲慘與現實。優勢觀點並非只將個案的悲慘生活及／或缺點重新架構，而是幫助個案「對可能性與機會建立一種態度與說法；以及在診斷標籤下，個人仍保有的本質」(Saleebey, 1996, p. 302)。

▲ 優勢觀點是無可救藥的樂觀。優勢觀點發現，雖然有些人可能是難以因協助而恢復正常；但優勢觀點也認為人有內在的能力去成長與改變。優勢觀點並不會一開始就假定個案是難以協助，而是鼓勵社工去開始看到在個案面前存在的是可能性與改變。

▲ 另一個對優勢觀點的批判是其忽略個案問題的事實。雖然優勢觀點著重在利用個案個人及社區力量來幫助個案達到更好的未來；但並不否認傾聽個案痛苦故事或評估個案問題等具有宣洩情緒的功能。然而，光了解個案的問題是不夠的。在社工與個案的對話中，除了要談及個案的問題外，社工

也要看到能用來修正當下問題及朝向理想目標前進的各種優勢。

▲ Gray (2011)認為，優勢觀點是立基於新自由主義(neoliberal)的看法，即為了降低國家福利系統對個案照顧的責任。個人有創造改變可能性的責任。在這樣的前提下，優勢觀點「並沒有考量到結構性的不平等，例如種族及階層；或精神疾病、貧窮等等的現實」(p. 8)。優勢觀點未能從改變或挑戰壓迫性的制度著手，雖然這些是許多個案問題的根源。優勢觀點要求個人找到自己問題的解決方法，卻沒有考慮到大環境與社區的問題脈絡。例如，住在貧困區未就業的人，包括那些有高度工作能力的人，會發現到除非社區能吸引更多工商業進駐，不然他們很難找到工作。社工需要在系統層面努力，去增加就業機會。

倫理與文化的考量

運用優勢取向社會工作者的核心信念，是對人性及人類的看法為正向的。與忽略文化因素的做法相反，優勢觀點發現到，在不同的傳統文化上也可以看到優勢。Lee (2003, p. 387)寫到：「採取優勢觀點的臨床工作者會好奇並看重個案身上的文化優勢。在治療過程中，他們會幫助個案去全盤了解並使用自己的文化優勢與資源。」社工應對個案的文化裡所界定的優勢抱持開放的態度；尤其是某個文化認為的優勢，可能是另一個文化認為的弱點。因此，社工與個案要共同合作，因為個案是自己的生活、經驗、特定文化之優勢及資源等方面的專家。

文化裡其中一個重要的面向是精神層面。Eichler等人(2006)提到，精神層面的寄託是很重要的優勢。他們提及了幾個優勢取向的原則，可用於了解精神寄託；以下兩點與這樣的討論相關：「(1)要尊重個案生命脈絡中各種宗教與非宗教的精神層面之表現」(Eichler et al., 2006, p. 70)。工作者不會去忽略個案生命中的宗教或精神層面之經驗；相反地，優勢取向的實務工作者會將精神層面視為優勢的要角，可以幫助個案朝向規劃的目標前進。(2)「要與個案在社區中的精神領袖及精神導師建立合作模式，可彼此轉介與協同工作」(Eichler et al., 2006, p. 70)。優勢取向社會工作者要協助個案看到存在於宗教社群中的優

勢。這包括了對宗教與精神層面的靈性與文化脈絡進行優勢評估，及訂定處遇目標。耶穌基督後期聖徒教會(The Church of Jesus Christ of Latter-Day Saints, LDS)是當前世界上快速成長的宗教之一。LDS發展了很完善的互助網絡，確保LDS成員在有困難時能獲得支持(Walton et al., 2011)。LDS教會內置的福利系統，能夠幫助需要物質與社會支持的個人或家庭。運用原有的宗教支持，可以讓個人去發展能長期維持的計畫，以利正向的成長與改變。

反壓迫實務工作與優勢觀點

優勢觀點的核心原則是每個人有能力成長與改變。在優勢觀點下的實務與評估重點是個案的優勢，而非他們的缺點(Kisthardt, 2013)。因此，社工要相信所有個案擁有與生俱來的能力去改變，也要幫助個案看到、增強並運用這與生俱來的優勢。從社工與個案建立合作關係時，就開始了這個過程，也就是將個案視為自己經驗與人生的專家。社工會應用多重面向優勢評估去對個人的優勢與資源、人際層面、與社會－政治層面進行評估。個案可能因為貧窮、結構性的壓迫、歧視及／或種族主義等因素，而覺得在人際層面及／或社會－政治層面無法獲取資源。在這樣的情況下，社工與個案須採取行動，去對抗阻礙並創造獲取資源的機會。

汙名或壓迫可能會阻礙個案去獲取資源。有些個案群長久以來因精神疾病被汙名化，也包括了自我污名化(Kondrat and Teater, 2009)。優勢觀點會看到這些受到歧視的團體也具有優勢，並具有與生俱來的能力去成長(Greene et al., 2006)。採優勢取向的社工有責任去讓個案從標籤中解脫。Saleebey寫道：

> 許多人飽受疾病與生活混亂所苦，其精神狀況及人際生活也受阻。他們不應再讓醫療與社會把他們推向疏離的角落。身為一名做過價值承諾的社工，我們應要盡可能地讓他們在飽受症狀與標籤所苦的同時，能了解他們生活上真正的困難，以及他們的優勢。建立可行的、有希望的、有幫助的、且有願景的系統，要從現在開始，並嚴肅看待對這個議題。(2011, p. 186)。

顯而易見地，優勢取向實務工作讓社工能從刻板印象中跳脫，著眼在個案有能力去走向有意義的未來。此外，優勢觀點致力讓個案能從負面的壓迫、歧視、種族主義、標籤及刻板印象中解脫。

優勢觀點的研究

優勢取向實務工作已經應用於許多個案群身上，也有許多研究針對這些個案群的成效進行探討。優勢取向社會工作應用於許多領域，包括兒童福利(Early and GlenMaye, 2000)、老化及長照(Fast and Chapin, 1996; Sullivan and Fisher, 1994)、兒童福利／兒童精神健康(Early, 2001; Early and GlenMaye, 2000)、社會政策與社區發展(Chapin, 1995; Weick and Saleebey, 1995)；逃家／無家可歸青少年(Lindsay et al., 2000)，及矯正工作(Clark, 2001)。其中優勢取向實務工作最具說服力的研究是精神健康相關研究。社區導向精神健康個案管理是優勢導向實務工作應用領域之一(Rapp and Goscha, 2011)。研究建議在面對嚴重精神疾病患者時，優勢取向實務工作是相當有效的。有幾個相關研究是將優勢取向實務工作應用於嚴重精神疾病患者，包括Rapp與Chamberlain (1985)研究發現61%的患者有達到目標；Rapp與Wintersteen (1989)研究發現有79%的患者有達到目標。Björkman等人(2002)發現，針對嚴重精神疾病患者的治療處遇方式，優勢取向個案管理方式在處遇滿意度、住院天數、入院次數等都較其他處遇治療方式為優。最後，Barry等人(2003)發現，相較於接受**社區復健計畫**(assertive community treatment)的個案，這是目前對重度精神疾病患者的主要社區照顧模式，優勢取向方案讓個案對其生活品質有更正向的感受，並降低症狀嚴重度。雖然有針對優勢取向實務工作進行研究，但並沒有針對這種照顧模式的效果進行隨機的試驗。為了要測試優勢取向實務工作的真正影響，嚴謹的實驗研究是必要的。

摘要

　　優勢觀點是一種推崇並尊重所有人類潛能的社會工作理論與方法。優勢取向實務工作認為，所有人類與社區環境都擁有優勢；這些優勢能幫助個案去達到他們的抱負與目標。不同於其他取向的實務工作，優勢取向工作著重在個案已經成功的事項上，並試著運用這些優勢來幫助個案發揮所有潛能。優勢取向的關鍵在於優勢取向評估；社工與個案可以著重在個案已成就的事，或是著重在他們有能力去達到自我訂定的目標。在未忘記個案有其問題的同時，優勢取向強調個案的優勢，幫助個案遠離困境，朝向自己認為滿意的生活前進。

個案研究

　　Toby，16歲英國白人男性，在學校與家裡都出現問題。Toby的母親說他花太多的時間與朋友做一些「非法的活動」。Toby母親認為他有吸食大麻及其他毒品。Toby承認有吸食大麻；他的興趣在足球與修車。Toby不喜歡學校，認為自己應該要去工作。Toby仍與父母同住，但希望可以快點搬走。他不認為上學是首要事項，而是希望有份工作。他有試著找工作，但到目前為止沒有成功。請描述你要如何應用優勢觀點在這個狀況上。

延伸閱讀與網路資源

De Jong, P. and Miller, S.D. (1995) How to interview for client strengths, *Social Work*, 40(6): 729–36.
　　Provides readers with an operationalization of the strengths perspective by connecting it to solution-focused practice.

Glicken, M.D. (2004) *Using the Strengths Perspective in Social Work Practice: A Positive Approach for the Helping Professions*. Boston, MA: Pearson Education.
　　Explores the basic premises of the strengths perspective and provides examples of how to apply this approach to practice.

Rapp, C.A. and Goscha, R.J. (2011) *The Strengths Model: A Recovery- oriented Approach to Mental Health Services*. New York: Oxford University Press.
　　A discussion of the strengths perspective to working with persons with mental illness.

Saleebey, D. (ed.) (2013) *The Strengths Perspective in Social Work Practice*, 6th edn. Boston, MA: Pearson Education.
　　A collection of essays that describe the principles and practices of the strengths perspective in general terms and with different client groups.

The University of Kansas Strengths Institute: http://data.socwel.ku.edu/strengths/

參考文獻

Barry, K.L., Zeber, J.E., Blow, F.C. and Valenstein, M. (2003) Effect of strengths model versus assertive community treatment model on participant outcomes and utilization: twoyear follow- up, *Psychiatric Rehabilitation Journal*, 26(3): 268–77.

Björkman, T., Hansson, L. and Standlund, M. (2002) Outcome of case management based on the strengths model compared to standard care. A random controlled trial, *Social Psychiatry and Psychiatric Epidemiology*, 37(4): 147–52.

Blundo, R. (2001) Learning strengths- based practice: challenging our personal and professional frames, *Families in Society*, 82(2): 296–304.

Chapin, R.K. (1995) Social policy development: the strengths perspective, *Social Work*, 40(4): 506–14.

Clark, M.D. (2001) Influencing positive behavior change: increasing the therapeutic approach of juvenile courts, *Federal Probation Quarterly*, 65(1): 18–27.

Cowger, C. (1994) Assessing client strengths: clinical assessment for client empowerment, *Social Work*, 39(3): 262–8.

Cowger, C.D. and Snively, C.A. (2002) Assessing client strengths, in A.R. Roberts and G.J. Greene (eds), *Social Worker's Desk Reference*. New York: Oxford University Press.

De Jong, P. and Berg, I.K. (2008) *Interviewing for Solutions*, 3rd edn. Belmont, CA: Thompson.

De Jong, P. and Miller, S.D. (1995) How to interview for client strengths, *Social Work*, 40(6): 729–36.

Early, T.J. (2001) Measures for practice with families from a strengths perspective, *Families in Society*, 82(3): 225.

Early, T.J. and GlenMaye, L.F. (2000) Valuing families: social work practice with families from a strengths perspective, *Social Work*, 45(2): 118–30.

Eichler, M., Deegan, G., Canda, E.R. and Wells, S. (2006) Using the strengths assessment to mobilize spiritual resources, in K.B. Helmeke and C.F. Sori (eds), *The Therapist's Notebook for Integrating Spirituality in Counseling: Homework, Handouts, and Activities for Use in Psychotherapy*. Binghamton, NY: Hawthorn Press.

Fast, B. and Chapin, R. (1996) The strengths model in long- term care: linking cost containment and consumer empowerment, *Journal of Case Management*, 5(2): 51–7.

Gallo, K.M. (1994) First person account: self- stigmatization, *Schizophrenia Bulletin*, 20(2): 407–10.

Glicken, M.D. (2004) *Using the Strengths Perspective in Social Work Practice: A Positive Approach for the Helping Professions*. Boston, MA: Pearson Education.

Gray, M. (2011) Back to basics: a critique of the strengths perspective in social work, *Families in Society*, 92(1): 5–11.

Greene, G.J. and Lee, M.Y. (2002) The social construction of empowerment, in M. O'Melia and K.K. Miley (eds), *Pathways to Power: Readings in Contextual Social Work Practice*. Boston, MA: Allyn and Bacon.

Greene, G.J., Kondrat, D.C., Lee, M.Y., Clement, J., Siebert, H., Mentzer, R.A. and Pinnell, S.R. (2006) A solution-focused approach to case management and recovery with consumers who have a severe mental disability, *Families in Society*, 87(3): 339–50.

Kisthardt, W.E. (2013) Integrating the core competencies in strengths-based, personcentered practice: clarifying purpose and reflecting principles, in D. Saleebey (ed.), *The Strengths Perspective in Social Work Practice*, 6th edn. Boston, MA: Pearson.

Kondrat, D.C. and Teater, B.A. (2009) An anti-stigma approach to working with persons with severe mental disability: seeking real change through narrative change, *Journal of Social Work Practice*, 23(1): 35–47.

Lee, M.Y. (2003) A solution-focused approach to cross-cultural clinical social work practice: utilizing cultural strengths, *Families in Society*, 84(3): 385–95.

Lindsay, E.W., Kurt, D., Jarvis, S., Williams, N.R. and Neckerud, L. (2000) How runaway and homeless youth navigate troubled waters: personal strengths and resources, *Child and Adolescent Social Work*, 17(2): 115–40.

Link, B.G., Cullen, F.T., Struening, E., Shrout, P.E. and Dohrenwend, B.P. (1989) A modified labeling theory approach to mental disorders: an empirical assessment, *American Sociological Review*, 54(3): 400–32.

McMillen, J.C., Morris, L. and Sherraden, M. (2004) Ending social work's grudge match: problems versus strengths, *Families in Society*, 85(3): 317–25.

Rapp, C.A. and Chamberlain, R. (1985) Case management services for the chronically mentally ill, *Social Work*, 30(5): 417–22.

Rapp, C.A. and Goscha, R.J. (2004) The principles of effective case management of mental health services, *Psychiatric Rehabilitation Journal*, 27(4): 319–33.

Rapp, C.A. and Goscha, R.J. (2011) *The Strengths Model: A Recovery- oriented Approach to Mental Health Services*. New York: Oxford University Press.

Rapp, C.A. and Wintersteen, R. (1989) The strengths model of case management: results from twelve demonstrations, *Psychosocial Rehabilitation Journal*, 13(1): 23–32.

Rapp, C.A., Saleebey, D. and Sullivan, W.P. (2005) The future of strengths- based social work, *Advances in Social Work*, 6(1): 79–90.

Saleebey, D. (1996) The strengths perspective in social work practice: extensions and cautions, *Social Work*, 41(3): 296–305.

Saleebey, D. (2001) The diagnostic strengths manual ?, *Social Work*, 46(2): 183–7.

Saleebey, D. (2009) Introduction: power in people, in D. Saleebey (ed.), *The Strengths Perspective in Social Work Practice*, 5th edn. Boston, MA: Allyn and Bacon.

Saleebey, D. (2013a) The strengths approach to practice: beginnings, in D. Saleebey (ed.), *The Strengths Perspective in Social Work Practice*, 6th edn. Boston, MA: Pearson.

Saleebey, D. (2013b) Introduction: power in people, in D. Saleebey (ed.), *The Strengths Perspective in Social Work Practice*, 6th edn. Boston, MA: Pearson.

Stein, L.I. and Test, M.A. (1980) Alternative to mental hospital treatment: I. conceptual model, treatment program, and clinical evaluation, *Archives of General Psychiatry*, 37(4): 392–7.

Sullivan, W.P. and Fisher, B.J. (1994) Intervening for success: strengths- based case management and successful aging, *Journal of Gerontological Social Work*, 22(1–2): 61–74.

Walter, J.L. and Peller, J.E. (1992) *Becoming Solution-focused in Brief Therapy*. New York: Brunner/Mazel.

Walton, E., Limb, G.F. and Hodge, D.R. (2011) Developing cultural competence with latter- day saint clients: a strengths-based perspective, *Families in Society*, 92(1): 50–4.

Weick, A., Rapp, C., Sullivan, W.P. and Kisthardt, W. (1989) A strengths perspective for social work practice, *Social Work*, 34(4): 350–4.

Weick, A. and Saleebey, D. (1995) Supporting family strengths: orienting policy and practice toward the 21st century, *Families in Society*, 76(3): 141.

第四章
增權與語言的運用

前 言

　　社會工作中一項明顯的目標即是協助個案使其獲得或重獲力量以掌控其生活的不同面向。社工人員參與**增權** (empowerment) 的過程，嘗試著對抗力量的欠缺，或是當個人無力獲得滿足需要與需求之資源。儘管力量「牽涉了影響自身的利益來影響生活空間的力量」(Hopps et al., 1995, p. 44)，增權是一種「有創意地使用個人資源獲取並使用力量掌控個人的生活環境，以達成個人目標與改善關係與公共利益」的過程(Greene et al., 2005, p. 268)。增權涉及了個人與社區獲取資源，增進其精神、政治、社會、或經濟上的優勢，以獲取對其環境更大控制，並邁進個人或公共願景 (Hasenfeld, 1987)。**增權取向** (empowerment approach)可運用於個人、團體、社區。本章將透過討論基本的論述和特徵、使用語言與此取向在社會工作實務的運用來探究增權取向。

增權的起源

　　增權的想法已經存在了幾個世紀，增權或**自助** (self-help)可回溯至十八世紀，可在英國的互助與友善團體中被發現 (Leadbetter, 2002)。在當時的團體裡，允許較窮困的民眾將錢存放在這些友善的社團裡以應不時之需、支付葬禮，或可透過非營利會社借貸(Adams, 2009)。特別由Jane Addams所發起的睦鄰組織運動(The settlement movement)，在19世紀美國的女性社團與非洲美裔社會改革社團皆是以增權取向為基礎的證據(Lee and Hudson, 2011)。

63

赫爾館 (Hull House)，為一間位於伊利諾州芝加哥的睦鄰會館，其中女性與男性以及受壓迫團體一同工作，以共享資源，並為其基本需求互相提供協助 (Lee and Hudson, 2011)。在1960年代末期美國的受壓迫團體社會與政治活動更廣泛證明了增權的運用 (Leadbetter, 2002)，特別是民權運動 (the civil rights movement)與馬丁·路德·金恩博士(Dr. Martin Luther King Jr.)的工作。

　　社會工作中的增權理論是較新穎的，並採用了其他社會科學的原則，例如政治科學、心理學、經濟學與宗教學 (Lee and Hudson, 2011)。社會工作中的增權取向主要理論學者，像是Barbara Bryant Solomon (1976)、Ron Mancoske、與 Jeanne Hunzeker (1989)皆強調增權牽涉了個人掌握其生活與影響其週遭的環境來獲取必要的資源。增權是一個過程與結果。當社工人員一同協助個案參與此過程，過程最終將屬於個案 (Lee and Hudson, 2011)。

　　增權取向從Gitterman 與 Germain (2008) 所提出的生態觀點理論角度出發，連接個人及其環境，並強調社會與經濟正義和個人苦難互相依存的關係 (Lee and Hudson, 2011)。在檢視個人與環境互相依存與互動，增權取向與個人、團體、社區與／或社會共同合作。

💡 增權

　　增權可被視為理論與方法。視增權為理論時，即個人擁有力量並掌握生活，且可取得滿足自己所需與其力量的必要資源，亦能茁壯成長與發展。視增權為社會工作字典中所定義的方法時，則為「幫助那些相對力量缺乏的人變得更強大的任何過程」(Piperson and Thomas, 2010)。此定義強調增權是一種方法，包括個人與系統正在面臨挑戰個人、團體、與／或社區掌控符合其所需之力量，因此將這種力量和控制權移交給那些被邊緣化或被壓迫的人 (Leadbetter, 2002)。增權是一種概念，其最佳的定義為：「以個人、團體、與／或社區的能力掌握其環境、行使力量並達到其目標。此過程可透過個別或集體方式，自助或協助他人以極大化生活品質」(Adams, 2008, p. 17)。此定義強調了那些被邊緣化或被壓迫的個人獲取力量與掌控其生活，常稱之為「自我增權」(self-empowerment) (Adams, 2008)，指出了他們需要朝向的必要路線，以幫助他們獲得生活質量。

依據Greene et. al. (2005)，個人、團體或社區的增權可顯現在高度的自決、自尊(Self-esteem)、生活能力、自我效能(Self-efficacy)、與內在(internal)而不是外在制控(external locus of control)。因此，低自尊、習得無助(Learned helplessness)、以及外在而非內在制控則成為缺少增權的證據。表4.1為這些心理學上的定義。Parson (2002) 確認了需要增權基礎實務的特定問題，例如孤獨、憂鬱、疏離、無望；習得無助、與／或社區連結的需求。

▶ 表 4.1 心理學的用詞定義

用詞	定義
自尊	個人的自我價值
自我效能	個人運用所擁有的能力去完成某項工作行為的自信 (Bandura, 1997)。
習得無助	過去人們學習到挫折是因為未能將行動與成果連結；他們認為自己無法控制情境 (Seligman, 1975)。
制握信念	有關人們掌控他們的生活環境的態度 (Rotter, 1954)。
外在	人們相信他們的生活被外在力量所掌控，例如命運、機會或其他權威人物。
內在	人們相信自己可掌控其生活。

當面對邊緣化或受到壓迫的個人、團體或社區顯現出上述問題時，社工人員應該運用以增權為基礎之方法。增權取向的目的在於增加個人、團體或社區的個人的、人際之間、政治的力量，使其感受自身的能力，而非無力感，因而能掌控他們的環境與／或自己 (Greene et al., 2005)。根據 Lee 與 Hudson (2001, p. 163)，增權包含以下三面向：(1) 發展更積極與更有力的自我意識；(2) 建構知識和能力，以便能深入理解個人環境的社會和政治現實網絡；以及 (3) 資源與策略的養成，或擁有更佳的功能性能力，以達到個人與集體社會的目標、或是**解放**(liberation)。因此，個人、團體或社區具批判意識，亦理解他們所經歷

的壓迫,並培養健康的人格發展,包括高度的自尊、引導影響他人力量與能力的認同感與方向(Lee and Hudson, 2011)。

基本假設

增權取向持有以下四個基本假設,前三項是由Lee與 Hudson (2011)所提出:

1. 壓迫是影響個人和社區的結構性現象。壓迫帶給個人與社區許多負面的結果,例如不適當的健康照顧、殺人與自殺、或其他形式的暴力,人們更容易成為被監禁的目標,甚至絕望擴大而導致自我懷疑、絕望或虛假的信念。當這些結構性的壓迫被確認,人們必須試著解決自我與環境。此類結構性的壓迫,Tompson's PCS模式 (2012)提出了可謂是最佳的解釋(請見第一章),強調歧視與壓迫如何經常的深植於個體文化與社會規範、價值、習慣與結構之中。處遇可包括具有類似經驗的社區人們形成強大的支持網絡,以減輕其消極的自我認知,並感受到團結意識。消極的社區意識與價值可以被挑戰並重新定義,自我與／或社區可接受更佳、更有價值的現實 (Lee and Hudson, 2011)。

2. 人們和社區具有解決眼前問題的優勢和資源,並對制度化壓迫和維持制度化壓迫的結構所造成的影響具有復原力。所有的個人、團體、與社區被視為具有其優勢與資源以對抗他們的問題,雖然所處的環境可能限制或阻礙他們取得特定的資源。目標是確認與培養個人或社區的優勢,以克服現有問題,打擊壓迫和歧視,並創建方法以利用過去被限制的資源。

3. 增權聚焦於個人與其環境。Thompson's PCS 模式強調(見第一章),當運用增權為基礎的取方法時,人們必須重視其個人優勢與資源並參與增權工作,而增權也必須重視個人所處的環境。由於人和環境被視為是獨立且互相關聯的,增權基礎的工作則必須重視這兩個系統。如果增權工作旨在挑戰對個人所產生負面影響的環境壓迫,增權則必須同時針對被壓迫者和壓迫者,以確實地創造積極的改變。

4. 增權是一種過程與成果。增權工作或者可說是個人、團體或社區獲得力量與掌控其生活的過程，朝向增權及裝備需要的優勢、資源、力量與掌控感以利成長與發展的目標。這個目標最終透過社會變革和正義來實現 (Howe, 2009)。在這個意義上，增權不僅僅是你所做的，也不僅僅是你所努力的事情，增權可謂為一個過程與結果 (Greene et al. , 2005)。增權取向是一個由個人為起始的發展過程，然而以社會的變革為終點，阻止未來的壓迫，使個人獲得資源、掌控力量和控制他們的生活 (Parsons, 1991)。

運用增權於實務

運用增權基礎取向於實務時，必須承認的是每個個人、群體或社區都有優勢和資源，現有的缺乏力量是由於資源的阻礙或未能使用，特別來自於直接和間接的歧視和壓迫。因此，在多元系統層面的增權基礎取向工作聚焦在個人、人際之間、與環境層面的優勢與資源以使受壓迫與缺乏權能的人們恢復其力量與自我效能 (Parsons, 2002)。重點包括對個人的評估：環境互動、與人們如何被環境影響與環境如何被人所影響，以及對個人、團體或社區為恢復力量採取必要的處遇以滿足其需求、獲取權利並達到目標。

增權過程是一種協同取向，個案自我認定其問題，主動參與處遇以確認且對抗壓迫，並加入共同決策。Lee 與 Hudson (2011, p. 163) 表示「增權的過程在於人，而非助人者」。

增權取向有兩個常重疊的特定階段：(1)評估與 (2) 處遇。以下將依次討論每一階段。

評估

在秉持生態觀點與認同人際相互依存和互動的Thompson's PCS模式之同時，社工人員需評估並努力促進個案生活的三方面的變化：(1) 個人的，(2) 人際關係的，(3) 社會政治的 (Parsons, 2002)。個人的評估包括檢視態度、自我效能、自尊、自我價值的價值觀與信仰，以及他們相信擁有作為個人或更大實

體成員的權利。人際關係的評估包括檢視個人如何看待與他人的關係，例如工作、形成網絡和互助系統的能力與必要的知識和技能，以便與他人互動和分享。最後，社會政治的評估包括檢視個案的行動和參與社會，及其影響更大環境的能力 (Parsons, 2002)。社工人員必須評估個案生活三方面的力量：無力感、優勢與資源。

評估過程不是勾選選項，而是透過個案講述他們的故事。個案的故事可能包括正在被壓迫的經驗，但也可能包含過去被壓迫的經歷。社工人員視個案在她或他的情況中是專家，因此問題應該由個案來定義。雖然現在的問題可能不一定是被「壓迫」，當運用增權基礎取向時，壓迫的經驗應當作為處遇的範圍之一 (Lee and Hudson, 2011)。

處遇

增權基礎取向並未特別限制協助個案的時間，處遇可依據評估和需要改變的系統數量而所不同。增權取向也可以成為協助個案的數種方式之一。例如，在藥物與酒癮治療中心的社工人員，在朝向改變的階段時，運用動機式晤談協助個案則可將增權取向納入。增權取向可被用來對抗個案因藥物濫用所遭到的歧視與汙名。因此，處遇的形式、預計參與的時間和作為處遇重點的系統應與個案共同決定並獲得同意。

如上所述，評估需包含多面向，涵蓋個人、人際之間與社會政治層面。當評估完成、處遇範圍確認，社工人員與個案雙方同意何種處遇是必要的。另外，當視生態觀點為權能取向的基礎時，社工人員與個案則考慮處遇牽涉到個人與環境兩個層面。當檢視個人層面，Gitterman 與 Germain (2008) 提醒我們有一些屬性是為了與環境的相互作用而成長及發展的個人需求。以下的屬性，為 Lee 與 Hudson (2011) 所提到在處遇中的建議，並需與最終目標相連結。

1. 動機。社工人員可以藉由以個人為中心的方法其一些基本原則來促進動機 (Roger, 1959)，例如**無條件的積極關懷** (unconditional positive regard)、同理心(empathy)，以及一致性(congruence)（見第七章）。社工人員應鼓勵

個案確認與定義他／她的問題以及未來的目標,並提供支持、同理心、了解個案受到壓迫的經驗。當得到積極的結果與激勵時,透過支持性的社工人員-個案關係與個案環境,動機將會被增強並持續。一旦動機存在,個人只能接收必要的資源來維持它,例如食物、衣服、庇護所、以及財務與情緒支持。因此,社工人員與個案共同克服所確定的問題,並從個人與環境中評估與維持優勢與資源 (Lee and Hudson, 2011)。

2. 問題解決技巧。一旦個案確認並定義了問題,社工人員與個案共同創造解決方法以對抗問題,確認亦可做為因應未來問題的技巧。問題解決技巧不僅強調現有的問題,也連結導致壓迫的問題 (Lee and Hudson, 2011)。這些技巧可以包括以下技術之一:

   (a) 意識喚醒。此技術側重於通過確認環境中的真實情境來解決壓迫的現實,並討論這些情境如何直接或間接影響個人。**意識喚醒** (Consciousness raising)常與批判性教育相結合,來探索並質疑個人如何看待壓迫情境以及如何以新的方式面對這些壓迫情境。例如協助一位在職場上受到壓迫的女性,社工人員可提供男女性別薪資差異的資訊,來引導這位個案討論個人如何受到此類壓迫的影響。透過確認與分析這些情境,個人更能察覺壓迫如何影響他們以及圍繞在其周遭的人,並且能察覺對抗壓迫的方法,這導致了思想與行為的改變。社工人員的責任包括提供資訊以刺激討論,來提升對壓迫的意識認知,並對個案的感覺與經驗提供了解與同理心。

   (b) 認知重建 (Cognitive restructuring)。當個案以更為正向積極的方法或情況看待自己時(Lee and Hudson, 2011),可能會發生認知重建(Berlin, 1983)。例如一位女士由物質濫用中復原,她可能認為自己無法上大學是因為她「做任何事都會失敗」。社工人員可嘗試透過強調此位女士克服物質濫用的能力,此應對困難的優勢亦可成為完成大學的方法來重建她的認知。

3. 維持心理上的舒適感。社工人員與個案一同確認個案的壓迫經歷,以及這些經歷如何影響個案對他們自己的想法、感覺,及所認同的社區與團體。

探索任何的負面想法與感覺,社工人員與個案評估其有效性,將壓迫的負面影響放在正確的系統之上。此過程允許個案減低自責,並以他／她的優勢、成就與資源取而代之來增強其自尊 (Lee and Hudson, 2011)。

4. 自尊。維持良好程度的心理舒適並能處理感覺可以造就良好的自尊。透過社工人員驗證個案受到壓迫的感覺和經驗,以及識別和確認個案之後擁有的成果和屬性來增強自尊 (Lee and Hudson, 2011)。

5. 自我指導。個案產生自我指導的感覺,使其對其生活事件與如何對這些事件的反應有更多的掌控。個案可以通過獲取必要資源使得自我成長與發展並滿足所確認的未來目標(Lee and Hudson, 2011)。

因此,將焦點放在個人層面的處遇,應設法包含增加動機、意識喚醒、心理舒適感、自尊與自我指導為最終目標,亦包括確認與支持優勢、挑戰錯誤的價值、養成自豪、確認並解決問題、介入有關問題、價值與解決方法、以及建立整體的診斷 (Lee & Hudson, 2011)。在個人與社會-政治層面的處遇可以包含意識喚醒、批判性教育與認知重建,並將焦點放在直接與間接壓迫的政治倡導處遇和其他的處遇方法。在個人、人際間、與／或社會-政治層面的一項創造引導支持增權環境的簡單方式是透過社工人員使用的語言。

社會工作實務使用的語言

社會工作實務所使用的語言可謂為一種簡單的方法以增權或壓迫個案。一如語言是介於個人之間互動的主要工具,社會工作人員應該評估他們的語言可以被個案了解的程度。Greene et al. (2005) 討論了話語的意義是如何的隨性與模糊。特定的字詞,例如生氣、憂鬱、興奮、傷心與快樂,每個人對這些字詞皆有不同解釋,且每個人所經歷的感覺與情緒是不一的。因此,話語經常會被曲解、被誤會。當社工人員使用語言在評估與處遇服務上,應該要小心翼翼地探索自己所使用的話語其中潛在的意義。

透過語言增權個案

Greene et al. (2005) 指出社會工作人員可以透過語言的使用增權個案的五個範圍或方法：

1. *合作的語言相對於幫助的語言*。社工人員與個案協同合作是增權取向的基礎。因此，社工人員可使用的話語應重於合作關係，相較於視社工人員為專家，個案尋求的是協助者的關係。例如，使用「我可以怎麼幫助你呢？」的句子，在此傳達兩人的關係是：一位協助者（社工人員）與受助者（個案）。Green et al. (2005, p. 271) 建議為了運用合作關係，彰顯個案對其本人的經驗是專家，並且在關係中分享權力，社工人員應該詢問這些問題如：「你今天想為自己做什麼？」或是「我們可以一起努力達到你想為你家人達成的什麼目標？」。

2. *所有權的語言*。在創造增權的環境中，社工人員應該給予個案肯定，包含了在生活中以他們所擁有的優勢與能力去做改變，相較於相信改變僅能靠外在的力量。無力與受壓迫的個案經常難以擁有成就感與優勢。例如，一位學生從她的社工實習機構得到了正向回饋，她可能認為正向回饋是因為督導的友好與善良（「我的實習機構督導給我正向回饋是因為她是友好和善良的」）。這位學生對於她的優良表現並不認同，寧可歸功於外在的力量（機構的督導）。像這樣的情境，社工人員應鼓勵個案使用句子「我」與接受她的成就（「我在工作上得到了正向回饋因為實習時我努力工作且做事有效率」）。Green et al. (2005, p. 272) 建議使用以下的句子，例如：「你今天來這裡是想要完成什麼？」而非使用「你今天為了什麼問題而來？」或是「你今天對那件事感覺如何？」而非使用「那件事情讓你覺得如何？」。

3. *可能性的語言*。相對於製造阻礙予個案，社工人員應該創造一個可能性的環境。與個案溝通時，社工人員可能需要運用重述個案所用的句子、字詞，或是描述、重述或解釋成更為正向，且能為個案所接受的句子。例如，如果個案說「我是個差勁的母親，因為我必須做兩份工作，不能

陪我的小孩」，社工人員可以重述為：「你真的很在乎你的小孩，而且你確定你提供了她們所需」。重述可鼓勵個案看到生活中的正向與優勢，並且看到問題情境的替代方法與可能性。

4. 解決方法的語言。社工人員與個案應運用語言在解決方法，而非在問題上。如Greene et al (2005, p. 272)提出之論述，著重在解決方法則將個案現有優勢、能力、資源與潛力加以「顯現、確認、擴大、與強化」。詢問個案過去如何因應問題，可以提供有價值的經驗與策略以應對未來。運用解決方法為焦點的問題，例如「什麼時候你感到沒平常那麼的憂鬱？」允許個案確認過去的因應技巧，並促使他們為現有與未來的問題形成計畫。

5. 闡述和澄清的語言。鼓勵個案闡述與澄清情境，可使社工人員與個案全盤了解個案的故事與對當前信念系統的證據。例如，Greene et al. (2005) 說明了無力或受壓迫的個案經常使用刪除的語言，其中個案的特定層面或特質會被刪除、然而其他會被過度強調（「我太懶惰而回不去學校了」），或一般化，個案對其生命所有層面皆概括了負面經驗或特質（「我做任何事都失敗」。當這種語言被使用，社工人員應鼓勵對這些特徵的證據進行闡述和澄清，以試著去重視個案可能會錯誤地批判或壓迫她／他自己。

> **練習4.1** 你對增權的想法
> 1. 從你個人或專業的經驗，討論語言如何使你感到增權或無力？
> 2. 社工人員應該自我揭露壓迫的經驗嗎？
> 3. 設想你如何使用增權在你的社工實務工作之中？
> 4. 辨別對增權的約束，你如何克服這個障礙。

💡 案例：增權基礎取向在實務上的應用

Hannah，24歲英國白人，在她七歲的兒子Sam被安置之後，她即入住酒癮藥癮治療中心。Hannah 已經完成了戒酒療程且將開始十二個星期住院治

療。你是酒癮藥癮治療中心的社工人員，而且察覺到物質濫用的個人常經歷到壓迫與汙名化。你在初次會談與 Hannah 討論她的生活與未來。當你連結增權取向，你開始與 Hannah 一起進行評估，檢視個人、人際之間、與社會-政治層面上的力量、無力感、優勢以及資源。

你讓她談論並講述她的故事（個案自我定義問題與目標）。Hannah 揭露她 12 歲開始喝酒，是當她母親的男朋友 Paul 性虐待她之後。Hannah 記得她告訴過母親，但她母親認為她只是為了得到她的注意而虛構的，而且告訴 Hannah 她永遠不想聽到她提到這件事。Hannah 說虐待在她十幾歲時仍持續著，她用喝酒來「麻痺痛苦」。她提到當她 16 歲時離家，與男友同住（Mark，當時 30 歲）。Hannah 描述 Mark 在生理與心理上如何的虐待她。在 Hannah 生下了他們的兒子 Sam，她離開了 Mark，搬去與母親同住，當時她與 Paul 已經分手。

Hannah 說到母親意外過世使她喝酒的習慣「突然地失控」，並掉入了憂鬱狀態。她更加依賴酒精而且整天酗酒，時常醉倒而不能照顧 Sam。在學校關注到 Sam 的出席情形與 Hannah 整日睡覺的狀況之後，兒童與家庭服務中心開始介入。兒童與家庭服務中心協助 Hannah 留住 Sam，但是她還是無法控制酒量，Sam 只好被安置。Hannah 提到她多想要 Sam 回到她身邊，但她不確定會發生什麼事，因為她做任何事情都失敗。你對 Hannah 所表達的動機記下，她的最終目標是讓 Sam 回來和她一起生活。

你鼓勵 Hannah 闡述她做任何事情失敗的證據（闡述／澄清的語言）。Hannah 記得她在與 Mark 關係不好的時候休學，她的母親從來不相信 Paul 性侵她，以及她失去了兒子。你同理 Hannah 這些相當困難的經歷，但是你也提醒她已戒酒，且自願接受治療，這是一項很大的成就。Hannah 覺得很傷心與孤單，她非常期待 Sam 在她的生命中。你請 Hannah 描述在治療中她覺得比平常較少傷心的次數（解決方法的語言），以及她描述收到 Sam 的來信時感覺較佳或當她在數戒酒的天數以及與 Sam 重逢的時刻。在 Hannah 朝向努力恢復以及與 Sam 重聚的目標，你確認這些可能是 Hannah 的有用的工具（可能性的語言）。

在此評估過程，你可以確認Hannah目前感受到無助、自我價值與自尊低落。Hannah覺得她無法掌控她的生活，你評估她從人際關係與自我汙名化經驗到壓迫。你也了解到Hannah要在與兒童與家庭服務中心所協定的期限內再次取得Sam的監護權，讓她吃不消，有時對她而言是很不實際的。儘管如此，Hannah是一位受她母親、Paul與Mark身體、性以及情緒虐待堅強的倖存者。Hannah沒有可以支持她的兄弟姊妹或密友，但是她很積極加入治療中心且與團體活動中其他女性成員連結。此外，Hannah參與治療過程中，對你是開放與誠實的，她清楚地顯現出重獲得兒子監護權動機的跡象。

你詢問Hannah什麼是她希望你們一起在治療中心的工作（合作的語言）以及她希望她為她自己完成什麼事情（所有權的語言）。Hannah決定她想要為她自己建立以下的目標：(1) 完成住院治療與持續戒酒；(2) 找到工作來養活自己與Sam；(3) 找到一個她與Sam可以同住的地方；(4) 讓Sam可以回家。除了這些目標，你和Hannah同意來處理她認為自己是個「做任何事都會失敗的差勁母親」的想法。這將會透過探究Hannah重獲Sam監護權與持續地進步的行動來實現（可能性／解決方法的語言）。你提供Hannah酒癮與復原資訊，並檢視她在復原中如何得到技巧與優勢轉移至沒有酗酒、與Sam的生活當中（問題解決技巧）。你們兩位計畫一星期會談兩次，每次至少三十分鐘，共同朝向這些目標努力（協同合作）。

你與Hannah同意的處遇服務包含以下的內容：(1) 個別諮商，這是你與Hannah可以討論有關她過去經驗、未來計畫與自我察覺的想法與感覺（增強動機、心理上的舒適感、自尊、與自我指導）；(2)任務中心練習：你與Hannah朝著探索她在離開中心後的教育與訓練機會、工作技巧與就業機會；(3) 倡導工作和解決問題的技能：你和Hannah與兒童和家庭服務中心合作記錄Hannah目前的進度，並協助Hannah與Sam重聚，以及幫助Hannah學習未來可以朝向自助的技巧。

優勢與限制

在社會工作實務上運用增權取向有一些優點與限制。優點包括：

▲ 個案是他們所經歷與情況的專家。增權取向看待個案而非社工人員，是他們經驗與情況的專家，因此給予個案所需要的力量與控制感，以促成他們的成長與發展。社工人員和個案的工作將以平等關係、協同合作來進行。

▲ 增權為基礎之取向在本質上是反壓迫的。增權基礎取向的實際運用是反壓迫實務的一種形式，如同給予個案力量與控制感來應對限制或阻礙個案資源的壓迫。

▲ 在社工處遇已經終止後，此方法讓個案具備了技巧與工具。由於增強權能是一種過程與結果，社工人員與個案的工作例如形成因應技巧、意識覺醒、政治倡導、優勢、資源與成就感的確認，在社工人員結束處遇之後，應該持續成為個案的一部分。

▲ 增權取向可以與其他方法同時使用。貫徹增權取向的使用可連結個案的個人層面與建立連結驗證個人經驗的關係，而隨之則須考慮在多個層面上採取的處遇是要打破阻礙獲得資源的途徑、挑戰歧視和壓迫。例如，社工人員在教室對行為問題的兒童進行認知行為治療，但可能使用增權取向可以探究兒童的自我價值與自尊的感受，以及學校對他行為的影響。

限制包括：

▲ 在使用增權時可能被削弱 (Adams, 2003; Leadbetter, 2002)。增權是人們以擁有力量和掌控自己的生活，且有能力獲取資源來支持他們的成長與發展作為證明。當運用增權基礎方法時，社工人員應該努力給予個案力量與掌控感，讓個案能夠為自己做決定，而非社工人員替個案做決定、創造依賴的關係或是持續的壓迫環境。

▲ 增權對每個人可能是不一樣的。某個人或某個團體可能認為是增強權能，其他人或團體可能認為是剝奪權能 (Adams, 2003)。此限制強調與個案協

同合作的必要性,並從個案方面得到在他們的經驗與情況中所領悟到的增權。

▲ 增權過程可能超出限度 (Adams, 2003)。有些情況是社工人員提供增權環境給個案,然而在過程中未看見個案的個別需求。社工人員須注意工作的類型與數量,而不致損失工作的質量與深度。

▲ 社會工作實務並非經常是增權的 (Adams, 2008; Lee and Hudson, 2011)。許多社工人員在個案須接受強制性服務的機構工作,例如兒童保護或物質濫用機構。在這樣的環境之下,此工作的性質可能會對強制性個案造成負面影響,因為他們「被迫」與社工人員一起工作,並且無法認同當中所確認的目標。社工人員應該試著透過與個案建立關係、合作並讓個案參與決策,及社工人員與機構秉持公開與誠實的角色來減少個案剝奪權能經驗的程度。

倫理與文化的考量

增權基礎取向被認為適用任何經歷壓迫議題的人,且個體是具有完成工作的認知和情感能力 (Lee and Hudson, 2011)。社工人員必須考量增權在文化的複雜性,某一個人或團體對增權的定義對另一個人或團體可能是剝奪權能 (Adams, 2003)。因此社工人員與個案必須協同合作來重視個案所定義的問題,並達成他╱她所建立的目標。目標必須與社會工作專業價值、原則、與倫理連結。

Lee and Hudson (2011) 強調社工人員須具備臨床與政治上的知識來運用增權基礎取向方法。社工人員必須了解個人所面臨的壓迫與掙扎,個人經驗例如有精神疾病或藥物濫用,當壓迫來自於環境或政治系統,例如性別歧視、種族歧視、與汙名化。社工人員應以自我反思或批判性思考,來評估自身壓迫的經驗可能影響他們與個案類似和不同背景的工作(增強動機、心理舒適感、自尊與自我指導)。督導╱或同儕的支持很重要,以確保社工人員未產生反轉移,且在適當的時機使用自我揭露 (Lee and Hudson, 2011)。

增權取向與反壓迫實務工作

增權基礎取向是反壓迫實務工作的一種形式。使用增權基礎取向時,社工人員試著挑戰個案所經歷的壓迫與資源的匱乏、並協同個案強化它們的力量、掌控其生活。「傾向於協助那些窮人、被壓迫和受到汙名化的人,透過個人和集體行動加強個人適應能力並促進環境／結構改變」(Lee and Hudson, 2011, p. 166)。此項工作將以合作夥伴關係完成,其中個案被視為是她／他的生活中的專家,且是定義問題和目標是共同工作重點。Thompson (2012) PCS 模型(見第一章)強調反壓迫實務工作必須考量個人、文化和社會過程與結構,以及這三者如何互相牽連。社工人員與個案可以參與在個人、人際之間與／或社會-政治層面的增權基礎、反壓迫取向,以充分解決對個案造成負面影響的壓迫。社工人員須具有多元觀點,例如歷史、生態、女性主義、批判的、文化與全球的、以充分評估個案的情境,並予以最適切的處遇服務 (Lee and Hudson, 2011)。社會工作人員可運用此超越個案工作的方法,透過促進政策,規劃機構方案,對受政策影響的個案或服務的受益者增權。

增權的研究

以增權作為一個獨立的方法是難以研究的,因增權取向經常與其他方法結合,例如團體工作或社區教育,或服務方案。增權也可以被視為是其他方案或工作模式的成果,例如在心理健康服務的復原模式 (Sowers, 2012)或個別化計畫,雖然後者稱為增權是有所爭議的(見 Dodd, 2013)。增權基礎取向有效性的多數研究中包含了團體工作層面。例如受過親密伴侶暴力的婦女在參加 Mom 增權方案 (Moms' Empowerment Program, MEP) 呈現較低程度的創傷壓力 (Graham-Bermann and Miller, 2013);然而青少年增權方案對自尊、自我效能和其他社會情緒和行為結果的影響程度其後設分析是不確定的,作者強調需要更嚴謹的研究來確定方案的真正有效性 (Morton and Montgomery, 2013)。增權基礎的教育方案在健康照顧場域逐漸增多以協助增進健康相關的知識與促進生活

品質。為第二型糖尿病個案的增權基礎教育方案可以增進個案生活品質、身體活動，並降低糖尿病的負面影響 (Molsted et al., 2012)。或者許多研究檢視了特定方案增強這些個人增權的程度。例如，HIV/AIDS同儕支持與夥伴方案顯示出更多的個人成長與增權 (Marino et l., 2007)；身心障礙兒童的父母參與了一個以團體為基礎的父母教育團體，實驗組較控制組有更多的增權 (Farber and Maharaj, 2005)；以及透過家庭增權評量表 (Family Empowerment Scale)，已發現社區服務介入可增進身為監護人的非洲裔美國籍祖母的知識、倡導與自我效能 (Whitley et al., 2011)。

信度和效度衡量增權的量表是確定處遇是否有效提高增權的有用工具。這些量表包括增能量表 (Empowerment Scale) (Rogers et al., 2010)、家庭增權評量表 (Family Empowerment Scale) (Koren et al., 1992)、婦女增權量表 (Women's Empowerment Scale) (Nanda, 2011)，以及組織增權量表 (Organizational Empowerment Scale) (Matthews et al., 2003)。一般來說，增權可以透過更佳的自我形象、自我價值、控制感，解決問題能力的增進、以及對個人環境影響的更有意義的知識來證明 (Itzhaky and York, 2000; Segal et al., 1995)。

摘要

增權基礎取向強調解決個人、團體或社區的壓迫、資源匱乏與控制。增權可視為一種過程與成果，是社工人員與個案協同合作挑戰壓迫，並在環境裡獲取更多的資源以協助個案滿足其需求。透過在個人、人際之間與社會-政治層面探究個案的力量、無力感、優勢與資源，社工人員可以運用增權基礎取向來評估。處遇可以針對任何或所有這些系統，其最終目標是個案具有增加動機、心理舒適感、自尊、自我指導和解決問題，以獲得所需資源的能力。

> **個案研究**
>
> Tom 是一位父母來自不同國家背景、46 歲的男性，在他經歷車禍、脊椎永久傷害後，被轉介到成人社會服務身心障礙團隊。Tom 被告知他不能再走路了。他已經可以出院，你是被指派要去評估其居家需求的社工人員。醫院紀錄 Tom 是位生物老師、離婚，有兩個小孩（16 歲、14 歲）且與他們的母親同住。Tom 的父母與他住在同一個城鎮。你進入 Tom 的病房，他開口的第一句話是「我的生命已經結束了！我不知道該如何面對這樣的狀況！」。
>
> 討論你如何與 Tom 運用增權取向。思考在 Tom 生活中的個人、人際之間、社會-政治範疇的評估與處遇。

延伸閱讀

Adams, R. (2008) *Empowerment, Participation and Social Work*, 4th edn. Basingstoke: Palgrave Macmillan.

Examines empowerment and participation at the individual, group, community, organization and political levels.

Lee, J.A.B. and Hudson, R.E. (2011) Empowerment approach to social work practice, in F.J. Turner (ed.), *Social Work Treatment: Interlocking Theoretical Approaches*, 5th edn. Oxford: Oxford University Press.

An overview of the history and basic assumptions of empowerment as well as case studies of how to use empowerment approaches in practice.

Mullender, A. (2013) *Empowerment in Action*. Basingstoke: Palgrave Macmillan.

Explores the use of an empowerment approach in groupwork.

參考文獻

Adams, R. (2003) *Social Work and Empowerment*, 3rd edn. Basingstoke: Macmillan.

Adams, R. (2008) *Empowerment, Participation and Social Work*, 4th edn. Basingstoke: Palgrave Macmillan.

Adams, R. (2009) Advocacy and empowerment, in R. Adams, L. Dominelli and M. Payne (eds), *Critical Practice in Social Work*, 2nd edn. Basingstoke: Palgrave Macmillan.

Bandura, A. (1997) *Self-efficacy: The Exercise of Control*. New York: Freeman.

Berlin, S. (1983) Cognitive behavioral approaches, in A. Rosenblatt and D. Waldfogel (eds), *The Handbook of Clinical Social Work*. San Francisco, CA: Jossey-Bass.

Dodd, S. (2013) Personalisation, individualism and the politics of disablement, *Disability and Society*, 28(2): 260–73.

Farber, M.L.Z. and Maharaj, R. (2005) Empowering high-risk families of children with disabilities, *Research on Social Work Practice*, 15(6): 501–15.

Gardner, A. (2011) *Personalisation and Social Work*. Exeter: Learning Matters.

Gitterman, A. and Germain, C.B. (2008) *The Life Model of Social Work Practice: Advances in Theory and Practice*, 3rd edn. New York: Columbia University Press.

Graham- Bermann, S.A. and Miller, L.E. (2013) Intervention to reduce traumatic stress following intimate partner violence: an efficacy trial of the Moms' Empowerment Program (MEP), *Psychodynamic Psychiatry*, 41(2): 329–49.

Greene, G.J., Lee, M.Y. and Hoffpauir, S. (2005) The language of empowerment and strengths in clinical social work: a constructivist perspective, *Families in Society*, 86(2): 267–77.

Hasenfeld, Y. (1987) Power in social work practice, *Social Service Review*, 61(3): 469–83.

Hopps, J.G., Pinderhuges, E. and Shankar, R. (1995) *The Power to Care: Clinical Practice Effectiveness with Overwhelmed Clients*. New York: Free Press.

Howe, D. (2009) *A Brief Introduction to Social Work Theory*. Basingstoke: Palgrave Macmillan.

Itzhaky, H. and York, A.S. (2000) Empowerment and community participation: does gender make a difference?, *Social Work Research*, 24(4): 225–34.

Koren, P.E., DeChillo, N. and Friesen, B.J. (1992) Measuring empowerment in families whose children have emotional disabilities: a brief questionnaire, *Rehabilitation Psychology*, 37(4): 305–21.

Leadbetter, M. (2002) Empowerment and advocacy, in R. Adams, L. Dominelli and M. Payne (eds), *Social Work: Themes, Issues and Critical Debates*, 2nd edn. Basingstoke: Palgrave Macmillan.

Lee, J.A.B. and Hudson, R.E. (2011) Empowerment approach to social work practice, in F.J. Turner (ed.), *Social Work Treatment: Interlocking Theoretical Approaches*, 5th edn. Oxford: Oxford University Press.

Mancoske, R.J. and Hunzeker, J.M. (1989) *Empowerment Based Generalist Practice: Direct Services with Individuals*. New York: Cummings and Hathaway.

Marino, P., Simoni, J.M. and Silverstein, L.B. (2007) Peer support to promote medication adherence among people living with HIV/AIDS: the benefits to peers, *Social Work in Health Care*, 45(1): 67–80.

Matthews, R.A., Diaz, W.M. and Cole, S.G. (2003) The organizational empowerment scale, *Personnel Review*, 32(3): 297–318.

Molsted, S., Tribler, J., Poulsen, P.B. and Snorgaard, O. (2012) The effects and costs of a group-based education programme for self- management of patients with type 2 diabetes: a community study, *Health Education Research*, 27(5): 804–13.

Morton, M.H. and Montgomery, P. (2013) Youth empowerment programs for improving adolescents' self-efficacy and self-esteem: a systematic review, *Research on Social Work Practice*, 23(1): 22–33.

Nanda, G. (2011) *Compendium of Gender Scales*. Washington, DC: FHI 360/C-Change.

Parsons, R.J. (1991) Empowerment: purpose and practice principles in social work, *Social Work with Groups*, 14(2): 7–21.

Parsons, R.J. (2002) Guidelines for empowerment-based social work practice, in A.R. Roberts and G.J. Greene (eds), *Social Workers' Desk Reference*. New York: Oxford University Press.

Pierson, J. and Thomas, M. (2010) *Dictionary of Social Work: The Definitive A to Z of Social Work and Social Care*. Maidenhead: Open University Press.

Rogers, C.R. (1959) A theory of therapy, personality, and interpersonal relationships as developed in the client-centered framework, in S. Koch (ed.), *Psychology: A Study of Science: Formulations of the Person and the Social Context*. New York: McGraw-Hill.

Rogers, E.S., Ralph, R.O. and Salzer, M.S. (2010) Validating the empowerment scale with a multisite sample of consumers of mental health services, *Psychiatric Services*, 61(9): 933–6.

Rotter, J.B. (1954) *Social Learning and Clinical Psychology*. New York: Prentice-Hall.

Segal, S.P., Silverman, C. and Temkin, T. (1995) Measuring empowerment in client-run self-help agencies, *Community Mental Health Journal*, 31(3): 215–27.

Seligman, M.E.P. (1975) *Helplessness: On Depression, Development and Death*. San Francisco, CA: W.H. Freeman.

Solomon, B.B. (1976) *Black Empowerment: Social Work in Oppressed Communities*. New York: Columbia University Press.

Sowers, W.E. (2012) Recovery and person-centered care: empowerment, collaboration, and integration, in H.L. McQuistion, W.E. Sowers, J.M. Ranz and J. Maus Feldman (eds), *Handbook of Community Psychiatry*. New York, NY: Springer.

Thompson, N. (2012) *Anti-discriminatory Practice: Equality, Diversity and Social Justice*, 5th edn. Basingstoke: Palgrave Macmillan.

Whitley, D.M., Kelley, S.J. and Campos, P.E. (2011) Perceptions of family empowerment in African American custodial grandmothers raising grandchildren: thoughts for research and practice, *Families in Society*, 92(4): 110–19.

第五章
社會建構主義

前 言

　　社會建構主義是最近發展出來的理論，在Berger與Luckman (1966)所著的《實相之社會建構》(*The Social Construction of Reality*)出版後獲得廣大的關注，在此書中他們檢視了社會學知識與**實相**(reality)*的創造。Berger與Luckman探究了個人如何創造知識，了解他們所處的世界，並建構實相與一種自我觀念。實相指當事物是真實存在的狀態，並且包括所有可供觀察和可以理解的事物。在此觀念下的實相意指人們如何看待和理解他們所處的世界，以及如何了解自我，並且他們如何了解他們所看見、所感覺與所相信的為真實。Berger與Luckman解釋這個過程如下。

> 人在生物學上地註定要建構與居住在一個和他人共處的世界。這個世界變得對他而言具支配力，並且是明確的實相。自然設定此實相的限制，但是它一旦被建構，這個世界卻會反過來影響自然。在這介於自然和社會性地建構出來的世界的辯證中，人類這個有機體本身是被改造的。同理可證，人創造出實相，並由此造出他自己。(1966, p. 168)。

　　社會建構主義(social constructivism)是社會工作中相較來說比較新的思維系統，亦可見於其他學科，如：心理學、諮商學、社會學、哲學和語言學。社會建構主義被用於解釋社會問題與真實世界的建構，並用於說明個人和家

---

* 譯註：蔡錦昌書評，柏格與盧克曼《實相之社會建構》，2001年。

庭治療、社會問題及研究上。社會建構主義的理論乃是建立於**社會結構主義**(social constructionism)之上，Gergen (2003, p. 15)描述為「理論性地闡述此過程，以此人們描述、解釋，或對他們所生活的世界（包括他們自己）做其他描述」。建立於社會結構主義之上，社會建構主義嘗試解釋個人的實相，以及這些實相是如何建構在社會環境、與他人的互動，以及人對這世界的感知的基礎之上。在我們繼續討論社會建構主義之前，我們必須了解有許多不同的方法和層級存在於社會建構主義中，如：社會結構主義、**嚴格結構主義**(strict constructionism)、建構主義、**女性主義結構主義**(feminist constructionism)，以及**激進派建構主義**(radical constructivism)，我們將會在本章之後的內容中詳述其中幾項。本章探究社會建構主義的主要理論〔經常在文獻中是指**批評結構主義**(critical constructionism)〕，檢視其歷史與理論的基本假設、關於人類行為的假說、運作與社會環境的角色、以及此理論如何應用於社會工作實務。

社會建構主義之起源

社會建構主義的基本概念可追溯自幾百年前興盛的哲學發展(Carpenter, 2011; Witkin, 2012)，哲學家Giambattista Vico、Hans Vaihinger、Immanuel Kant、Friedrich Nietzche與Karl Marx，以及心理學家Lev Vygotsky、Jean Piaget與George Kelly都對首創知識發展的思潮有幫助，以及在此過程中，心裡學的、認知的，或社會學的因素的影響亦有幫助。Carpenter (2011)承認更多現代的理論家，如：Paul Watzlawick、Ernst von Glaserfeld與Heinz von Foerster對促成社會建構主義思想的發展很有貢獻，尤其透過他們對於「**真實**(realness)」或「取決於觀察者的真實世界」。社會建構主義的理論也跨越至其他學科，在Berger與Luckman (1966)寫了《真實世界之社會建構》(*The Social Construction of Reality*)一書後，在當時1960與1970年代，這個想法開始被用於社會問題理論。此理論的基本原則被其他的社會學理論所確立，如：Schutz的**現象社會學**(phenomenological sociology)（Berger曾是他的學生），此理論檢視了個人的社會經驗與他們如何使其具有意義，以及Garfinkle的**俗民方法論**

(ethnomethodology)，一種探究人們如何了解這個世界、與他人互動和溝通、並協助社會秩序建立的研究方法論。Berger與Luckman所提出的基本理論，指出社會問題亦是被社會性地建構出來，並因此此理論被用於社會學中的社會問題理論(Franklin, 1995)。這幾年來，社會建構主義的要素被併入用於社會工作的理論中，如：**優勢觀點**(strengths perspective)、焦點解決實務、**個人中心取向**(person-centred approach)與**敘事治療**(narrative therapy)，但此理論只在最近才被社會工作界正式承認(Carpenter, 2011)。

　　由Berger與Luckman提出的原始理論，在那之後被更精煉或分成許多分論，而理解這些被採用的分論之間的相似處與相異處乃是必要的，在決定什麼理論最符合社會工作價值。例如：如表5.1所指出的，社會結構主義強調在創造個人的真實世界上，人際關係中語言使用的影響，以及歷史、社會與文化的影響(Franklin, 1995; Gergen, 2003; Greene and Lee, 2002)。建構主義則強調真實世界的建構，基於個人的生理學、發展過程與認知結構 (Franklin, 1995; Greene and Lee, 2002)。最後，社會建構主義，如本章所討論的，假設「當內心以它和世界的關係去建構真實世界，這個心理過程被社會關係的影響深刻地塑造(Gergen, 1999, p. 60)。」

▶ 表5.1　闡明專有名詞

社會結構主義	● 真實世界乃是透過與社會的互動中語言的使用而被建構；社會程序對於真實世界的建構乃是必要的。
建構主義	● 真實世界乃是由個人的生物學、程序與認知結構所建構；而人類的心智對於真實世界的建構是必要的。
社會建構主義	● 真實世界乃是由個人因素與社會因素所共同建構的。

　　簡而言之，社會結構主義更聚焦於社會學的面向，社會學的影響或如何幫助人去塑造或創造真實世界（比自然的影響更大）；而建構主義聚焦於個人心理學與神經學的面向，以及這些因素如何協助並創造個人的真實世界（比自然的影響更甚）。社會建構主義則是認為心理學的、神經學的與社會學的各種面

向是共同作用的（自然和人類教養的共同影響）並幫助創造與塑造個人的真實世界。

　　社工人員應從系統理論或生態學觀點操作實務(Gitterman and Germain, 2008)，在此我們了解，個人與他們的生理的、社會的與文化的環境相互作用，而當其中一個系統有所改變，可能造成其他系統因而改變。基於此基礎知識，社會建構主義更指向社會工作，藉由認識個人和環境的影響在真實世界建構上扮演的角色。根據Carpenter (2011)，社會建構主義應被視為一種**哲學-行為-方法論思想系統**(philosophical-behavioural-methodological thought system)。由此思想系統，社會建構主義的哲學基礎結構涉及「真實世界與存在的本質（形而上學與存在論），以及自然和人類知識的獲得（認識論）」，行為面向則涉及「人類感知與認知的特定了解，個人與人際的動力，以及改變的本質與執行(p. 117-118)」。最後，哲學與行為的思想提供理論的釋義，以解釋社會工作實務理論的方法（將在本章後面說明）。

社會建構主義釋義

　　社會建構主義相信「人類並沒有找到或發現得比我們所建構或創造的多……我們並沒有獨自建構我們的詮釋，而是對於共識、實際經驗、語言等等作建構」(Schwandt, 2000, p. 197)。

　　人們以和他人、組織或機構互動的方式理解這個世界，並且如果我們接受此推論，那麼我們則需了解這些經驗是因人而異的(Greene et al., 1996)。當採用一個社會建構的方法時，我們重視每個人的生活經驗，並且認為每個獨立的個人可能會以極不同的方式經驗各種情況，尤其當個人受社會和／或文化價值觀所影響時。但若我們認為每個人擁有不同且獨特的對實相的看法，那我們要如何知道並理解他人對實相的看法呢？我們可以透過語言的使用，試圖開始去了解另一個人對實相的看法。社會建構主義的基本假設詳述如下。

基本假設

其假設如下：

1. 個人擁有他們獨有的實相以及他們如何看待這個世界的獨自方式。個人的實相乃是被他自己所創造，並且沒有其他人能夠擁有相同的實相。沒人能直接地經歷或完全理解另一個人的實相，因為那是由經歷這個世界裡的事件而發展出來的，而關於這些經驗的個人價值與信念，則被她或他所屬的文化所影響(Laird, 1993; Middleman and Wood, 1993)。當個人經驗這個世界，並因此照著這樣塑造他們的實相，個人試圖向他人以文字描述他們的實相，無論是以口頭上的或非口頭上的方式(Laird, 1993)。

2. 「人們積極地參與發展他們對這世界的知識，而較不是與他們的環境做受刺激-答覆(stimulus-response)的消極接受之互動」(Greene and Lee, 2002, p. 180)。個人並非憑他們自己創造出自身對實相的看法，亦不是變得消極而完全任由社會塑造他們對實相的看法。而是，個人與環境互動並憑自我認知處理經驗，來參與實相建構的過程(Gergen, 1985; 2003)。個人的實相不斷地改變，並變得適應各種他們在人生中遇到的各種經驗。儘管經歷超出他們控制的事件，個人也能協助塑造他們獨有的事件真實情況。例如：我們無法否認2013年4月15日波士頓馬拉松被放了炸彈，造成數人死亡及數百人受傷，但我們卻無從得知遭遇此悲慘事件的人們其經歷有多麼不同。甚至兩個一起經歷此事件的人，將會擁有不同的真實情況。他們將會擁有不同的感覺、記憶與關於發生了什麼事的看法。他們的實相由於這個經歷而改變，而沒有經歷過波士頓馬拉松炸彈事件的人，將永遠無從得知這樣的經歷是什麼感覺。

3. 個人的實相與知識乃是置於歷史及文化背景下；實相在此歷史及文化背景下透過與社會互動而發展出來(Gergen, 1985)。此假設聚焦於歷史與文化背景，其影響個人如何解讀某個經驗、而這個經驗將會如何塑造個人的實相。個人經歷和解讀這個世界，並培養知識與意義，基於現今的社會程序與現今他們的文化或次文化的價值觀和信念(Dean and Fleck-Henderson,

1992; Franklin, 1995; Middleman and Wood, 1993)。這些價值觀與信念通常由社會的主流成員來決定，因此若個人的實相並不認同其主流文化，那麼她或他則會被認為是不正常的。透過文化或次文化中的**社會交替**(social interchange)，知識與意義被創造，並且被此文化中的各種機構影響與支持(Dean, 1993; Witkin, 1995)。因此，個人基於自己的經驗，建構他們自身的實相，但是這些經驗發生在一個歷史與社會背景下，其影響了他們對自身經驗的解讀。例如：第二次世界大戰時的英國，當時糖為定額配給，如果你和一個這段時間曾住在英國的人談話，你可能發現這個人在食品儲藏室囤積了好幾袋的糖。你可以和其他並未經歷這個歷史事件的人談話，並問他們如何看待及使用糖；他們的感知很可能不同，而這樣的不同可被歸因於經歷一個歷史事件。

4. 語言經常被用來表達個人的實相。語言是媒介，個人以語言和他們自身建構的實相，試圖解釋他們的實相，以及試圖理解他人的實相(Witkin, 2012)。文字是專橫的。對於用於語言的詞彙的認同，乃基於個人同意去使用一特定詞彙，來表達或描述的社會中的行動；這因為社會階級和**社會層級**(sector of society)而不同。例如：若社會中的大多數人同意社會所建構的詞彙「憤怒」anger，通常被解釋為提高音量或吼叫，手臂或手的快速揮動，皺起眉毛或咬緊下巴。因此，當一個人看到有人展示一個或多個這些視覺或言辭上的特徵，他們則會相信這人很憤怒。然而，我們無從得知他人的憤怒在內心是如何感覺的，而唯一可以了解他人的憤怒是被如何感覺和經驗的方法，是藉由那個人以語言表達。

5. 「實相是『我們』所一致同意的；真相則是妥協」(Carpenter, 2011, p. 121)。個人建構他們自身的實相，這個世界沒有別人可以完全了解，我們同意可能有外在客觀世界的存在，但無人可以「直接認識這個事件，而只能間接地透過感知、認知、影響、信念系統及語言這些**篩選機制** (filtering mechanisms)」(Carpenter, 2011, p. 120)。「客觀」這個詞彙，指基於觀察到的事實，以及根據這個理論，個人不可能繞過他們自身的真實去了解一

個客觀的世界。最佳的解釋是由Greene與Lee (2002, p. 180)所述,「沒有什麼叫做客觀的觀察者這種東西,因為觀察的真正行為改變被觀察的事物」。個人所建構的實相決定他們怎麼看待這個世界,因此不能不透過塑造他們感知的他們自身的實相、價值觀和信念,去看這個世界(Dean, 1993)。「實相是『我們』所認同的,在此『我們』可以指一個單位,如一對細胞一般小,或如社會一般大。」(Carpenter, 2011, p. 121)而因此,真相是被個人所認同的,在此他們指定某事以一種特定方式被看待。真相之上的同意通常由文化中的主流團體所決定,這基於他們的經驗而產生,而並不能代表所有人的真相都是如此(Middleman and Wood, 1993)。

社會建構主義、人類行為與個人運作

社會建構主義說明了人類行為和運作,以及社會環境在個人運作上扮演的影響。**個人運作**(individual functioning)由個人經驗的解讀而決定。從個人經驗中,一個實相被創造,並且這個人將透過此實相看待未來經驗(Dewees, 1999)。每個人將不同地看待他們的經驗,基於他們對過去經驗的解讀,這因而決定他們如何了解這個世界(Middleman and Wood, 1993)。透過個人對這個世界的了解,他們獲得關於這世界的知識,並在當他們面對新經驗時利用此知識,因此,先前的知識乃是基礎,在此之上才能建立未來的知識(Mailick and Vigilante, 1997)。

個人運作為文化和環境所決定,這對個人有一定影響(Dewees, 1999)。個人的環境、文化和次文化影響了個人的信念和價值系統,而因此影響了他們如何看待這個世界以及處理經驗。個人根據他們的信念和價值系統運作(function)並行動,而因此透過這些濾鏡來詮釋這個世界。

語言影響個人運作和行為。語言是試圖了解他人的實相的來源,以及被視為塑造意義的中心(Witkin, 2012)。個人如何詮釋詞彙的意義影響了個人行為。當面對不同經驗時,個人將會用動作與語言來表達他們的行為和他們的實相。個人所選擇的動作或語言,事先已被同意用來指某特定事物,通常由文化或次

文化的主流成員所決定。個人對這世界的詮釋與表達他們實相的能力，乃由對他們而言可使用的語言形式的類型而塑造(Witkin, 2012)。

使用語言當作一種表達自我實相的方法是有困難的，基於社會建構主義信念認為，無人可以完全理解他人的實相。當個人透過語言對一個觀察者表達他們的實相，此觀察者試圖透過自己的文化與信念濾鏡來理解這個實相。個人試圖了解他人的實相，並將此世界和他們自己的生活、或和他們知道的某人的生活做聯想（也就是，融合比較），但仍發現要讓他人擁有自己的經驗和自身的實相是非常困難的(Middleman and Wood, 1993)。即使觀察者想要讓別人擁有他們自己的經驗，社會建構主義推論這是不可能的，由於觀察者的價值觀、信念與感知。Franklin (1995, p. 396)最佳地說明了這個現象，「尤其是，人類認知結構與程序的運作，以及語言和社會程序的本質，使其對我們而言不可能完全地了解一個客觀的實相」。

人類行為和運作因人而異。個人對世界中的各種經驗，基於他們如何看待這個世界來反應。個人運作的差異，可由個人運作所處的環境、文化和次文化所解釋。環境中的權力結構塑造了個人如何看待這世界。個人環境中的意義被社會性地建構，並且此主題將隨著時間和不同環境而改變(Middleman and Wood, 1993)。主宰此環境的社會和政治機構影響了個人與環境互動所獲得的知識(Dean and Rhodes, 1998)，並且是在歷史上被定位，而因此不斷地進化(Mailick and Vigilante, 1997)。因此，一個人所處的環境，在塑造個人的實相上，扮演了至關重要，且不斷進化的角色。

> **練習5.1** 探索社會建構主義
>
> 兩人一組或組成小團體，輪流回答下列問題。請考慮你的家庭、朋友、社區、文化與歷史如何影響你的答案。
> 1. 對你而言一年中最重要的節日是哪一個？
> 2. 家人應該按照習慣一起坐下來吃晚餐嗎？
> 3. 你相信人們應該在婚前守貞嗎？
> 4. 你會如何看待一個讓15歲的兒子在家喝酒的父母？
> 5. 你最喜愛什麼運動？為什麼呢？

將社會建構主義方法應用於實務

當我們把社會建構主義概念化並了解其應用時，我們可以發現「我們能夠知道的只有我們自己、還有不同的人和情況對我們造成的影響」(Dean, 1993, p. 134)。因此，我們要如何知道另一個人，以及社會建構主義要如何被應用於實務呢？Carpenter(2011)說明，「人們基於他們相信是真相(true)或真實(real)的事情來行動，或以此為基準來過他們的生活，而這就是實務工作者首先必須認識(meet)她（他）的個案的地方，如果她（他）想要提供有效的幫助的話。(p. 122)」。

Greene與Lee (2002; Lee and Greene, 2009)已證實了六種**面向**(aspects)或技巧，能使社工人員能將社會建構主義的基本假設應用在實務上。他們強調社會建構主義並非一種獨立出來的個別理論，而更像是一種**後設架構**(meta-framework)，其協助社工人員思考並統整與個案的實務工作。此六種面向敘述如下：

1. 與個案培養合作的關係。第一個面向涉及當共同工作時，社工人員和個案應共享權力(Dean, 1993; Dean and Rhodes, 1998)。社工人員和個案應維持一個平等的關係，相對於社工人員被視為專家，將所學的理論知識應用於個案的情況(Greene and Lee, 2002)。採用一個合作的方法准許社工人員將

個案視為他們自身實相的專家,並因此社工人員應試圖了解個案的實相,相對於嘗試讓個案配合社工人員的實相。在培養合作的關係時,社工人員應不斷地評估個案的能力和資源,強化其個案的專家身分,並使她(他)成為一個合作夥伴(Greene and Lee, 2002)。透過這個合作關係,個案和社工人員可以開始制訂一個計畫,其為個案與社工人員都認為是有意義且有動機去追求的。

2. 專注並致力於個案所定義的目標。這個面向涉及個案從他們的實相中特定且定義的問題,並定義且設定對他們個人而言具有意義的目標。個案對於外界加諸給他們的目標,通常較無動力去執行,相較於去執行個案認為和自己的需求與情況有關的目標(Lee and Greene, 2009)。這並非否定個案有時候會擁有外界所加諸的目標一事實,例如,一個法院命令要求家長必須出席教養孩子的課程,或某一個個案必須出席藥物與酒精教育的課程。當目標是來自外界的命令,社工人員與個案應參與討論,社工人員與個案應了解此目標是一個命令,並試圖使個案找到達到此目標的路徑,這將由個案所定義,並且對個案個人而言是具有意義的。

3. 保持一個好奇的態度。當我們從社會建構主義框架出發時,社工人員應了解個案擁有他們自身版本的實相,而其需要被社工人員所探索。這個面向指定社工人員可以用一種好奇的態度,試圖探索個案的實相,而較不是去推論個案版本的實相(Gergen, 2009; Lee and Greene, 2009)。社工人員應保持態度真誠,在探索個案如何看待他們的人生、他們的問題、他們的能力與資源,和他們的日常慣例上。例如,社工人員可以簡單地問個案:「對你而言,典型的一天是怎樣的?」或問:「告訴我,全天候照顧你父親的感受如何?」以一個好奇的態度,社會人員告訴個案究竟什麼才是社工真正重視的,以及社工人員是對個案的故事感興趣的(Greene and Lee, 2002)。根據Gergen (2009),表達好奇則是表示肯定。

4. 保持一個「我不知道,我不是專家」的態度。當使用社會建構主義理論時,我們所需了解的是個案為她(他)自身生活的專家(Franklin, 1995)。身為一個社工人員,我們須採取一個「我不知道,我不是專家」的姿態,

並讓個案透過自己的話語來表達他們的實相,而並非讓社工人員去推論個案的情況。此方法使社工人員能夠和個案共同合作,以嘗試了解他們的實相,並了解到個案可以教導社工人員關於他們的能力、力量、資源、問題與解決方法(Lee and Greene, 2009)。社工人員應嘗試使用同理心,並從個案的觀點看見她(他)自己(Dean and Rhodes, 1998)。根據Mailick與Vigilante (1997, p. 362) 當使用社會建構主義輔導家庭時,社工人員應「將焦點從社工人員為了幫助個案所需要知道的事,轉變為此家庭對他們的狀況了解多少、以及家庭和社工人員如何參與一個互相探索的過程」。因此,個案,而非社工人員,在此被視為專家,所以社工人員和個案能夠通力合作。Grenne與Lee (2002, p. 185)指出此方法並不是建議社工人員在個案詢問問題或是尋求意見時表現消極的態度,而是社工人員應「給予一個誠實的回答,只要社工人員所表達出來的態度為:這只是許多可能的想法中的其中之一」。

5. 學習並使用個案的語言。為使個案成為更有效的自身情況的專家,社工人員應嘗試學習並使用個案的語言、以及由個案給予概念的意義(Lee and Greene, 2009)。社工人員和個案晤談時,應小心地限制他所使用的專業術語數量,而應使用個案能最容易理解的語言和概念。

6. 透過對話共同建構實相。根據Greene與Lee (2002, p. 186),「社工工作是一個促進改變的行業」。因此,當個案對實相的觀點是權利剝奪的、指責的,或是對他們有害的,社工人員應參與和個案的談話,以嘗試共同建構一個新的實相,對個案來說是更正向地被接受的。社會建構主義理論讓個案表達他們的實相和經驗,以嘗試幫助個案看待他們被主流文化所影響的實相,並鼓勵個案看見故事的其他解讀方式(Greene and Lee, 2002)。這可以涉及**敘事治療**(narrative therapy approaches)的使用,如:「將問題客觀化(White, 1989, 2002)」,其目的是將問題從個案身上抽離;「有問題的從來不是人——有問題的只是問題本身」(Madigan, 2013, p. 455)。透過會話、詢問、以及探索與回溯個案的故事,社工人員和個案從「問題」的敘述轉變成更「偏好」的敘述(Madigan, 2013)。雖然,社工人員將永遠無法

完全理解個案的實相，透過語言的使用和說故事的方法，治療可被用在使個案表達她（他）的實相，和她（他）所遇到的難題。透過這個表達，個案與社工人員共同努力，以養成一個對個案而言，更令自己滿意的實相。

當採用社會建構主義理論時，社工人員必須了解個案才是專家。社工人員必須「學習傾聽他們的個案，從他們身上學習他們的痛苦，並且共同探索減輕痛苦的方法(Middleman and Wood, 1993, p. 134)」。社工人員和個案共享他們關於事件的意義與解讀，並且社工人員將自己和個案視為平等。

案例：社會建構主義在實務上的應用

Marjorie是一名45歲的黑人英國女性，她與她丈夫Al，以及他們的兩個小孩，Toni（16歲）與Michael（14歲）同住。Marjorie的母親Grace是寡婦（72歲），在兩年前被診斷為失智症(dementia)，並靠著社會服務的支持與Marjorie和Al的協助，還能夠住在自己的房子裡。六個月前，醫師診斷Grace的失智症惡化了，並建議24小時的照護或住居協助(residential assistance)。Marjorie拒絕把Grace送去療養院並且讓Grace搬來和她和Al同住。Marjorie花費她一天中大多數的時間照顧Grace，並且必須辭掉工作以應付照顧的需要。24小時照護的壓力和緊張，已經造成了她和Al的情感關係問題，以及Toni和Michael表示，他們「希望媽媽可以回來」。Grace的醫師轉介Marjorie到社會服務來接受照護者評估。你身為一個實務操作社會建構主義框架的社工人員，你和Marjorie晤談，談論有關她的過去經驗、現況，以及未來期望，以試圖了解Marjorie的實相，培育一個對Marjorie而言具有意義的支持計畫，並且此計畫是建立在一個合作的關係上的。

藉由合併社會建構主義的六種面向，如Greene與Lee (2002)所簡述的，你應先和Marjorie培養一個合作的關係。你理解身為一個專業的社工人員，Marjorie可能將你視為一個評估她是否有足夠能力照顧她母親的人，並且你有可能會論斷她和她的家庭。儘管你的專業性是無庸置疑的，你和Marjorie的初次晤談中，你將試圖培養合作關係，聆聽她的故事、並徵求她所定義的需求和

目標。你想要理解Marjorie，她身而為人，她的實相乃由她的過去和現在的經驗所塑造而成，尤其是和她母親、她的文化、家庭與社會有關。這個晤談從你要求Marjorie告訴你她的現況開始，並且應該保持一個好奇的態度，藉由要求她告訴你，對她而言典型的一天是怎樣的，聚焦於在一整天中她怎麼感覺和思考。Marjorie解釋說明造成Grace的診斷的事件和Grace隨後搬入她的家庭，然後你要求她告知這個經驗對她而言是怎樣的。

在持續維持此合作關係中，你要求Marjorie探究她希望自己是怎樣的，並且描述她希望的未來，從討論一個聚焦於個案所定義的目標。Marjorie公開透露她這段時間感到精疲力竭，並且缺乏精力去完成日常活動，更別說是提供Grace所有需要的照顧了。Marjorie透露自從Grace搬入，她和Al的情感關係已經非常緊繃，並且他們夫妻間的對話只剩下談論Grace的需要。Marjorie解釋她對於自己不是個「好」母親和「好」妻子感到罪惡感，並描述她感到被兩方拉扯，介於她的家庭和照顧她媽媽之間。Marjorie描述，將父母送去療養院，這在她的文化中是不尋常的，由於他們認為最好的照顧是在家裡與家人住在一起。與其立刻與Marjorie進行討論，商討改善她的情況的建議，倒不如你應保持一個不知道、我不是專家的態度，並傾聽Marjorie現在處理得如何，以及感受她的情況。你可以要求Marjorie告訴你，對她而言擔負這些責任和感到罪惡感的感覺是怎樣的，並要求她告訴你，對於她所確認到的問題的，一些可能的解決之道。

Marjorie透露她的終極目標是能夠陪伴她的丈夫和小孩，尤其是當她的小孩都是青少年，並且非常可能將會在幾年內就搬出去。她也希望她母親能受到妥善的照顧，但Marjorie她自己發現，為了這樣做她需要生理與心理上都健康。你在與Marjorie的合作之下完成照護者的評估，並且以她的話語來指出她的需要和目標。你合併一些敘事療法的問題用在Marjorie的晤談，以嘗試讓她探索她對於她照護角色的期待，並且這些如何能夠透過對話共同建構並重新框架，使其變得更正向，可接受的解釋。尤其，你要求Marjorie探究她的想法，關於她的文化期待如何看待她的文化角色，並且這些對她而言如何運作、和如何無法運作。在此過程中，Marjorie開始了解到她之前對自己設定的期望並不

實際，並且這也造成她的「失敗」。她重新定義「照顧她母親」的概念，將「照護必須是在家裡並且由我來」，改成「在照護母親這件事上我需要幫忙」。以此觀念，Marjorie 對她的「照護角色」創造了一個新的實相。

自從你的**處遇服務**(involvement)，Marjorie 獲得社會服務的協助，每天去她家提供照護服務。Marjorie 也同意讓 Grace 每個月的其中一個週末去住療養院，讓 Marjorie 能獲得短暫休息。Marjorie 所接受的額外的支持，使她能夠花更多時間陪伴她的家人，同時保證 Grace 不會遠離她的家庭。

優勢與限制

在合併此理論於實務前，社會建構主義有許多值得探討的優勢和限制。此理論的一些優勢和其方法如下：

- 此理論包含了以增權為基礎的實務，鼓勵和個案建立合作關係，並了解個案是他們自身實相、問題的定義和解決方法的專家。
- 權力和掌控權在於個案本身而非社工人員。這使社工人員了解到他們的責任不是替個案定義或達成目標，而是要讓權力和掌控權落在個案身上。社工人員是來協助這個過程，但是達成目標的成功或失敗與否，最終在於個案本身。
- 此理論包含了反歧視、反種族歧視與反壓迫實務。社工人員在此須對個案的實相保持好奇心，並且但若他們的文化、社會和歷史如何影響他們的實相。社工人員須認同個案身為他們自己的實相的專家，並不可用自己的實相觀點去影響個案。
- 此理論採用優勢觀點取向，並挑戰關於缺乏的鑑定。並沒有診斷的支持，或者是一個缺乏的模型，是被主流文化或社會定義，而不符合每個人的實相的。

社會建構主義的一些限制如下：

- 當協助擁有外部命令的目標的個案時,社工人員可能很難嚴格的忠於理論。藉由和個案合作,與要求個案定義她(他)希望如何達到這個被命令的目標,可以減少限制。
- 對於我們無法從外部世界得知絕對主觀的看法,常被誤以為是指社工人員永遠無法了解他們的個案,並且永遠無法對個案產生同理心。社工人員應了解此理論基本上要求社工人員要退一步,並抱持一個「我不知道,我不是專家」的態度,並嘗試讓自己站在他人立場。因此,我們可以透過同理心、直覺意會與賦予意義,並經常藉由透過語言和對話的表達,來理解個案的實相(Atherton, 1993)。
- 讓個案成為他自身經驗和實相的專家,可能對社工人員而言是難以掌握的。社工人員和個案需通力合作,理解彼此的實相,而非其中一人以專家視角看待另一個人(Dean and Rhodes, 1998)。社會建構主義挑戰社工人員需檢視他們自身的價值觀、信念與理論,當與個案合作時,為達到互相探索理解的可能性而保持開放的態度。
- 如果我們了解到每個人都擁有他自己的實相觀點,並且我們要重視這些不同的觀點,那麼我們該如何理解有些人的實相本質上是帶有歧視的?此理論可以協助社工人員嘗試理解一個人的實相,以及文化的、社會的與歷史對這個實相的影響,但這當然不代表社工人員應該接受對他人有害的態度和信念。身為社會工作者,我們擁有專業的價值觀、原則和職業道德需遵守;而當我們對抗態度和信念,這些違反我們能了解的這個人的實相之基礎,但我們不需要接受這些,而是我們應該嘗試和此人共同建構一個新的實相,這個實相是對他人較為無害的。

倫理與文化的考量

　　社會建構主義理論包含眾多的價值觀,心照不宣的與明確指出的,有關於個人和社會環境。社會建構主義重視文化差異性,由於此理論指出個人的真實世界在其文化背景下塑造,並且沒有一個人的實相或經驗,可以比他人所親身

經歷的更真實(Dewees, 1999；Laird, 1993; Mailick and Vigilante, 1997)。因此，當使用一個社會建構主義框架時，一個社工人員應重視個案的的種族與文化背景，由於種族與文化背景助於個案實相的塑造。

　　社工人員必須了解他們的文化並不比個案的來得更正確或更不正確，並且社工人員應該意識到不要將自己文化中的意義、推論、價值觀或了解，強加在個案身上。

　　儘管有此基本推論，一個社工人員必須知道，文化乃是被社會性地建構而成的。當採用一個社會建構主義框架時，社工人員必須了解並體會他們將會協助來自不同種族和文化的個案，並且必須考慮到這些因素如何影響他們的共同工作。社工人員應注意不要對那些文化有先入為主的推論，並應該知道即使是來自相同文化的兩個人，亦可能對情況和經驗有非常不同的解讀。

　　當評價個案所屬的文化時，社工人員必須保持一個好奇的態度，並和個案對話，討論關於種族和文化如何塑造與影響個案的行動和行為（也就是，正面和負面雙方的。）此理解的程序透過溝通而進行，在此社工人員向個案學習有關他的文化和意義，他的文化中語言使用的文字或概念。有些個案可能相信，或感覺，他們並無法融入他們的文化，或可能經歷一些來自他們的文化的，在本質上是歧視或壓迫的行動。社工人員應傾聽個案正在經歷什麼，並且讓個案從她（他）的觀點來定義問題和思考解決方法。社工人員可能需要處遇服務此文化系統，以協助減緩歧視與壓迫。並且（或）可能需要協助個案重新建構他們對於自己的看法，改成對他們而言較可接受、且壓迫較少的。

　　當使用社會建構主義框架時，我們建議社工人員重視個案的實相。在某些情況下，社工人員可能無意中發現道德上左右為難的情況，此個案或個案的文化所擁有的規範和價值觀，是和社工人員專業的價值觀、原則或道德不一致的。例如：一個母親可能相信她有權用皮帶「處罰」她的小孩，為了要讓小孩學到教訓，甚至打到留下鞭痕和瘀傷都是可以的。這個母親和她的社群都是支持她的行為的。在如此的道德情況下，社工人員將會需要明確表達她（他）的價值觀，並告知這個母親，她（他）擁有通報這個母親的行為之法律責任。認

識並評價他人的真實世界,並不代表社工人員就沒有道德和法律上的義務,那是他們被命令須遵守的。諷刺的是,這些義務也是被社會性地建構而成的,並且由社會中的主流文化與社會工作專業所決定。

社會建構主義與反壓迫實務

社會建構主義為反壓迫實務的範例之一,由於它重視每個人的尊嚴與價值,並認為每個人都擁有須被重視的獨立且獨特的實相(Dewees, 1999)。一個人的實相,不可能和其他人的實相完全一致,並且一個實相不應被理解為比另一個更優越(Middleman and Wood, 1993)。因此,個人基於他們的經驗,擁有他們自身建構的實相,雖然旁人無法完全理解,卻應該是被平等地重視的。社會建構主義也是一種增權方法,由於社工人員不推論他們知道個案的實相,而是採取一個「我不知道,我不是專家」的態度,聚焦於讓個案定義問題和解決方式,並對此保持好奇的態度。社工人員應學習去使用個案的語言,而非使個案去學習社工人員的專業語言。

當協助擁有不同實相的個案時,使用社會建構主義與反壓迫實務工作,社工人員必須開始評估他們自己的價值觀、偏見和問題。社會建構主義方法要求社工人員去除對於個案的刻板印象與推論,並且將每個個案視為一個擁有其獨特塑造的實相的獨特個體。在某些社會工作情況下,社工人員可能擁有無可否認的權威地位,然而社工人員不該在實務工作中表現得具壓迫性,而是轉為一個和個案合作的關係,在此社工人員必須對個案明確地表示他的目標和動機。

社會建構主義強調了社工人員與個案對話時所使用的語言之重要性。當使用反壓迫實務方式協助時,社工人員應注意語言的使用,並注意不同的遣詞用字選擇可能會被個案如何地解讀。

最後,社工人員可能發現個案的文化其實是具壓迫且歧視本質的。如前所述,社工人員從事的工作乃是促進改變並提倡社會正義,因此當社工人員從社會建構主義框架觀點出發,以反壓迫實務方法工作時,應面對歧視和壓迫,並嘗試重新建構此本質為歧視的系統的真實世界,以預防未來的傷害。

社會建構主義的研究

社會建構主義為一種提供社工人員使用的概念框架或理論，當接觸並協助個案時，可以告知個案某些可使用的特定實務方法(Lee and Greene, 2009)，例如：敘事治療法（請見Madigan, 2011）、焦點解決實務（請見第十章）等等。基於社會建構主義的本質是一種理論或框架，若沒有以一些技巧或特定實務方法來測定或鑑定，此方法是否有效是很難論定的。在社會建構主義領域亦有爭議，關於實證主義是否確實有效地給予我們信念，讓我們相信各人透過自己的視角，來建構自身的真實世界。論定在實務上使用社會建構主義的有效性，應從閱讀結合社會建構主義信念之實務方法的研究開始。在第十章我們提供一個概觀，說明「焦點解決的實務應用」之有效性。

摘要

社會建構主義是一種理論，其重視每個人的實相乃是獨一無二地由她（他）的環境、文化、社會、歷史、成長過程與認知所塑造。Lee與Greene (2009)強調社會建構主義乃是一種後設架構，由此我們與個案統整工作，因此它並非是社會工作實務中的一個獨立方法。社會建構主義的許多面向可見於其他理論與方法論，例如：優勢觀點(Saleebey, 2012)、焦點解決信念療法／實務(de Shader et al., 1986)、個人中心／治療 (Rogers, 1957)以及敘事治療(Madigan, 2011; White and Epston, 1990)。

當採用社會建構主義框架時，社工人員探索個案版本的實相，並試圖透過個案能理解並使用的對話和語言，來了解個案的實相。此理論使社工人員能對個案抱持一個好奇的態度，以充分理解個案所定義的問題、目標及可能的解決方法。此理論鼓勵社工人員探索個案的真實世界，而不是試圖讓個案去看見社工人員由專業知識塑造的真實世界。此理論提倡合作，並挑戰社工人員在一開始協助個案時，就需將所有的推論（專業的與個人的）先擱置一邊。個案與社工人員在此相互探究的過程中，探索彼此的真實世界，一起參與合作關係，一同致力於達成這個由個案所定義，且對他而言具有意義的目標。

> **個案研究**
>
> Sam是個15歲的白人英國男性,他最近因為順手牽羊被逮捕。Sam在此之前從未惹過鬧上警察局的麻煩,但由於他所偷走的物品價值,他被轉介至社會服務的青年犯罪小組。你身為協助Sam的青年犯罪社工,在第一次與他的晤談中,Sam承認他順手牽羊,並表示悔意。他陳述他的「人生已經完了」,他讓他的父母失望,並且他永遠會被貼上「罪犯」的標籤。他感覺他的人生失敗了。法院命令你和Sam在接下來的十週期間須每週見面。你將如何從社會建構主義框架方法來協助Sam呢?

延伸閱讀

Berger, P.L. and Luckman, T. (1966) *The Social Construction of Reality*. Garden City, NY：Doubleday.
The original piece of work that brought social constructivism to the forefront of social work.

Gergen, K.J. (2009) *An Invitation to Social Construction*, 2nd edn.
Thousand Oaks, CA: Sage Publications. A comprehensive review of social constructionism.

Lock, A. and Strong, T. (eds) (2010) *Social Constructionism: Sources and Stirrings in Theory and Practice*. Cambridge: Cambridge University Press. Provides an introduction to the different theorists and schools of thought that have contributed to the development of social constructionism.

Witkin, S.L. (ed.) (2012) *Social Construction and Social Work Practice*. New York: Columbia University Press. An exploration of the ways in which social constructionism can be applied in social work practice in various settings and across client groups.

參考文獻

Atherton, C.R. (1993) Empiricists versus social constructionists: time for a cease-fire, *Families in Society*, 74(10): 617–24.

Berger, P.L. and Luckman, T. (1966) *The Social Construction of Reality*. Garden City, NY: Doubleday.

Carpenter, D.E. (2011) Constructivism: a conceptual framework for social work treatment, in F.J. Turner (ed.), *Social Work Treatment: Interlocking Theoretical Approaches*.
Oxford: Oxford University Press.

De Shazer, S., Berg, I.K. and Lipchik, L. (1986) Brief therapy: focused solution development, *Family Process*, 25(2): 207–21.

Dean, R.G. (1993) Constructivism: an approach to clinical practice, *Smith College Studies in Social Work*, 63(2): 127–46.

Dean, R.G. and Fleck- Henderson, A. (1992) Teaching clinical theory and practice through a constructivist lens, *Journal of Teaching in Social Work*, 6(1): 3–20.

Dean, R.G. and Rhodes, M.L. (1998) Social constructionism and ethics: what makes a 'better' story?, *Families in Society*, 79(3): 254–62.

Dewees, M. (1999) The application of social constructionist principles to teaching social work practice in mental health, *Journal of Teaching in Social Work*, 19(1/2): 31–46.

Franklin, C. (1995) Expanding the vision of the social constructionist debates: creating relevance for practitioners, *Families in Society*, 76(7): 395–406.

Gergen, K.J. (1985) The social constructionist movement in modern psychology, *American Psychologist*, 40(3): 266–75.

Gergen, K.J. (1999) *An Invitation to Social Construction*. Thousand Oaks, CA: Sage Publications.

Gergen, K.J. (2003) Knowledge as socially constructed, in M. Gergen and K.J. Gergen (eds), *Social Construction: A Reader*. London: Sage Publications.

Gergen, K.J. (2009) *An Invitation to Social Construction*, 2nd edn. Thousand Oaks, CA: Sage Publications.

Gitterman, A. and Germain, C.B. (2008) *The Life Model of Social Work Practice: Advances in Theory and Practice*, 3rd edn. New York: Columbia University Press.

Greene, G.J., Jensen, C. and Jones, D.H. (1996) A constructivist perspective on clinical social work practice with ethnically diverse clients, *Social Work*, 41(2): 172–80.

Greene, G.J. and Lee, M.Y. (2002) The social construction of empowerment, in M.W. O'Melia and K.K. Miley (eds), *Pathways to Power: Readings in Contextual Social Work Practice*.
Boston, MA: Allyn and Bacon.

Laird, J. (1993) Family- centered practice: cultural and constructionist reflections, *Journal of Teaching in Social Work*, 8(1/2): 77–109.

Lee, M.Y. and Greene, G.J. (2009) Using social constructivism in social work practice, in A.R. Roberts (ed.), *The Social Workers' Desk Reference*, 2nd edn. New York: Oxford University Press.

Madigan, S. (2011) *Narrative Therapy – Theory and Practice*. Washington, DC: American Psychological Association.

Madigan, S. (2013) Narrative therapy, in M. Davies (ed.), *The Blackwell Companion to Social Work*, 4th edn. Chichester: John Wiley & Sons.

Mailick, M.D. and Vigilante, F.W. (1997) The family assessment wheel: a social constructionist perspective, *Families in Society*, 78(4): 361–9.

Middleman, R.R. and Wood, G.G. (1993) So much for the bell curve: constructionism, power/conflict and the structural approach to direct practice in social work, *Journal of Teaching in Social Work*, 8(1/2): 129–46.

Rogers, C.R. (1957) The necessary and sufficient conditions of therapeutic personality change, *Journal of Consulting Psychology*, 21(2): 95–103.

Saleebey, D. (2012) *The Strengths Perspective in Social Work Practice*, 6th edn. London: Allyn and Bacon.

Schwandt, T.A. (2000) Three epistemological stances for qualitative inquiry: interpretivism, hermeneutics and social constructionism, in N.K. Denzin and Y.S. Lincoln (eds), *Handbook of Qualitative Research*, 2nd edn. Thousand Oaks, CA: Sage Publications.

White, M. (1989) The externalizing of the problem and re- authoring of lives and relationships. Dulwich Centre Newsletter, Summer. Reprinted in M. White and D. Epston (eds) (1990) *Narrative Means to Therapeutic Ends*. New York: W.W. Norton.

White, M. (2002) Addressing personal failure, *International Journal of Narrative Therapy and Community Work*, 3: 33–76.

White, M. and Epston, D. (eds) (1990) *Narrative Means to Therapeutic Ends*. New York: W.W. Norton.

Witkin, S.L. (1995) Family social work: a critical constructionist perspective, *Journal of Family Social Work*, 1(1): 33–45.

Witkin, S.L. (2012) An introduction to social construction, in S.L. Witkin (ed.), *Social Construction and Social Work Practice: Interpretations and Innovations*. New York: Columbia University Press.

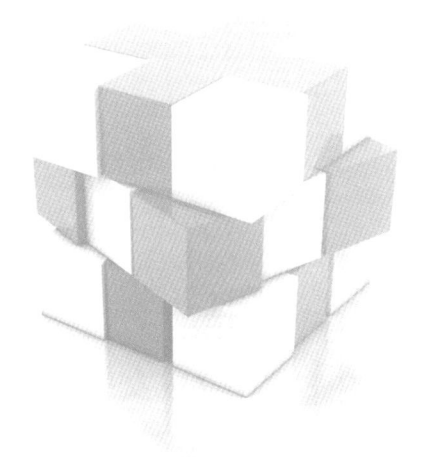

第六章
女性主義理論與實務

前言

　　女性主義理論與實務強調特定的議題和了解女性的方法，雖然女性主義理論的原理和方法在男性和兒童身上也可實行。女性主義理論尋求解釋男性和女性的不同，特別是他們在一生中的發展，而女性主義實務尋求實務方法，量身訂做強調這些不同並以增權為目的。此理論與方法目標為增加女性被壓迫的意識，並反過來提供方法使女性可以獲得自己人生的掌控權。此理論與生態學觀點是一致的，考驗著此人和其環境的相互連結和相互依存 (Gitterman and Germain, 2008)。因此，此方法尋求提供個人和（或）環境處遇，為了創造改變、增加個人增權和促進正向成長和發展。

　　女性主義特別適合社會工作，由於社工人員大多為女性，並且個案大多為女性，或社會服務的個案多和女性有關(Orme, 2009a)。由於這個關係，社會工作中的女性主義，則以專門用語稱為：**女性主義社會工作**(feminist social work)。雖然不同形式存在於女性主義社會工作思想中，女性主義社工人員的共通性包括以下：(1)終止父權；(2)增權女性；(3)檢視人在環境中（也就是說，個人的即是政治的）；以及(4)提高女性意識，以及提高社會全體對結構性性別不平等 (Bricker-Jenkins and Hooyman, 1986; Dominelli, 2002)的意識。

　　欲了解女性主義，我們則必須先了解生物性別(sex)和社會性別(gender)兩個字的不同。生物性別是用來表示女性和男性生物學上的不同，而社會性別是用來表示女性和男性社會學上的不同，如：關於女性和男性的想法、信念和態度(Sharf, 2012)。社會性別是被社會性地建構，因此會隨著文化和時代改變

(Valentich, 2011)。此外，**社會性別角色**(gender roles)是女性和男性被指派，並被視為合適的角色，被主流文化和社會所創造和增強。本章探索女性主義的理論與實務，以檢視此理論的歷史和基本前提，此方法的技巧，以及此理論和方法在社會工作實務上的應用。

女性主義理論的起源

在1800年晚期到1900年初可見第一波的女性主義萌生，女性奮起並贏得投票權。第一波女性主義者的成果促成第二波的女性主義：從1960年代至1990年代，對於女性是如何被描繪的產生了一種關切：在現在以及歷史上的，對女性的看法和需求乃鞏固於男性的看法和需求。女性和男性不被視為居於相同的地位，而這在許多方面都是很明顯的。例如：以男性為規範(male-as-normative)的主題是明顯的，「人類(mankind)」、「人(man)」以及代名詞「他(he)」有包含男性和女性的意思(Hyde and Else-Quest, 2013)。這樣的語言被Carl Rogers用在他的個人中心療法(person centred approach)著作中，並且仍經常被使用在立法中。很多社會學的、心理學的以及社會工作理論，如：**精神分析**(psychoanalytic)以及**精神動力學**(psychodynamic)方法，乃是基於白種人男性的研究或「病理的」女性(Valentich, 2011)。歷史上，男性替男女雙方制定規則和建立標準(Sharf, 2012)。透過確認這些不平等，女性變得關心這些標準對她們的影響，以及她們需要改變，讓人覺得女性很重要。

女性主義運動不僅著名的，並且有學術上的專門學科研究，如：社會工作、心理學和社會學，這些學科開始強調助人工作者中的不平等的關係，如：男性身為治療師或專家，而女性身為被幫助者。女性主義團體開始為了被傷害和被性侵害的女性建立庇護所，以提供支持和諮商(Valentich, 2011)。此外，女性主義運動透過女性組織穿透政治舞台—如：國家婦女組織(national organization for women, NOW)，以及在美國的婦女健康運動(Women's Health Movement)的緊急情況—力求女性在政治議題上的權利，如：被雇用的實務，

以及使女性能掌控她們自己的生理和心理的健康。透過這些集合產生了**意識覺醒**(consciousness-raising, CR)團體，目標是讓女性團結以停止隔離，以及共同奮鬥以帶來社會改變(Enns, 2004; Sharf, 2012)。意識覺醒團體提供一個論壇，給女性和其他有相同經驗的女性表達她們經驗到的壓迫和歧視，因此她們得以努力合作以對抗歧視和創造正向的改變。意識覺醒團體運行女性主義原則，由一個非競爭性且無領袖的團體所構成，是情緒上支持的(Valentich, 2011)。

　　第二波女性主義運動主要的批評是針對先導者和理論家全是一群優越的白種人、中產階級女性，並且批評此運動強調女性為一個同質團體，而沒有承認女性中的差異性，如：種族、民族、性傾向、年齡和階層。此外，女性主義由於就理論和實務發展而言，跟不上風潮而開始被批評，也產生了女性主義已死的議論(Valentich, 2011)。自此開始，第三波的女性主義出現，第三波的女性主義運動者擴大了女性主義的定義和應用，以包裝更廣泛的文化和全球性的議題，如：反種族主義、全球性社會正義(global social justice)、身心障礙和異性戀主義，以關注**多元交織性**(intersectionality)的角度(Hyde and Else-Quest, 2013)。多元交織性的定義是：「一種方法同時考慮到認同、差異和弊病等等多種範疇的意義和結果 (Hyde and Else-Quest, 2013, p. 55)。」這個新觀點不將女性視為一個同質性的團體，而是基於民族、社會階層、性傾向和文化信念而不同的團體。因此，現今的女性主義更重視**種族敏感**(ethnically sensitive)和更適合所有女性，重視消除所有形式的壓迫、剝削和歧視。

　　第二波和第三波的女性主義者造成了女性主義的眾說紛紜的窘迫情況，尤其是關於最初女性主義的批評是由於一群白種人女性首創此運動。各種的觀點和目標都是為了創造平等並提倡女性的增權，但在不平等的起點以及如何達到增權和解放的最終目標上，還有輕微的差異。表6.1提供一個清單，介紹各種女性主義觀點和各項的信念說明。

▶ 表6.1 各種女性主義的類型

女性主義類型	描述
自由派女性主義 (Liberal feminism)	女性和男性應有平等的獲取資源和機會的通路。檢視女性和男性的個人互動並支持透過政治和法律的改革來改變。男性亦可以參與支持男女平權的抗爭。
激進派女性主義 (Radical feminism)	認為父權制是讓男性占盡好處的社會組織，導致男性將自己的利益凌駕於那些女性之上。因此，男性透過利用社會系統可以控制女性。激進派女性主義積極參與改變導致父權的社會機構和系統。較不相信男性亦可能支持男女平權的抗爭。
馬克思主義者與社會主義者女性主義 (Marxist and socialist feminism)	權力的經濟形式使男人得以控制女性。理論家批評馬克思主義在處理女性平權上的失敗。除去資本主義並且停止經濟和文化資源的壓迫，是解放女性的一種方法。
黑人／拉美裔女性主義 (Black/Hispanic feminism)	對於最初的女性主義的批評乃是它由一群白種、中產階級女性所組成，並且只強調性別歧視。本主義結合檢視階層歧視、性別歧視和種族歧視。拉美裔女性主義獨特地在美國發起。
女同性戀女性主義 (Lesbian feminism)	挑戰異性戀為慣例的制度。本主義政治上與個人上地抵抗父權制權力與統治。
婦女主義 (Womanism)	為了和黑人女性主義不同而創立，婦女主義重視文化、家庭和男性和女性之間互相支持的關係，還有種族歧視和性別歧視。本主義聚焦於黑人男性和女性雙方共有的掙扎。
全球女性主義 (Global feminism)	以全球的規模重視女性權力，同時承認女性在地方上和文化上的特定挑戰。
精神分析女性主義 (Psychoanalytic feminism)	爭論性別乃是發展和學習而來的，因此，目標是挑戰強化男性氣質和女性氣質模式、關係和語言。
文化女性主義 (Cultural feminism)	由激進派女性主義發展而來，目標是建立一個女性的文化，重視和稱頌男性和女性生物上和文化上的不同與特質。

來源：Enns(2004), Hyde and Else-Quest (2013), Sharf (2012), and Worell and Remer (2003)

女性主義理論釋義

理論和方法傳統上聯想到社會工作實務的有—如：**精神動力學療法**(psychodynamic approaches)、個人中心療法（見第七章）、認知和行為理論（見第九章）、以及**生命階段發展理論**(life-stage development)——主要都是被男性所創設，並且基於男性的人生經驗、發展、看法和需要。然而，它們卻被推測為性別中立的。隨著女性主義運動的窘迫情況，理論家開始檢視女性和男性在發展和人生經驗上有何不同，並且在執行社會工作時考慮這些相異之處。

在生涯中，我們可以發現女性和男性之間的性別差異，並且經常分為童年期、青少年（女）期和成人期。在童年期，性別差異開始顯現於出生後，女孩被穿上粉紅色衣服，男孩被穿上藍色衣服。小女孩應該玩洋娃娃和穿洋裝，小男孩則玩卡車和車子的玩具並把衣服弄得髒髒的。如果小孩子沒有堅持這些性別的規範，男孩子會被叫做「娘娘腔」，而女孩子會被叫做「男人婆」。照著這些性別規範的創立，主要是由成人所強加的，兒童學習去遵守不同的性別角色期望(Sharf, 2012)。在青少年（女）期，由於青春期的發生，社會期望可能會造成女性附加的壓力，由於社會期望認為女性身體應是纖瘦且生理上有吸引力的。男性可能感到壓力，由於社會期望認為他們應是堅強並且有強壯、陽剛的外表。關於青少女和青少年的性活動有不同的期望，女孩子必須學習控制她們的性活動，並且對於避孕方法的使用更加負責(Sharf, 2012)。性別角色的不同持續到成人期，在此階段女性必須從事母職的角色，不僅僅是指經歷懷孕，還必須面對工作和照顧小孩責任的抉擇。在勞動力方面，女性一直都領取比男性少的薪資(Le and Miller, 2010; Scott et al., 2008)並且較可能經驗被歧視和性騷擾(Sharf, 2012)。

當執行社會工作於女性和男性時，這些由主流社會主宰造成的差異則必須被放入考慮。從對這些差異的了解，社工人員認識到根據女性和男性不同的特定需求，來調整處遇的方式。除此之外，女性主義方法和生態學觀點和增權方法是一致的，並且女性主義方法要求社工人員挑戰社會對女性的壓迫以及社會

建構的學術名詞，其區分女性和男性的方式是負面的。

因此，社工人員嘗試滿足個人以及環境的需求。女性主義社工人員致力於整合女性生涯上個人及政治的層面，改造社會的與結構的關聯，尊重多樣性，促進平等主義的關係，並且透過社會工作實務賦予女性權利(Orme, 2009a; 2009b; Valentich, 2011)。

女性主義理論

有許多理論可以指導社會工作實務，我們將更詳細討論其中兩種。

1. 性別基模理論(Gender Schema Theory)。此理論(Bern, 1981; 1983)檢視社會如何影響個人並以特定方式看待性別，基於性別類型所附加的，已建立的角色和常規。本理論提倡兒童被制約而必須遵從社會學習女性和男性的定義和角色，然後形成他們自我的未來發展，以及形成他們對於他人應如何控制自己的看法。有些人被理論固化，造成他們以更加性別取向的觀點看事情，這樣的情形經常基於社會加諸在某特定性別上的規則和常規(Sharf, 2012)。例如：我十歲的外甥因為在學校活動中摔倒傷了胳膊，我和我母親帶著他去急診室。我們在等醫生進來診療室，當我外甥說：「他什麼時候進來？」我母親問：「你為什麼覺得醫生是男的？」我外甥回答：「因為醫生是男生，而護士是女生。」

  性別基模理論意味著一個人對性別的觀點是被塑造的，且受主流社會影響，因此這就是為什麼許多人相信小女孩應該穿粉紅色並玩洋娃娃，而小男孩應該穿藍色並玩卡車，也因此許多人如以上的例子一樣，會直接推論醫生就是男性。這些推論和常規不僅僅塑造個人看待性別的觀點，亦可限制他們如何看待自己(Sharf, 2012)。

2. 關係文化模型(The relational-cultural model)。關係文化模型是由一群在美國的魏爾斯利學院Stone中心工作的女性精神治療師所發展出來的。此理論最初由Miller (1976)所提出，然後被其他共同檢視和探索女性發展的女性理論家們更精要地提出(Comstock, et al., 2008; Jordan, 2010)。理論家們

假定女性的成長和發展由女性在他們的生活中的連結和關係產生，這些由相互同理和相互增權所構成。一個女性的身分認同和自我價值觀基於她擁有的是何種類型的關係。一種促進成長的連結或是關係，又稱作**關係彈性**(relational resilience)，將會造成增權，明確的自我觀感，和對他人的觀感和彼此之間的相互關係，更好的自我價值感與想要多重積極關係的慾望(Jordan, 2010; Miller, 1988)。當關係的切斷發生時，如：關係侵害、傷害、污辱或缺乏同理心，女性應該可以關於關係的斷開表達她的感覺，又稱作**關係權限**(relational competence)，並感到透過相互同理心反應創造積極改變的效果，因此培植積極成長和發展(Jordan, 2010)。如果女性接收到一個沒同理心的反應或缺乏理解，那麼女性將會改變這關係的動力，並且併用切斷或生存的策略（也就是將自己的一部分置於關係之外）以維持關係(Miller, 1988)。這經常可見於女性在注意自己的情感和生理需求前，會先注意他人的。女性變得較不真實，失去她的自我價值感和認同感，還有她的積極成長和發展也停止了。

當關係的存在被視為女性成長和發展的力量，此理論提倡處遇，助長一個女性的能力以宣稱他們在關係中的需要，在此各方都支持相互增權和有同理心。因此，關係彈性和關係權限是當下的且被助長的(Comstock, et al., 2008; Jordan, 2010)。此理論重視個人的、人際關係的，以及社會政治階層的關係，並顧及種族歧視、性別歧視、異性戀主義及階級主義，當女性參與一段促成積極成長和發展的關係時，在女性能力上的影響。

女性主義研究方法

社會工作實務上有許多研究方法和取向。通常，當同時固守女性主義社會工作的目標時，女性主義社工人員會採用既有的研究方法，如：認知行為療法、增權、團體工作、焦點解決實務或**政治宣傳**(political advocacy)，以緩和或減少當下問題。女性主義社會工作應包括賦予女性權力去利用既有的個人、人際關係的和社會政治力量與資源的終極目標。可以透過和女性、伴侶、家庭、

社區和（或）社會的處遇以達到目標。社工人員和個案之間的合作關係是至關重要的，同時應該聚焦於打破權力差異和不平衡，以及促進積極、健康的關係(Jordan, 2010; Valentich, 2011)。Sharf (2012)基於Klein (1976)、Sturdivant (1980)與Enns (2004)的著作定義女性主義實務的目標，乃由下列因素組成：

1. 症狀消除(symptom removal)。在女性個案的實務上應涉及強調問題的症狀和問題雙方面。僅看表面的一種症狀，如憂鬱症，開立處方的藥物並不能說明造成憂鬱症之下潛藏的問題。實務必須重視症狀和原因雙方面。

2. 自尊心與身體形象與感性(Self-esteem and body image and sensuality)。在個案為女性的實務工作中，應該專注於創造一個從女性而來的正面的自尊心與身體形象，而並非來自他人的看法或感覺。關於性或是性事的決定應該由女性作主，而非基於來自他人的強迫。

3. 人際關係的品質(Quality of interpersonal relationships)。堅守關係文化理論，在個案為女性的實務工作中，應專注於創造更直接與確定的關係，促進相互的同理心和增權，以對抗促進依賴和控制的關係。

4. 對差異性的注意(Attention to diversity)。在個案為女性的實務工作中應考慮文化差異，這可能塑造女性對自己的看法，以及塑造她們為自己建立的目標。

5. 政治意識和社會行動(Political awareness and social action)。社工人員和女性應該提高他們對歧視和壓迫的意識，女性在社會上經歷這些歧視和壓迫，而社工人員和女性應合作進而改變這些社會標準。

如目標所述，女性主義社會工作實務尋求在一個性別受壓迫的環境下增權女性，以專注於女性自身的慾望和目標。這應導致女性接受自己，相對於讓他人來主宰她應是怎樣的，並且挑戰禁止女性發揮她的完全潛力之環境。女性主義社會工作爭取一個女性和男性擁有平等關係和權利的環境。為達到這些目標，Sharf (2012, pp. 500-7)提供了一些女性主義理論技巧，其可以囊括採用下列的一個或數個方法：

1. 性別角色分析(Gender-role analysis)。此技巧涉及社工人員和女性個案在辨別女性遭遇一個明確的性別角色訊息的情況（也就是，職業婦女因為沒有在家帶小孩所以是自私的）。社工人員和女性個案開始分析訊息、了解這如何影響女性的過程。社工人員和女性個案嘗試創造一個對她而言更合適、真實和正向的改變。基於性別角色的訊息，社工人員和女性個案可能要透過下列階段處理以引導分析：(a)辨別性別角色訊息的結果，特別是這個訊息如何影響女性（也就是，有小孩的女性對持有工作感到罪惡感。「我可能無法提供足夠的愛和關心給我的小孩，因為我在工作。」；(b)社工人員和女性個案決定他們要如何改變訊息以更能符合真實情況和女性的經驗（你有什麼證據顯示你沒有提供你的小孩足夠的愛和關心？妳有工作這件事能帶給你的小孩什麼好處？）；(c)社工人員和女性個案重新架構情況，使其對女性來說更正向和更能接受（「如果我不上班的話，我可能無法養活我的孩子。我之所以工作是同時考慮到我和我的小孩的需要。」）透過性別角色分析，女性能夠透過她自己的真實情況及經驗來解釋訊息，而不是那些他人強加於她身上的訊息。

2. 性別角色處遇(Gender-role intervention)。此技巧類似提高意識，在此社會工作提供關於性別角色訊息的資訊，這可以協助女性重新架構社會建構的性別角色刻板印象，使其變得更為正向。性別角色處遇的目標為減緩即存問題，並透過教育，及認知女性受到的社會壓迫，來促進增權。此程序(precess)註英文應會提供女性證據，雖然性別角色在社會中也許是明顯的，光是它僅僅存在，就可能壓迫或歧視女性。在我們上述的例子，社工人員可能提供女性職業婦女的統計數字，表示女性並非獨自一人面對她所遇到的情況。除此之外，社工人員和女性可以討論男性並不會因為工作或是追求職涯而被瞧不起，而女性卻可能會，以及社工人員和女性可以如何地挑戰已建立的常規。

3. 權力分析和處遇(Power analysis and intervention)。權力分析的階段類似性別角色分析，在此女性辨別權力差異的情況（也就是，經濟上的、生理上的、雇用方面的），然後討論權力和權力策略可帶來改變的方法(Sharf,

2012)。權力分析的目標是探索男性和女性的權力差異，它如何造成女性的當下問題，並且透過此程序辨認力求改變的區域。例如：如果一位女性在她的職場受歧視，她做一樣的工作卻得到比男性低的薪水，社工人員可以提供相關法規和判例法的資訊，說明她的雇主的非法歧視，並且一起找到方法以補救問題。

4. 自我肯定訓練(Assertiveness training)。此技巧涉及社工人員和女性個案討論和練習自我肯定技巧，通常透過角色扮演的使用。根據Sharf (2012, p. 505)，自我肯定「意指在沒有侵犯他人權利的情況下，為某人的權利奮鬥。自我肯定行為是清楚直接的（無反諷或幽默）宣言或要求。」這在女性對她們的生活失去控制和權力的情況，或受他人壓迫或歧視時，特別有幫助。儘管變得更能以自我肯定為最終目標，社會卻傾向將自我肯定視為「男性特徵」，而女性自我肯定可能比男性自我肯定被更負面地審視(Emma, 2004; Sharf, 2012)。

5. 重新架構和重新命名(Reframing and relabelling)。這是一個技巧，涉及重新措辭或重新命名，將一個帶有負面意思的字、詞彙或情況，變成一個更正面或可以接受的字、詞彙或情況。例如：一個女性說她擔心自己是個自私的母親，因為她有工作並遭受在家帶小孩的媽媽們的負面批評，如：「至少我能說，我總是陪著我的孩子。」社工人員可以重新架構這個情形，以告訴這個女性：「妳工作是為了提供你的小孩更好的生活，雖然有些女性可能會合理化他們待在家的原因，那並不代表她們能解釋妳不待在家的原因。」重新架構將過失從女性身上除去，並把它放在正確的位置，而通常這個位置是指社會(Sharf, 2012)。

上述的技巧可能併入女性主義社會工作實務，或社工人員可能調整其他理論和方法，以符合女性主義價值和目標。當將女性主義價值和目標合併入其他理論和方法時，社工人員應需先探索其歷史、術語的發展，以及語言的使用，以決定理論或方法是否是性別或文化上帶偏見。然後，社工人員需要確定，在消除任何性別或文化的偏見上，理論或方法仍對此情況與女性主義理論的

目標和最終目的是兼容的(Worell and Remer, 2003)。Sharf (2012)與Worell and Remer (2003)確認數個理論和方法，這些已被採用來合併女性主義價值和目標；這些包括女性主義精神分析理論、女性主義行為及認知治療、**女性主義完形療法**(feminist gestalt therapy)以及**女性主義敘事療法**(feminist narrative therapy)。

女性主義理論與男性

女性主義社會工作實務不僅僅是為了女性；也可應用於男性。男性也可能由於他們的性別角色的社會期望而經歷負面結果。例如：男性可能由於社會期望他們要有一定成就、表現或是男子氣概而感到壓力(Levant, 1996)，這些不斷地透過父權制度被加強。父權制度看似加強男性的權力，以及使男性需要控制他們的情緒，這可能會對需要處理感覺與情緒，或是無法得到權力和資源的男性有負面的影響。男性也可能由於種族(race)、民族(ethinicity)、社會階層、年齡或性取向，而受到歧視和壓迫。

哪一種女性主義理論的範圍可被應用於男性則取決於社工人員的**意識形態視角**(ideological perspective)。例如：激進派女性主義不會願意和男性共同工作，由於他們相信這將會榨乾女性的能量並強化她身為照顧者的角色(Dominelli, 2002)。然而其他的女性主義，如：自由派女性主義，會願意和男性以一種反性別歧視的方式共同工作，為了使男性探索關係和權力的不平衡，或使他們表達社會經常禁止他們探索的感受和情緒。以一種反性別歧視方式要求「一個不強加性別刻板印象於男性或女性的承諾，反而限制了他們能體驗情緒和工作機會的完整範圍」(Dominelli, 2002, p. 97)。因此，在社會工作中，如上所述的女性主義理論的目標和技巧也可以用於男性。例如：性別角色分析可以用在男性身上，當他經驗到外部壓力告訴他不要去追求一個被女人主控的職涯，他可以探索社會構築的性別角色和用一種對這個男性而言較正面且可接受的不同方式來觀察此情況。或者，問題解決技巧可被使用在男性身上，以教導和他人共同合作的新方式，包含使用更多的合作、傾聽和溝通技巧，代替競爭和主導(Sharf, 2012)。

> **練習6.1** 關於女性主義理論的想法
>
> 兩人一組或分成小團體討論下述事項：
> 1. 說明一種你會和女性個案併用女性主義技巧的情況。而男性個案又是如何呢？
> 2. 哪些是可能對女性造成壓迫或是歧視的性別角色刻板印象？那麼男性的情形呢？
> 3. 男性社工人員也可以操作女性主義社會工作嗎？請說明。

案例：女性主義理論在實務上的應用

Jessica是一位29歲的英國白人女性，她來到專為女性服務的社區心理衛生機構來見你，正因罹患**神經性厭食症**(anorexia)而掙扎。Jessica結束了她和Nick兩年的婚姻，並且為了開始一段新生活，搬到離他幾個小時車程遠的地方居住。自從她搬了家，Jessica的神經性厭食症嚴重加劇，並且認為在惡化到傷害自己之前，她已準備好描述她的問題。Jessica向妳坦白，當她嫁給Nick時她就開始有進食習慣上的問題，而且在他們的婚姻中，這個問題日漸嚴重。Jessica一直都擔心她是否能維持纖瘦，並經常注意她的卡路里攝取，而且一週至少運動五天。Nick總是告訴Jessica，他之所以娶她的理由之一是因為她纖瘦並有吸引力。Nick會告訴她：「我才不會讓妳任意發胖！」，並討論萬一她懷孕的話，他會如何保證她有運動，以不至於發胖太多。Nick以Jessica的外貌為榮，並開始買給她一些賣弄性感的衣服，他期待當他們二人共同出席公共場合時她能穿那些衣服。Jessica向你坦白，她覺得Nick好像在控制她的生活，而她的身份認同感正在消失。Jessica和Nick在兩年後Nick的外遇而離婚，這使得Jessica覺得好像因為她不夠好而配不上Nick。因此Jessica開始非常擔心她的體重，並認為這個問題必須改善。

你是個從女性主義觀點出發的社工人員。基於Jessica告知的資訊，你推論Jessica接收的社會和情感關係之訊息，告訴她，她不夠有魅力或有價值，除非她夠瘦（性別基模理論）。她和Nick的情感關係更加證實了這個基模，因Nick不斷地提醒她，必須保持纖瘦。在與Nick的情感關係中，Jessica必須

努力於取悅他，透過注意體重、運動和穿他買的衣服，但仍覺得失去**自我感覺** (sense of self)，並且更變成 Nick 想要她成為的樣子。Jessica 描述她在這段情感關係中，經常感到憂鬱、無力感和寂寞，並且她仍一直這麼覺得，即使她已經和 Nick 離婚了（人際文化模型）。Jessica 表示她連自己都不認識了，能控制自己的身材令她感到舒坦，因為她至少還能掌控她生命中的其中一個面向。

基於 Jessica 提供的資訊，結合女性主義理論觀點，你和 Jessica 決定，你將會從探究造成她厭食症的訊息和經驗著手，增加她的自我價值感和自信（症狀除去）。共同工作的終極目標乃是消除 Jessica 的厭食症，並且使她感到有價值、增權並能成為自己生命的主人（自信和身體形象）。Jessica 想要探究如何擁有未來的情感關係，能讓她不會失去自我，並能感到事情在掌控之內（人際關係的品質）。

為了達成這些目標，你和 Jessica 使用數個女性主義觀點的技巧。你從性別角色分析開始，在此你要求 Jessica 辨認性別角色訊息：「我必須保持纖瘦才能有魅力」造成的結果，並且這個訊息如何影響她。Jessica 討論她如何總是看著雜誌並且憧憬明星們看起來有多瘦，以及她如何希望看起來像他們一樣。在遇見 Nick 後，想要變瘦的慾望更強烈了，尤其是因為他喜歡瘦女人而且他希望她維持纖瘦。Jessica 說明她所接收的所有訊息，無論是從媒體或是 Nick，對她造成很大的傷害。你和 Jessica 於是決定你要如何改變這訊息，以更符合她的經驗和現實感。你以另外一個技巧結合這個步驟，也就是性別角色處遇，在此你提供 Jessica 有關健康體重、健康女性資訊、厭食症的負面影響，以及媒體如何修改照片以創造一個完美無瑕的形象。Jessica 開始承認她對於瘦的概念是不健康的，以及美麗並不基於那個人的體重。Jessica 探究她生命中認為是美麗的女性人格特徵與身體特徵，並且開始去挑戰傷害她的性別角色訊息。Jessica 聲明美麗其實乃是身理上和心理上的健康，做為性別角色分析的結論。

你和 Jessica 也參與自我肯定訓練，在此訓練中你讓 Jessica 討論她在和 Nick 的情感關係中失去自我的經驗。Jessica 探究在她和 Nick 的情感關係中她是如何負面，並且嘗試取悅他，而代價是忽視了她自己的需求和需要。Jessica 希望未來能有一段感情關係，但是她希望她和她的伴侶都可以感到舒服和快

樂。你和Jessica練習她能如何向伴侶表達想法和慾望，尤其是在困難的情況下，並討論當她自我肯定時會是什麼感覺。透過共同合作，Jessica能夠探究造成她此時厭食症的，潛藏在問題之下的訊息。藉由探究和挑戰這些訊息，Jessica能夠從她過去的經驗中學習，並且重新框架這些訊息，把它們變成更正面以及對她來說能夠接受的。Jessica能夠練習如何處理可能造成眼前問題的未來情況，而當共同合作結束時，她能表達感到生理和心理雙方面都健康。

優勢與限制

在併用此理論於實務之前，在女性主義社會工作中有一些值得探究的優勢和限制。此理論的數個優勢和其方法如下：

- 此理論和實務在本質上是反壓迫的。女性主義社會工作實務承諾促進社會改變，在此女性和男性被賦予平等的管道以獲得機會和資源。此方法挑戰壓迫女性的性別角色刻板印象，並聚焦於個人與政治的面向以消除不平等(Valentich, 2011)。此外，女性並不被認為是一個同質團體，而是重視其多元交織性，其中除了性別歧視之外，必須考慮到女性的多樣性，如：種族歧視、性取向、年齡歧視和社會階級主義。
- 女性主義社會工作可被用於和其他理論與方法結合，如：精神分析理論、認知行為療法、**完形療法**(gestalt therapy)、敘事療法、焦點解決實務、增權以及倡議、危機干預和個人中心療法。社工人員必須先探究此理論以除去任何可能阻礙女性主義實務目標的性別偏見。
- 女性主義社會工作乃是基於增權。社工人員尋求和女性共同合作，挑戰情感關係和社會中的不平等與壓迫。目標是增權女性，使其利用個人的、人際的與社會的可獲得之力量和資源，並且消除禁止利用這些方法的界線。

女性主義社會工作的限制如下：

- 許多女性主義方法可能彼此衝突，而因此失去對於真正價值的看法與女性主義社會工作的目標。由於各種女性主義方法具有差異性和潛在的理論定

位，一些實務工作者可能彼此互相唱反調。例如：激進派女性主義者可能批評自由派女性主義者讓男性也參與女性主義方法；自由派女性主義者可能批評激進派女性主義者只願意對女性個案**自我揭露**(self-disclosing)。社工人員應認清方法是多樣化的，並因此應該對他們特定的理論框架和方法，提供一個清楚的解釋(Bricker-Jenkins and Netting, 2009)。

▲ 女性主義社會工作在**管理照護服務**(managed care service)以及州立經營社會服務機構中很難實行，由於在這些機構中社工人員必須面對組織規則、男性的語言和資金縮減(Valentich, 2011)。當女性主義尋求挑戰男女的不平等和權力不均時，此方法經常要求在個人、人際和社會政治層次上的處遇處理。此方法可能很難在所有的機構和組織完全實行，在此工作的重點僅僅為個人，而且沒有支援、只有有限的資源能用來提倡和處遇較大的社會系統。

倫理與文化的考量

女性主義社會工作實務主要來自西方和已開發國家，如：澳洲、加拿大、美國和英國，也因此與這些國家的社會規範和觀點較相容。這並不代表女性主義理論學家和實務工作者不知道其他文化中的女性受壓迫情形，而是理論和方法可能需要改成符合這些文化和社會的樣子(Valentich, 2011)。由於文化的差異，現代的女性主義理論學家和實務工作者在考慮文化差異性上相當謹慎，並且不願意將一些議題，如：種族、階級、年齡和性取向一概而論(Sharf, 2012)。例如：韋爾斯利學院的Stone中心的著作，考量如何從不同的文化和階級處理女性議題(Jordan, 2010)，並強調合併考慮性別歧視和這些議題，而非分開考量。當與經驗其他形式壓迫的女性個案共同工作時，社工人員可能希望考慮對個案採用團體工作的方式，以接受其他擁有類似經驗的女性的支持和幫助。此外，女性主義社會工作實務也展示了能使用於男性、孩童與家庭，因此實務並非僅限於用在女性身上(Orme, 2009a)。

很重要的女性主義實務的道德指導方針之一是社工人員權力的使用。當

女性主義實務尋求挑戰和減少社會上權力的不平等時，社工人員本質上應該和個案維持一種合作且人人平等的關係(Jordan, 2010; Sharf, 2012; Valentich, 2011)。這裡應該沒有權力議題，並且不應視社工人員為專家，反而應該視個案為他們自身情況和經驗的專家。此外，道德議題包括社工人員自我揭露的使用，應該被限制，並且只在依照機構指導方針和原則下，以及社會工作專業所建立的價值觀上使用。

女性主義理論與實務和反壓迫實務

女性主義社會工作實務在本質上是反壓迫的。女性主義理論挑戰既有的刻板印象和性別角色，這些乃是由社會的統治成員所建立的，他們被視為壓迫女性，並且限制女性獲得資源和男女平等機會。女性並不被視為一個同質團體，而是考慮到女性的多樣性，根據民族、社會階級、性取向、文化和年齡（例如：交叉性）。女性主義理論挑戰既有社會學的、心理學的，以及社會工作理論，這些都是由男性創建，並且主要是為了男性，而卻被標註為性別中立的。女性主義觀點尋求從一種反壓迫的方法提供社會工作實務，增權女性使其能接觸和接收資源和機會，而這些資源和機會本來是被限制或是被阻斷的。增權是女性主義社會工作的一個明顯象徵，並涉及社工人員合作地處遇個案，在個人、人際與社會政治層面上，挑戰壓迫和提供平等的機會。

女性主義理論的研究

女性主義理論的有效性很難建立，因為女性主義實務的原則、價值觀和技巧經常併用其他方法論，如：認知行為療法、焦點解決實務、增權、團體工作或倡導工作。女性主義方法中的，**關係文化療法**(rational-cultural therapy)－基於關係文化模型－已被發現對參與社區設立的心理衛生中心的女性(Oakley et al., 2013)，以及少年入獄的青少女(Lens et al., 2012)是有效的，無論是短期或是長期療程，根據關係權力和與他人的約定，以及當與有飲食失調的單獨個案工作時(Trepal et al., 2012)以及當和經歷創傷的孩童工作時(Vicario et al.,

2013)，有效性則是具有爭議的。其他研究則嘗試測量整合進療程的女性主義原則和價值觀的程度，例如：McGeorge et al. (2013)尋求將女性主義伴侶治療量表(Feminist Couple Therapy Scale, FaCTS)，此量表測量當治療師與異性戀伴侶共同工作時，併用女性主義原則和價值觀的程度。作者們發現治療師在他們與伴侶個案們工作的實務上，當談到父權制度和男女權力差異時，潛在既存的基本信念。

Gorey et al. (2003)的一個對於女性主義實務的有效性的綜合評論，提供了證據證明女性主義方法在改變較大的系統上，比其他實務的模型更為有效，並且特別是，激進派女性主義方法比自由派女性主義方法更為有效。此評論將35個女性主義處遇的研究，與44個其他社會工作處遇的研究做比較。在35個女性主義處遇中，有22個是自由派方法並傾向於以個人為目標，而13個是激進派並傾向於以較大的系統為目標。處遇的主流(83%)由團體工作構成。這發現揭露了大約每20位女性中有17位，參與女性主義社會工作實務者比接受其他方法的一般女性有較好的效果，並且接受激進派女性主義方法的這些女性，比接受自由派女性主義方法的人有更好效果。這發現也指出基於女性主義理論和女性的特定需求的處遇，比起非女性主義方法更為有效，並且針對較大系統的處遇，比針對個人的處遇創造更佳的改變。

摘要

女性主義社會工作實務是一種社會工作的方法，聚焦於男女權力的不平衡和不平等。

此方法受社會生態學的觀點影響，而檢視介於一個人和她（他）的環境之間的相互依存與相互連結。此方法認為女性和男性之間的不同乃是關於情感關係、權力、性別角色、發展與經驗，並尋求挑戰社會給予女性的壓迫和不平等。此方法的終極目標為增權女性和使女性平等，藉由對於個人的、人際的、以及社會政治系統的處遇來達成。雖然此方法最初是為了女性社會工作而發展出來，亦可使用於男性和兒童。

> **個案研究**
>
> Ayesha是一位28歲的巴基斯坦裔英國女性，在她帶著她的兩個孩子（年齡為六歲和兩歲）逃離了她的丈夫Umar後，她被稱作女性難民。Ayesha說Umar昨晚揍了她又踹了她，因此她抱著兩歲的女兒摔下樓梯。她們兩個身體上看起來沒有受傷。Umar於是憤而離家，然後Ayesha替兩個小孩打包了一袋衣物，並逃到她表兄弟姊妹家。她告訴你她的表兄弟姊妹已經要求她趕快離開，因為他們害怕Umar會發現她，而且藏匿Ayesha和她的孩子，將會讓整個家族臉上蒙羞。你安排Ayesha和她的兩個小孩搭乘計程車，並帶她們去女性收容所。一到了那裡，Ayesha開始提問自己是否做了正確的事。她提到她如何害怕這會令她自己和Umar的家庭顏面掃地，因為她們對於結婚和同居具有相當強固的文化信念。Ayesha表示也許她反應過度了，或許來到收容所會造成更多傷害而非好處。她說她想要離開Umar，才能保護她和她的小孩，但是她不知道她如何能在經濟方面求生存，或她的家人會做何反應。描述你如何在和Ayesha的研究方法工作上，使用女性主義與實務。

延伸閱讀與網路資源

Affilia, The Journal of Social Work with Women.
　A peer-reviewed journal that publishes articles on social work practice and issues involving women.

Enns, C.Z. (2004) *Feminist Theories and Feminist Psychotherapies: Origins, Themes, and Diversity*, 2nd edn. New York: Haworth.
　Provides a historical overview of feminist practice, explores feminist theories, and illustrates the application of theories to practice.

Feminist.com：
　http://www.feminist.com – a website that provides resources on women's issues, such as legislation, activism, anti-violence, books, articles and speeches.

Feminist Majority Foundation：
　http://www.feminist.org – a website that provides resources on women's issues and global feminism.

Hyde, J.S. and Else-Quest, N. (2013) *Half the Human Experience: The Psychology of Women*, 8th edn. Belmont, CA: Wadsworth.
　Provides an overview of the psychology of women and addresses feminist theories and topics around gender. Includes a chapter on the psychology of men and male roles.

White, V. (2006) *The State of Feminist Social Work*. London: Routledge.
　Explores how to incorporate feminist theory into various systems, such as statutory social work, education, relationships and management.

參考文獻

Bern, S.L. (1981) Gender schema theory: a cognitive account of sex typing, *Psychological Review*, 88(4): 354–64.

Bern, S.L. (1983) Gender schema theory and its implications for child development: raising gender-aschematic children in a gender- schematic society, *Signs*, 8(4): 598–616.

Bricker- Jenkins, M. and Hooyman, N.R. (eds) (1986) *Not for Women Only: Social Work Practice for a Feminist Future*. Silver Spring, MD: National Association of Social Workers.

Bricker- Jenkins, M. and Netting, F.E. (2009) Feminist issues and practices in social work, in A. Roberts (ed.), *Social Workers' Desk Reference*, 2nd edn. New York: Oxford University Press.

Comstock, D.L., Hammer, T.R., Strentzsch, J., Cannon, K., Parson, J. and Salazar, G. (2008) Relational-cultural theory: a framework for bridging relational, multicultural, and social justice competencies, *Journal of Counseling & Development*, 86(3): 279–87.

Dominelli, L. (2002) *Feminist Social Work Theory and Practice*. Basingstoke: Palgrave Macmillan.

Enns, C.Z. (2004) *Feminist Theories and Feminist Psychotherapies: Origins, Themes, and Diversity*, 2nd edn. New York: Haworth.

Gitterman, A. and Germain, C.B. (2008) *The Life Model of Social Work Practice: Advances in Theory and Practice*, 3rd edn. New York: Columbia University Press.

Gorey, K.M., Daly, C., Richter, N.L., Gleason, D.R. and McCallum, M.A. (2003) The effectiveness of feminist social work methods, *Journal of Social Service Research*, 29(1): 37–55.

Hyde, J.S. and Else- Quest, N. (2013) *Half the Human Experience: The Psychology of Women*, 8th edn. Belmont, CA: Wadsworth.

Jordan, J.V. (2010) *Relational-Cultural Therapy*. Washington, DC: American Psychological Association.

Klein, M.H. (1976) Feminist concepts of therapy outcome, *Psychotherapy: Theory, Research, and Practice*, 13: 89–95.

Le, A.T. and Miller, P.W. (2010) Glass ceiling and double disadvantage effects: women in the US labour market, *Applied Economics*, 42(5): 603–13.

Lenz, A.S., Speciale, M. and Aguilar, J.V. (2012) Relational-cultural therapy intervention with incarcerated adolescents: a single- case effectiveness design, *Counselling Outcome Research and Evaluation*, 3(1): 17–29.

Levant, R.F. (1996) The new psychology of men, *Professional Psychology: Research and Practice*, 27(3): 259–65.

McGeorge, C.R., Carlson, T.S. and Toomey, R.B. (2013) Establishing the validity of the feminist couple therapy scale: measuring therapists' use of feminist practices with heterosexual couples, *Journal of Couple & Relationship Therapy*, 12(1): 3–21.

Miller, J.B. (1976) *Toward a New Psychology of Women*. Boston, MA: Beacon Press.

Miller, J.B. (1988) Connections, disconnections, and violations, *Work in Progress*, no. 33. Wellesley, MA: Stone Center Working Paper Series.

Oakley, M.A., Addison, S.C., Piran, N., Johnston, G.J., Damianakis, M., Curry, J., Dunbar, C., and Welgeldt, A. (2013) Outcome study of brief relational- cultural therapy in a women's mental health center, *Psychotherapy Research*, 23(2): 137–51.

Orme, J. (2009a) Feminist social work, in M. Gray and S. Webb (eds), *Social Work Theories and Methods*, 2nd edn. London: Sage.

Orme, J. (2009b) Feminist social work, in R. Adams, L. Dominelli and M. Payne (eds), *Critical Practice in Social Work*, 2nd edn. Basingstoke: Palgrave Macmillan.

Scott, J.L., Dex, S. and Joshi, H. (2008) *Women in Employment: Changing Lives and New Challenges*. Cheltenham: Edward Elgar Publishing.

Sharf, R.S. (2012) *Theories of Psychotherapy and Counseling: Concepts and Cases*, 5th edn. Belmont, CA: Brooks Cole.

Sturdivant, S. (1980) *Therapy with Women*. New York: Springer.

Trepal, H.C., Boie, I., Kress, V.E. (2012) A relational- cultural approach to working with clients with eating disorders, *Journal of Counselling & Development*, 90(3): 346–56.

Valentich, M. (2011) Feminist theory and social work practice, in F.J. Turner (ed.), *Social Work Treatment: Interlocking Theoretical Approaches*, 5th edn. New York: Free Press.

Vicario, M., Tucker, C., Smith, S.A. and Hudgins- Mitchell, C. (2013) Relational-cultural play therapy: re- establishing healthy connections with children exposed to trauma in relationships, *International Journal of Play Therapy*, 22(2): 103–17.

Worell, J. and Remer, P. (2003) *Feminist Perspectives in Therapy: Empowering Diverse Women*, 2nd edn. Hoboken, NJ: Wiley & Sons.

第七章
個人中心取向

前言

　　Carl Rogers在治療場域裡從他與個案的直接臨床工作中，發展出了**個人中心取向**(person-centred approach)或稱**個人中心療法**(person-centred therapy)，以及性格的個人中心理論。此取向與人格理論涉及**人本主義心理學派**(humanistic school of psychology)。如同其他的人本主義理論，個人中心理論抱持其核心基本信念為：人類發展的本質是成長取向的 (DeCarvalho, 1990)。個人中心理論主張，人類期望成長並探索他們的**真我**(true self)。環境力量，以及對應此力量所產生的心理學反應，經常打斷人們去探尋他們的真我，而可能阻止他們的心理成長。儘管有這樣的打斷，人仍然能夠成長與發展，並能夠經歷性格的改變 (Ziegler, 2002)。

　　個人中心取向的目標為幫助個案探索他們的真我，一種自我被潛藏在個案的意識之下(Sharf, 2012)。個案的目標包括：(1)擁有探索深植於每人內心的自由的能力，其可被用來選擇如何生活；(2)體認人都須對她（他）的人生負責；(3) 領悟人是有能力做出重要決擇的(Rogers, 1961)。本章我們探討Rogers的**人格理論**(theory of personality)、個人中心取向，以及為了促進改變與幫助人類成長和發展，所須的充分及必要的條件。

個人中心取向的起源

個人中心取向可追溯自**人本主義心理學**(humanistic psychology)，而人本主義心理學可追溯自十六世紀及文藝復興時代的較古老的哲學傳統(Crain, 2011)。在那個時代，人類被視為擁有原罪，並且必須順從神的旨意。**人本主義**(Humanism)最早出現為一種批評，反對當時由教會主宰的價值觀，也就是認為人類是擁有原罪的。個人主義的強烈意識，瀰漫於文藝復興時代的人本主義哲學家的著作中。人類本身開始被視為良善而有價值的，並且被認為是為了自己而存在，而並非為了神而存在。

如同文藝復興時期的人本主義思想家，人本主義心理學為反應當時的兩個主流心理學思想學派而生。此兩個心理學派分別為**心理動力理論**(psychodynamic theory)與**行為主義**(behaviourism)，其皆以人性的宿命性與有限性為特徵(Crain, 2011; DeCarvalho, 1990)。對於早期的人類學者而言，古典精神分析理論太狹隘地聚焦於無意識與性的動機在決定行為上所扮演的角色，這導致對人類情況悲觀且宿命的看法。行為學家亦很相似的，被批評對於人類的行為和動機擁有太狹隘的看法，由於早期人類學者並不贊同行為是僅僅來自一些刺激-反應關係(stimulus-response relationship)的原因。因此，人本主義和人類學家相信理論的建立與實踐，應始於人類並聚焦於人類本身。人本主義認為，「人類取代他們各部分的總合（一個整體的觀點，包括『身』、『心』、『靈』），他們有意識地活著，擁有自由意志來做決定，並朝著目標生活」(Schmid, 2007, p. 31)。

Carl Rogers的個人中心取向，或稱個人中心療法，為心理學的人本主義運動的一部分。他自哥倫比亞大學師範學院(Teachers College, Columbia University)畢業後的第一份工作，是在社會兒童研究部(Child Study Department of Society)擔任心理師，負責預防兒童虐待(Rogers, 1961)。他協助兒童和家庭的工作偶然地將他導引至他的個人中心療法的觀點。當Rogers (1961)描述這一連串的影響促成他對療法的觀點，有一個案的故事是特別令人印象深刻的。Rogers當時正在協助一個女性個案，她的孩子被描述為「搗蛋

鬼」，而 Rogers 與個案都發現療法並不管用。這位女性詢問 Rogers 是否也有在從事個人治療，然後 Rogers 答應協助這位女性。當她來到治療時，Rogers 讓她訴說她生活上的挫折、她的家庭與她的丈夫。Rogers 如下文說明，正是由於他讓她訴說自己的故事，治療才得以成功：

> 這個事件是其中一個幫助我體驗到事實——只能在事後才能完全了解——個案才是那個了解創傷在何處，治療應該走的方向，什麼問題才是關鍵，什麼經驗被深深埋藏於心中的那個人。這開始使我發現，除非我需要炫耀我的聰明才智，否則就讓個案決定治療程序的進行方向，我便可以做得更好。(Rogers, 1995, pp. 11-12)。

根據 Sharf (2012)，就是在這段期間 Rogers 發展出他的**非指導取向治療法**(non-directive approach to therapy)。隨著時間的推移，在許多不同的地方，如：俄亥俄州州立大學、芝加哥大學與威斯康辛大學，Rogers 和他的同事發展並精煉出一種在實務工作上以個人為中心的治療。Rogers 在將諮商從精神科醫師和精神分析學家的獨門工作，改變成其他所有專業的助人工作者都可接觸和使用的。而社會工作也包含於其中(Kirschenbaum and Henderson, 1984)。

個人中心取向釋義

個人中心的自我觀點：Rogers 的人格理論

Carl Rogers (1959) 的人格理論是由他與個案的直接臨床治療中發展出來的。此理論的發展乃是透過**人格機制**(personality mechanisms)和個案經驗的一種事後考慮，這使他的個案尋求治療。此理論深受 Rogers 自身經驗的影響，由於他身為治療師和治療程序的研究者。他的人格理論的中心思想為自我的概念，通常我們稱作**自我概念**(self-concept)。Rogers (1959, p. 200) 定義自我為，「有組織的、一致的、概念的經驗整體，由下列的三部分組成：對於我(I)或我(me)的特徵的感知，對於我(I)或我(me)和他人與生活中的許多面向的關係

的感知，以及對於這些感知所添附的價值觀。」自我是一個平台，從一個人感受並象徵她或他的世界，以及在這個世界裡的定位。每個經驗與感覺都被自我篩選濾過，以決定它在自覺意識中的定位。

根據Rogers (1959)，除了區分自我和他人以外，我們也需要**積極關懷**(positive regard)，透過影響他人的生活，我們經歷並感覺到這樣的積極關懷。積極關懷經常和一個人從他人那邊所接收，直接或間接地感知到的讚美或肯定有關。我們對積極關懷的需要象徵了全人類的共同掙扎，而為了滿足這個需要，人們向外尋求他人的積極肯定，而這個他人必須存在他的意識範疇內。

他人的積極關懷經常是有條件的，只有當這些行為是另一個人的價值觀讚美與鼓勵時才成立(Rogers, 1959)。在許多情況下，人們對於他們給予他人的積極關懷是有設限制條件的。例如：家長經常讚美他們孩子的行為，當他們認為這個行為是好的並有價值的，然而，當那些行為是被認為不適當或是令人失望的，家長則不會提供孩子積極的關懷（也就是肯定與讚美）。因此，為了從他人那裡獲得最大量的積極關懷，人們傾向去做符合他人價值觀的行為。

我們也可以說，對於積極關懷的需求以一種具動機的系統來表現。人們從事可從他人獲得積極關懷的活動，並且避免那些無法獲得積極關懷的行為。對於從他人身上獲得積極關懷的需求，可能潛在地凌駕於個人，因此他們開始做取悅他人的行為，而非取悅自己。這經常可在受虐關係或是控制關係中觀察到，在這樣的關係中，人們努力表現以滿足或取悅施虐者／控制者，而非表現得對自己有益。這樣的過程可能導致個人的**積極自我關懷**(positive self-regard)的品質降低。

積極關懷從他人獲得，並與個人的自我關懷(self-regard)相輔相成(Rogers, 1959)。自我關懷為個人從他人那裡獲得的積極關懷的**內化**(internalization)，無論是有條件的或是無條件的。自我關懷可被視為一個人的自我價值感或自我尊重，並且被他人對此人的感知與反應的方式所影響。當一個特定的經驗在意識中變成值得他人關懷的象徵，這個經驗則會被人們內化，變得值得自己的關懷。因此，積極的自我關懷經常直接與他人給予的積極關懷相關。

自我關懷成為另一個對個人而言的動機系統。被認為值得自我關懷的經驗，被當作評判所有經驗的準則。因此，個人變得更願意選擇符合並肯定他們的自我關懷感的經驗。在此過程中，個人會設立**價值條件**(conditions of worth)，並將此當作個人決定什麼該做、什麼不該做的工具。例如：如果某位女性被說她不擅長公眾演講，她可能會在她必須公開演講的場合上怯場，並且她會避免需要公眾演講的場合。反之，如果一位女性她經常被誇獎她的演講是清晰、並具教育價值的，那麼她可能會積極尋求她可以公眾演講的場合。

介於自我與經驗之間的不一致

當個人發展出價值條件，他們對任何經驗所擁有的感知，將會被此價值條件所篩選(Rogers, 1959)。與個人的價值條件一致的經驗會在意識中準確地被感受（也就是，準確地被了解），而與個人的價值條件不一致(incongruence)的經驗，則會被扭曲或忽略。若我們思考上文的例子，當這位女性在一個公眾場合發表時，她會立刻相信她演講得很糟糕。若有個人讚美她的演講，她則會忽略這個評論，而相信這個人「只是客套話而已」。如這個例子所述，不一致產生於人的自我和她（他）的經驗之間。與價值條件一致的行為，被認為來自自我，而與價值條件不一致的行為，則不被認為源自自我。讓我們來思考另外一個案例：Tina 總是活在她姊姊 Hilary 的陰影之下，Hilary 是家族之光。Hilary 是優秀的學生、歌手與運動員。Tina 的父母總是吹噓 Hilary 的事蹟，並會一直說出像是「Hilary 是我們聰明的孩子。」、「我們以 Hilary 為榮！」，以及「你好好學學 Hilary 吧！」的話（缺乏積極關懷）。因此，Tina 總是相信她不值得讚美，因她永遠也無法達到她姊姊的能力或是成就（自我關懷），也因此從未參與課後活動或體育活動，由於她不相信她足夠好（價值條件）。Tina 總是將她的任何成就歸因於運氣或是命運使然（扭曲價值條件）。在 Tina 大學畢業後，她應徵了倫敦一個成功的行銷公司的工作，並獲得一個有聲望的職位。Tina 立刻認為一定是只有她一個人應徵了這個職位，由於她絕不可能因為她的優點而被選上。在這個案例中，Tina 的行為與行動（應徵並得到職位）和她的

價值條件並不一致,因此,之所以她能得到這個職位一定是基於其他因素(她推論是因為沒有別人來應徵),而不是由於她自身的優點。

擁有大量價值條件的人經常擁有一種僵化的自我感,因而經常無法接納不符合他們自我感的新經驗(Rogers, 1959)。Rogers經常用「意向性」這個術語,來描述這種人的行為與感知。

當個人的行動具**意向性**(intentionality)時,他們「以絕對且無條件的措辭來看待經驗,他們過度概括而論,被概念或信念掌控,而無法將他的反應固化在(anchor)一個空間和時間,混淆事實和評價,依賴抽象的概念,而非**真實的考驗**(reality-testing)」(Rogers, 1959, p. 204)。我們可以說,這樣的人對於新的經驗是抱持著封閉,而非開放的態度。

人們往往會將與自己原先的自我認知或與自己的經驗不一致的事物,在潛意識下被自我(the self)視為一種威脅。例如:當事人其實並沒有正確地認知到該事物的真正不一致之處。因此,人發展出防禦性。以結果而言,人經常發展出防禦性,如:幻想或投射,或培養出偏執類型的想法或恐懼症,以避免經驗被正確地感知(Rogers, 1959)。這些經驗的正確感知,將會在個人的部分造成更大程度的焦慮、雜亂無章的行為與功能失調,或者可能造成自我概念的改變。

個人的自我概念與他們的經驗之間大量的不一致,加上個人對此不一致的突然覺悟,會擊潰他們的防禦性,而引起一個完全的崩潰。基本上,人會辨識出這個不一致,乃是由於他們的防禦性,不再能夠去防禦不一致的意識。而完全崩潰的特徵是,「介於自我概念(包括扭曲的感知)與經驗之間的緊張,這些沒有正確地被表達,或正確地包含在自我概念中。」(Rogers, 1959, p. 229)因此,個人無法辨別如何感知某個特定經驗。這樣經常造成的結果是機能失調或不理性的行為,而個人無法控制它。(Rogers, 1959)。而個人在經歷這個突破點之後,若能重建他們的防禦性,他們通常會覺得,好像他們無法控制他們的生活,而且他們的自我感因此改變,以解釋這種不足的感覺(feeling of inadequacy)。

處遇服務的目標：治療將造就怎樣的人？

Rogers (1959; 1961; 1969)清晰描繪了一個理想藍圖，關於治療將造就怎樣的人，或任何在此蛻變過程的人。重要的是我們必須知道下述所說的只是一個理想，而不是真正在此過程的人的情況；大多數的人都無法符合這些理想條件，而僅能接近它們而已。這個治療將造就出的理想人物，描述了人類應成長的方向，以及他擁有與眾不同且獨一無二的自我感。我們以Rogers (1961, pp. 115-23)定義的下述四個部分來說明。

1. 個人對經驗保持開放的態度。這樣的人能夠在任何時刻都體驗人生，而不去曲解人生，或者強迫人生須符合他們的預設結構——也就是與他們扭曲的自我概念一致的結構。這個人的行動具**外延性**(extensionality)，而非意向性。

2. 個人能夠獲得她（他）的有機體(organism)的信任。因為這樣的人對經驗保持開放的態度，她（他）能夠視自我為一個值得信賴的決定者。在此蛻變過程中的人，能夠權衡她（他）的自我感知與經驗，而對於怎樣才能活出美滿的人生做出正確決定。更甚者，事實上，這樣的人感到自己能做出符合他們需要與慾求的決定。

3. 個人發展出源自內在的評價。個人經常發展出一個根植於他人的期望與想法的自我概念。然而，在此蛻變過程的人認識到他們自身的自我感知及經驗的評價的重要性。這樣的評價使一個人能夠做出正確的決定及判斷，關於如何以一種與真正的他（她）的認知一致的方式繼續生活。基本上，這個人以她（他）的有機體評價歷程當作做抉擇的標準，而非以她（他）的價值條件。

4. 一個正在進行蛻變過程的人，會認知到人生與自我探索其實是一連串的過程而非終點。而致力於探索他們的真我的人，會發現他們是「如潺潺溪流般的改變，而非一個不變且靜止的實體；溪流般的改變，而非一塊固體的物質；持續改變的具潛力的星群，而非固定數量的特質」(Rogers, 1961, p. 122)。

必要且充分的條件

Rogers (1957; 1959) 主張在治療程序中有六個**必要且充分的條件**(necessary and sufficient conditions)。當表現出這六個條件時，先不論任何其他的治療技巧、環境或個案特質，都將促進個案的人格與行為改變。此六項必要且充分的條件如下：(1) 個案和治療師之間有連結。(2) 個案正在不一致的狀態。(3) 在此治療關係中治療師是一致的。(4) 治療師對個案表達並感到**無條件的積極關懷**(unconditional positive regard)。(5) 治療師對個案與她（他）的經驗感知，感到**同理理解**(empathetic understanding)。以及 (6) 個案感覺到，至少最低限度的，**同理條件**(the conditions of empathy) 與無條件的積極關懷。Rogers (1957; 1959) 描述每個條件如下。雖然 Rogers 使用了 "therapist" 這個詞彙，但我們知道這個詞彙可以以心理學家、諮商師、與社工人員來互換代替，因此，我們在本章中會使用「**治療師**(therapist)」或「**實務工作者**(practitioner)」這兩個詞彙。

1. 治療師與個案必須在個人或心理狀態上要有接觸。為了保持在此連結內，治療師與個案雙方都必須意識到治療關係，並意識到此連結，「每人都必須在對方的經驗範疇內做出不同感知」(Rogers, 1957, p. 96)。若治療要有效，就必須感知到此連結。

2. 個案必須在一個感到不一致的狀態。個案必須在一個感到不一致的狀態，直接感到或潛意識感到她（他）的自我感與她（他）的經驗之間的不一致。基本上，此時個案必須在一個焦慮或其他心理或情緒困擾的狀態。Rogers 假定個案需至少在最小限度下意識到不一致，而非沒意識到不一致，這樣的個案會更願意參與到治療程序中。當個案變得更意識到這樣的不一致，他們變得更願意參與治療程序。

3. 在此治療關係中治療師必須是一致的。一致發生在當治療師「自由且深深地做自己，以他的自我意識正確地呈現他的真實經驗」(Rogers, 1957, p. 97)。「一致」經常可與「真誠」一詞互換。治療師經常敏銳地意識到，

在治療關係中與個案相處的經驗，以及他們關於或對於個案的感覺。治療師在心裡的所思所感，必須與他表現出來的東西一致。所謂的在治療關係中保持一致，並非指治療師須告訴個案她（他）的感覺。只有在治療師對個案的感覺或治療情況可能減損治療關係時，治療師必須與個案溝通討論這些感覺。這裡有個重要的註解：Rogers (1957) 提出，治療師只需要在治療師-個案的關係中保持一致；而在治療場域之外，她（他）並不需要保持一致。

4. 治療師必須對個案感到並表達無條件的積極關懷。如前所述，感到這樣無條件的積極關懷的人，不會產生價值條件，並傾向需要更好的心理調適。治療師的工作就是無條件的接受個案真實的自己，以及他們所正在經歷的。治療師必須接受個案的正面及負面的感覺。Rogers (1957, p. 98) 如此描寫這個情況：「這是指你必須關懷個案，但並非以一種佔有慾的方式，或以一種只滿足治療師自己單方面的需要的方式。這是指將個案當作一個獨立的個人來關懷，他被允許擁有他自己的感覺、他自己的經驗」（最初的強調）。

5. 治療師必須對個案感到正確的同理理解。治療師必須察覺個案的自我感及她（他）的經驗的感知，由於此感知與自我概念息息相關。治療師必須進入個案的世界，但又不失去她（他）自身世界的觀點。藉由同理理解個案，治療師得以與個案的經驗和自我感等等各個面向溝通，這些經驗和自我感包括個案有意識到的，以及沒有意識到的部分。

6. 個案必須感覺到，至少最低限度的同理條件，與無條件的積極關懷。治療師不僅僅需要對個案有同理心並提供個案無條件的積極治療，並且個案也必須以一種有意識的正確認識的方式，來感受這些條件。基本上，個案必須感到被治療師接受且理解。若沒有個案這部分，對正確同理心和無條件的積極關懷的感知，個案將不會參與此治療關係。表7.1總結了此六項必要且充分的條件。

▶ 表 7.1　六項必要且充分的條件

- 治療師與個案之間有連結。
- 個案感到不一致的狀態。
- 治療師是一致的／真誠的。
- 治療師對個案感到無條件的積極關懷。
- 治療師感到對個案的經驗的同理理解。
- 個案感覺到治療師的一致性、無條件的積極關懷與同理心。

如Rogers (1957; 1959)所清楚表達的，這六項條件每項都是程度的問題。也就是說，每個條件都不是個全有全無(all or nothing)的主張(proposition)。例如：一位治療師不會總是提供個案無條件的積極關懷。在某些時刻，治療師會有意或無意地，與個案一起感受並溝通積極或負面的關懷，因此這些條件只是理想的狀態。治療師的工作是促進治療關係，而只能儘量接近六項核心條件。

當六項條件都存在時，治療程序接著發生(Rogers, 1959)。這個程序的特徵為個案變得逐漸意識到他們的自我概念與經驗。基本上，個案能夠更正確地感知一度曾經扭曲或被意識否定的經驗。這發生在個案變得更加意識到她（他）的不一致的過程中。個案對於探索他們的不一致感到安全，因為溝通中有治療師提供的無條件的積極關懷，以及治療師對個案表達出的同理理解。這探索的結果是，個案逐漸地變得能夠使用她（他）的有機體評價歷程代替她（他）當作評價經驗標準的價值條件。個案變得敏銳意識到他們對自己的人生的責任，以及他們做決定的自由。由於此六項必要且充分的條件，個案得以參與治療程序。

練習7.1 探索這些必要且充分的條件

兩人一組或以小組方式，輪流回答下列問題：
1. 誰提供你無條件的積極關懷？這給你什麼感覺？
2. 誰提供你有條件的積極關懷？那些條件是什麼？這給你什麼感覺？
3. 身為社工人員，你如何得知你的個案正感覺你是有同理心的、一致的，並且你正提供無條件的積極關懷？
4. Rogers所說的必要且充分的條件是真正必要嗎？這些條件是充分的嗎？
5. 你在實務上會如何使用這些必要且充分的條件於被轉介參加你的治療的人？

現今的潮流

個人中心取向早期的公式化，在個人實務上留下了無法消除的指標。「必要且充分」的條件穩固了許多現代治療法的根基，以應用於直接實務工作上，包括一些實務工作提供比個人治療更直接的療法。實務工作者了解培養一個強固的工作聯盟的重要性，並發現為了達成此終點目標，Rogers所述的條件是必要的。例如：很少人會小看同理心在培養強固的協助工作關係時的重要性(Watson, 2001)。當許多形式的精神治療早已採用個人中心取向的實務方法，它也適用於符合現今實務工作的要求。

個人中心取向已在協助失智症患者上發現了根基 (Brooker, 2005; Kitwood, 1993)。Kitwood (1993)發現照顧失智症的醫療系統是十分非人性化的。他也發現我們不能將失智症降格為只是一種醫療名稱的解釋；而是，失智症涉及精密的相互作用，介於一個人的人格、生物學、生理健康狀態、神經學的損傷、以及社會心理學(pp. 541-2)。他的個人中心取向乃是建立於他對於失智症患者的多方面的理解。

Brooker (2003, p. 216)摘要Kitwood的個人中心療法的哲學如下：(1)重視失智症患者並選擇去關懷他們；(2)對待這些人如獨立個人；(3)從失智症患者的觀點看這個世界；與(4)建立一個正向的社會環境，失智症患者在此可以感到比較幸福。Kitwood的治療哲學核心是替失智症患者重新發言。失智症的患者絕不能被降格為只代表了他們的疾病，而應該被視為完全有能力和他們的環境互動的人，並且應被視為完整的人類 (Brooker, 2003)。Kitwood了解治療失智症患者需要使用最好的實務方法，只是不是以奪走個案的當人的資格(personhood)為代價(Dewing, 2008)。

並且，Kitwood (1993)的中心理論是照顧失智症患者的環境。Kitwood對於治療環境與治療提供者所使用的策略特別感到憂心，例如：使用欺騙、為了得到失智症患者的配合而說謊，或否定失智症患者的生活經驗。專業照護人員及**治療場域**(treatment milieu)往往是問題的一部分。在一個不把人當人看的環境，提供最先進的治療，這問題可能是受醫師影響的。一個需要促進人道感的

社會環境，需要「對慾望的主張、情緒氛圍、社會接觸的指引、表達情感、對他人感覺的敏感度、自我尊重、接受其他的情緒受害者、幽默感、創造性、樂於助人感、享受快樂，以及身體活動」(p. 543)。

　　作為從一個以失智症為焦點的治療環境，個案接受個人中心的幫助程度的評估方式，Kitwood 發展出**失智症治療圖譜**(dementia care mapping, DCM)。除了評估治療場域的個人中心性，DCM 也是一種啟發式的方法論，有助於使臨床工作者更以個人為中心，藉由認識一些方法，使他們可以在照護當中忠於個人中心取向(Brooker, 2005)。人們以兩種方法使用 DCM 蒐集資料(Kuhn et al., 2000)。第一個是由 24 個領域（活動）所構成的**行為類別代碼**(behaviour category code)。此外，現場工作者與失智症患者的互動，會被註記並加上代碼，以分別有助益的互動或是貶低個人的行為。

　　Kitwood 對失智症照護的療法，提供了證據，證明個人中心的關懷如何能被改造為幫助滿足個案的需要的方法。當不否定使用最先進療法的重要性的同時，Kitwood 的療法說明了人接受關懷的重要性。他的療法同時也指出互動是人能活出他們的完整潛能的機會。

案例：個人中心取向在實務上的應用

　　Nicki，22 歲的非裔-加勒比海裔女性，最近她母親由於癌症過世，而她正因不知道未來要做什麼而掙扎。她描述她的母親是「在我的生命中最重要的人」。Nicki 是獨生女，而她的父親在她才兩歲的時候就過世了；她父親生前是個消防員，死於一場房屋火災。為了幫助女兒能擁有更好的生活，當 Nicki 五歲的時候，她的母親帶著她從牙買加搬到倫敦。她母親鼓勵她好好用功讀書，而她也做到了（尤其在數學和科學的科目上）並且她母親希望女兒有一天能夠成為醫生。在 Nicki 完成學業後，她媽媽卻得了胰腺癌。在過去三年中，Nicki 成為她媽媽的主要照顧者，當她沒有在當地的超市工作時，她會將她所有的時間都花在她媽媽身上。現在她媽媽過世了，Nicki 感到迷惘。她不想在當地超市工作，但她也覺得她做不了任何別的事情。

你身為一個使用個人中心取向的社工人員。你試圖在你與個案的治療關係中表現一致性，在此你的所思所覺全都表裡如一。在你協助Nicki時，你尋求同理心理解她和她的情況與經驗，並且對她保持著積極關懷的態度。你從傾聽她的故事著手，並回應她的感覺、與你聽到的故事內容。在晤談中，Nicki一度提到她感到如此麻木，以至於她都不確定她是否能再次感到正常。為了在此治療關係中表達一致性，你回應她說：「我聽到你說你感到麻木，可能還有點迷惘。但是，你既然來這裡尋求幫助，所以我們能夠在這一段痛苦的時期，共同解決這些問題。」

在治療的另一個時刻，Nicki開始啜泣，並說她讓她的母親失望了，因為她並沒有成為一個醫生。她繼續說：「我不覺得我的人生還有什麼值得追求的。我的人生簡直一團糟，而我知道我現在的處境，而未來也會一直如此。」你發現你需要提供你的無條件積極關懷，並告訴她說：「我知道妳現在感覺好像妳的未來不可能會變好了，並且妳覺得會一直陷在你糟糕的感覺和生活如同現在。我只希望你知道，我關心妳和妳的未來。」Nicki繼續哭泣，並說她覺得多麼徬徨迷惘與沒有希望。以一種表現同理心的方法，你以反應你所聽到的內容和情緒，來回應Nicki的每個陳述。

透過你和Nicki的晤談，她討論到過去這三年對她來說有多艱難，尤其是她看到她母親的病情逐漸惡化。她感到無力去幫助她母親。在第三次的晤談，總而言之，她將話題從訴說她無力討論當時照顧她母親是多麼值得做的一件事，因為她母親為了讓她有更好生活而移民到英國，轉移到Nicki她自己的未來。她說：「我媽媽總是希望我成為醫生。我從來不這麼想。我不知道我想做什麼。但是，我知道我不想永遠困在這裡做這個收銀員的工作。」你繼續讓Nicki知道，你認真聆聽她所說的。在此晤談的最後，Nicki決定她會尋求其他職業和唸大學的可能性，並且很可能會報名參加**銜接課程**(access course)以幫助她日後獲得學位。Nicki說：「我想這是紀念我母親最好的方式。」你表示你欽佩Nicki過去這兩個月的努力，並說你希望Nicki能好好享受她的大學生活。

優勢和限制

在我們應用個人中心取向於社會工作實務前，此療法有幾項值得探討的優勢和限制。其優勢描述如下：

- Rogers的理論對助人工作者有很大的影響。Farber (2007)提出Rogers的必要且充分的條件，雖並沒有普遍地當作治療上的改變的唯一的方法，卻因為其遍布性，以及經常不被發覺，而對精神治療產生影響。他提出Rogers理論的四項影響：(1)從根據個人模型去了解臨床資料，改變為以雙人模型或領域來了解這些問題；(2)一種相似的改變，將治療的成就從因為治療師正確的解讀，改變為因為一種合作的治療關係的貢獻；(3)將治療中立與治療分離，轉變為接受治療師公開表現關懷是有效的；以及，(4)一種相似的轉變，從匿名分析轉變為接受治療師對個案揭露的有效性。(Farber, 2007, p. 292)因此雖不充分，但Rogers這些條件的長處卻有他們的必要性。
- 個人中心取向的所有面向可結合其他理論與方法使用。例如：**動機式晤談**(motivational interviewing)乃是基於個人中心取向的同理心、一致性與無條件的積極關懷（請見第八章）。
- 個人中心取向在本質上是增權與反壓迫的。此療法尋求與個案合作而非單方面的協助個案，並強調由個案領導治療方向的重要性。個案不會被單方面的貼標籤，而是被接受為真實的自己，以及他們想成為的樣子。

個人中心取向的一些限制如下：

- 一些理論家和實務工作者質疑是否這六項必要且充分的條件，實際上是對所有的個案都充分符合的。如Silberschatz (2007, p. 266)所述，「我完全同意Rogers所提出的條件對造成治療上作改變的必要性，但我確實質疑是否這些條件是完全地充分符合所有的個案。」當這些條件提供了一個基礎，自此實務工作得以進行，而為使真正的治療程序得以進行，往往要求

具體的治療技巧（如：回家作業療法或呼吸療法）。
- 使用個人中心取向，以最單純的意義而言，也許是不可能適用於所有情況的。實務工作者在協助個案時，可能面對時間或機構的限制，而使得他們無法以單純的意義使用個人中心取向方法。實務工作者可能在協助個案的一開始表現出無條件的積極關懷、同理心與一致性，然而之後卻由於時間或機構的限制，必須在協助工作中變得更具指導性，因而違反個人中心取向的非指導性本質。
- 實務工作者可能爭辯，不可能對所有個案都保持真誠的同理心、一致性、或無條件的積極關懷。一些實務工作者可能發現對有些個案，要保持同理心、一致性或表現出無條件的積極關懷是很困難的，尤其是在個案為施虐者、忽略兒童的加害者或其他反社會行為者。我們鼓勵實務工作者對自己與個案都誠實，並且在感到與個案建立合作關係有困難時，需尋求指導監督。
- 如Rowe (2011)所提出的，Rogers在協助個案時採用了一種**非權威性態度**(non-authoritative stance)，這可能對一些社工人員而言是覺得不安的。當社會工作重視合作的治療關係，權力差異確實存在，並且不應被忽視；在有一些情況反而要求社工人員必須在治療中扮演積極的角色。在危機確實發生時，社工人員可能需要積極地引導個案，由於在危機發生時，往往會使個案負擔過重，並且無法做出具體的決定。
- 社會工作治療的一個基本現況是提供個案可獲得的最佳治療，包括**實證本位實務**(evidence-based practices, EBP)，以及其他新興的最佳實務(National Association of Social Workers, 2008)。許多個人中心取向的熱心擁護者，僅僅使用社工人員與個案的治療關係作為改變的動力，這與社會工作需提供個案最佳療法的選項，此一專業義務相互矛盾。

倫理與文化的考量

Rogers的非指導性實務方法代表了一種實務理論，真正的從個案立場出發，並在改變過程中一直陪著個案。Rogers (1957, p. 200)清晰闡述了一個對於人的積極觀點，如他所寫的：「在我的經驗中，我發現人類擁有一些特質，這似乎是人類此物種與生俱來的，在不同的時刻，我會想以一些敘述性的詞彙來表達這些特質，如：積極的、勇往直前的、有建設性的、實際的、值得信任的。」的確，Rogers (1977；1989a) 主張他對人類的觀點與實務療法是全球通用的，能穿越不同的文化。在一個貧富衝突與國家交界的社區，Rogers將他的療法應用於解決不同文化間的緊張。事實上，他的其中一個計畫致力於解決北愛爾蘭的新教徒與天主教徒的緊張關係。Rogers相信使用他的核心條件能開啟傳統上對立的團體之間的溝通，藉由讓雙方都真誠地表達他們各自的關心，並以一種開放且非批判式的方式傾聽另一方的顧慮。然而，Sharf (2012, p. 238)爭論說Rogers的必要且充分的條件代表了「一整套的文化價值」，可能並非如Rogers所述的如此全球性，適用於所有文化。

個人中心取向與反壓迫實務

Rogers的個人中心取向實務方法代表了一個重要的啟發，相對於過往的主流臨床實務療法。Rogers (1977; 1989b)主張他的療法是革命性的。他的療法減少強調專業人士的權力，將權力交還個案的手中。如他在著作中所述：

> 當個人中心取向使用於鼓勵患精神病的、有精神困擾的，或正常人們的成長與發展，改革助人工作者成員的習慣行為。這說明了許多事：(1)一個個性敏感的人，若要幫助別人(to be of help)，須變得較以個人為中心，無論她是從怎樣的定位出發，因為她發現此療法更為有效；(2)當你將焦點著重於個人，診斷標籤(diagnostic labels)就變得大大地無關；(3)我們發現傳統精神治療的醫學模型與個人中心方法意見相反；(4)我們發現，能創造一個有效的個人中心取向關係的人，並不一定是受過專業訓練的團體；(5)越是

執行個人中心取向並應用於實務工作,我們越是發現它挑戰了「治療」的階級制度模型,與組織的階級制度方法;以及(6)此融合的個人中心取向的十分有效性,對專業人士、管理階級人員以及其他人,都構成了威脅,並且漸漸摧毀它——有意識地或無意識地。(Rogers, 1989b, p. 396)。

如以上引用Rogers所清楚闡述的,相較於其他實務方法重視病理學和醫病差異,個人中心取向代表了一種革命性的啟發,並鼓勵實務工作者和個案合作,而非抱持一個權威的態度凌駕於個案之上。比起尋求藉由貼標籤將個案與社會分離,或以權力差異將個案與實務工作者分離,此方法尋求重新教化實務工作。

個人中心取向的研究

根據Sharf (2012)所指出,關於個人中心取向的研究一直都零星且不足。有一個涉及Rogers等學者(1967)的研究,檢視個人中心取向對於使用在思覺失調症(schizophrenia)患者上的效果,並發現以此療法,與控制組比較,他們住院日數並無減少。在連續九年對於同一批思覺失調症患者的追蹤調查,Truax(1970)並沒有發現接受個人中心取向和控制組之間有住院時間長短的差異。Farber (2007, p. 292)摘要說明了在助人關係中,關於一致性是否有效的研究。他說:「簡而言之,經驗主義的證據適度地支持Rogers的想法。」Weisz等學者(1995)指導了一個後設分析,關於使用在兒童／青少年精神治療的不同療法,並且他們發現行為療法優於其他療法,包括個人中心療法。Cottraux等學者(2008)指導了一個隨機對照研究(randomized controlled study),比較個人中心療法(PCT)與認知行為療法(CBT),對於治療創傷後壓力症候群(PTSD)的患者的效果。他們發現接受個人中心取向的患者,較容易放棄治療。然而,關於這兩組治療團體,在症狀減少的部分卻是沒有差異的。

關於Kitwood的個人中心療法的研究則是表示保證。例如:Tarada等學者(2013)發現,當此療法使用於醫院場域時,個案在日常生活運作上有較好的認

知和活動。此外，研究者正在探究個人中心療法使用於創傷後壓力症候群的患者的效果(Payne et al., 2007)。

然而，當我們宏觀考慮到Rogers的個人中心療法的影響時，意即，治療關係的重要性(Elliott and Freire, 2007)，則會看見不同的景象。關注在治療關係或工作聯盟的影響上的研究，這些自個案與他們的治療提供者之間萌生的關係，表示此關係是促成治療改變的重要媒介。Martin等學者(2000)指導了一個79個研究的後設分析，其測量了工作聯盟，並發現工作聯盟的測量適度地與許多個案的治療結果有關。以一個較宏觀的意義而言，治療關係雖不是助人歷程中唯一必要的成分，卻是使協助個案歷程得以成功的一個必要因素。

摘要

Rogers的個人中心取向，或稱個人中心療法，對於之前的實務工作、行為主義、精神動力理論的重要模型，是一個重要的啟發(DeCarvalho, 1990)。Rogers (1957; 1959)視人類為自我成長取向並且人性本善的，並主張來治療的人，往往正處於一個在他們的自我與他經驗的不一致之中。為了要變得完全正常運作，人們必須對經驗保持開放的態度、培養信任自己的態度、培養自我感，此種感覺根植於此人的自我感知與經驗，並進行自我蛻變的過程 (Rogers, 1961)。

Rogers對於助人歷程的觀點，乃是開啟以陪同個案一起渡過整個助人歷程的先例。他所闡述的治療中的六項必要且充分的條件，其保證助人歷程能運作，實務工作者與個案必須要有個人的且生理的接觸，個案必須處在一個不一致的狀態，而實務工作者必須在治療關係中保持一致性，對個案表達出無條件的積極關懷，並對個案的經驗提供準確的同理理解，並且個案必須感受到實務工作者所付出的同理理解與無條件的積極關懷。雖然對於Rogers提出的必要且充分的條件，是否充分符合現實情況仍有些爭議性(Silberschatz, 2007)，但他對治療關係留下的理論遺教，仍被我們深深所感並使用於臨床實務 (Elliott and Friere, 2007; Farber, 2007)。

個案研究

James是一位74歲的英國白人鰥夫，他住在老人護理之家(assisted living facility, ALF)。當他剛抵達護理之家時，James是神志清楚的，只是有輕微的記憶力問題。事實上，他深情地記得他的人生，並十分享受對他的三位孫兒、Evan（3歲）、Tim（7歲）及Olivia（10歲）講述他的「人生冒險」故事。最近，James的兒子，Derrick，指出他父親『不像他自己』，他似乎變得孤僻、並經常負面地討論他的診斷和未來的生活。他知道他的失智症會越來越糟，並且將會變成一個「植物人」。當Derrick問他父親為什麼這麼想時，James回答，他看到失智症的患者是如何被對待的。他聽到工作人員和其他住在這裡的老人以指責的方式談論「那些人」。當患者的失智症惡化時，他眼睜睜看到工作人員從慈眉善目的照顧者，變成只是「機械化地做這些動作」而已。他害怕他被帶去後面那棟設施的那一日到來，因為他知道這代表他再也無法照顧自己了。特別讓Derrick擔心的是，他父親似乎放棄幸福的可能性，而只是等著最壞的情況發生。描述你會如何使用個人中心取向，來協助James與其治療機構。

延伸閱讀

Cooper, M., O'Hara, M., Schmid, P.F. and Wyatt, G. (eds) (2007) *The Handbook of Personcentred Psychotherapy and Counselling*. Basingstoke: Palgrave Macmillan.
　　A collection of chapters addressing the six necessary and sufficient conditions and how
　　to utilize the person- centred approach within different settings and client groups.

Rogers, C.R. (1961) *On Becoming a Person*. Boston, MA: Houghton Mifflin.
　　Provides an in-depth look at Roger's theory of human development and person-centred counselling.

Rogers, C.R. (2007) The necessary and sufficient conditions of therapeutic personality change, *Psychotherapy: Theory, Research, Practice, Training*, 44(3): 240–8.
　　Rogers' (1957) original piece of work on the six necessary and sufficient conditions,
　　republished from the *Journal of Counseling Psychology*.

參考文獻

Brooker, D. (2003) What is person-centred care in dementia?, *Reviews in Clinical Gerontology*, 13(3): 215–22.

Brooker, D. (2005) Dementia care mapping: a review of the research literature, *The Gerontologist*, 45(1): 11–18.

Cottraux, J., Note, I., Yao, S.N., de Mey-Guillard, C., Bonasse, F., Djamoussian, D., Mollard, E., Note, B. and Chen, Y. (2008) Randomized controlled comparison of cognitive behavior therapy with Rogerian supportive therapy in chronic post-traumatic stress disorder: a 2-year follow-up, *Psychotherapy and Psychosomatics*, 77(2): 101–10.

Crain, W.C. (2011) Conclusion: humanistic psychology and development theory, in *Theories of Development: Concepts and Applications*, 6th edn. New York: Pearson.

DeCarvalho, R.J. (1990) A history of the 'third force' in psychology, *Journal of Humanistic Psychology*, 30(4): 22–44.

Dewing, J. (2008) Personhood and dementia: revisiting Tom Kitwood's ideas, *International Journal of Older People Nursing*, 3(1): 3–13.

Elliott, R. and Friere, B. (2007) Classical person-centered and experiential perspectives on Rogers (1957), *Psychotherapy: Theory, Research, Practice, Training*, 44(3): 285–8.

Farber, B.A. (2007) On the enduring and substantial influence of Carl Rogers' not-quite necessary nor sufficient conditions, *Psychotherapy: Theory, Research, Practice, Training*, 44(3): 289–94.

Kirschenbaum, H. and Henderson, V.L. (1984) Introduction, in H. Krischenbaum and V.L. Henderson (eds), *The Carl Rogers Reader*. Boston, MA: Houghton Mifflin.

Kitwood, T. (1993) Person and process in dementia, *International Journal of Geriatric Psychiatry*, 8(7): 541–5.

Kuhn, D., Ortigara, A. and Kasayka, R.E. (2000) Dementia care mapping: an innovative tool to measure person- centred care, *Alzheimer's Care Quarterly*, 1(3): 7–15.

Martin, D.J., Garske, J.P. and Davis, M.K. (2000) Relation of the therapeutic alliance with outcome and other variables: a meta- analytic review, *Journal of Consulting and Clinical Psychology*, 68(3): 438–50.

National Association of Social Workers (2008) *Code of Ethics of the National Association of Social Workers*, http://www.socialworkers.org/pubs/code/code.asp (accessed 21 August 2013).

Payne, A., Liebling-Kalifani, H. and Joseph, S. (2007) Client-centred group therapy for survivors of interpersonal trauma: a pilot investigation, *Counseling and Psychotherapy Research: Linking Research with Practice*, 7(2): 100–5.

Rogers, C.R. (1957) The necessary and sufficient conditions of therapeutic personality change, *Journal of Counseling Psychology*, 21(2): 95–103.

Rogers, C.R. (1959) A theory of therapy, personality, and interpersonal relationships as developed in the client-centered framework, in S. Koch (ed.), *Psychology: A Study of Science: Formulations of the Person and the Social Context*. New York: McGraw-Hill.

Rogers, C.R. (1961) *On Becoming a Person*. Boston, MA: Houghton Mifflin.

Rogers, C.R. (1969) *Freedom to Learn*. Columbus, OH: Charles E. Merrill.

Rogers, C.R. (1977) *Carl Rogers on Personal Power*. New York: Delacorte Press.

Rogers, C.R. (1989a) Resolving intercultural tensions, in H. Krischenbaum and V.L. Henderson (eds), *The Carl Rogers Reader*. Boston, MA: Houghton Mifflin. (Reprinted from *Carl Rogers on Personal Power*, pp. 115–40, 1977, New York: Delacorte.)

Rogers, C.R. (1989b) The politics of the helping professions, in H. Krischenbaum and V.L. Henderson (eds), *The Carl Rogers Reader*. Boston, MA, Houghton Mifflin. (Reprinted from *Carl Rogers on Personal Power*, pp. 3–28, 1977, New York: Delacorte.)

Rogers, C.R. (1995) *On Becoming a Person: A Therapist's View of Psychotherapy*. Boston, MA: Houghton Mifflin Harcourt. (Original work published 1961.)

Rogers, C.R., Gendlin, G.T., Kiesler, D.V. and Truax, C. (1967) *The Therapeutic Relationship and its Impact: A Study of Psychotherapy with Schizophrenics*. Madison, WI: University of Wisconsin Press.

Rowe, W. (2011) Client-centered theory: the enduring principles of a person-centered approach, in F.J. Turner (ed.), *Social Work Treatment: Interlocking Theoretical Approaches*, 5th edn. New York: Oxford University Press.

Schmid, P.F. (2007) The anthropological and ethical foundations of person-centred therapy, in M. Cooper, M. O'Hara, P.F. Schmid and G. Wyatt (eds), *The Handbook of Person-Centred Psychotherapy and Counselling*. Basingstoke: Palgrave Macmillan.

Sharf, R. (2012) *Theories of Psychotherapy and Counseling: Concepts and Cases*, 5th edn. Belmont, CA: Brooks Cole.

Silberschatz, G. (2007) Comments on the 'necessary and sufficient conditions of therapeutic personality change', *Psychotherapy: Theory, Research, Practice, Training*, 44(3): 265–7.

Terada, S., Oshima, E., Yokota, O., Ikeda, C., Nagao, S., Takeda, N., Sasaki, K. and Uchitomi, Y. (2013) Person-centered care and quality of life of patients with dementia in long-term care facilities, *Psychiatry Research*, 205(1/2): 103–8.

Truax, C.B. (1970) Effects of client-centered psychotherapy with schizophrenic patients: nine years pre-therapy and nine years post-therapy hospitalization, *Journal of Consulting and Clinical Psychology*, 35(3): 417–22.

Watson, J.C. (2001) Re-visioning empathy: theory, research and practice, in D.J. Cain and J. Seeman (eds), *Humanistic Psychotherapies: Handbook of Research and Practice*. Washington, DC: American Psychological Association.

Weisz, J.R., Weiss, B., Han, S.S., Granger, D.A. and Morton, T. (1995) Effects of psychotherapy with children and adolescents revisited: a meta-analysis of treatment outcome studies, *Psychological Bulletin*, 117(3): 450–68.

Ziegler, D.J. (2002) Freud, Rogers, and Ellis: a comparative theoretical analysis, *Journal of Rational-Emotive and Cognitive-Behavior Therapy*, 20(2): 75–90.

第八章
動機式晤談

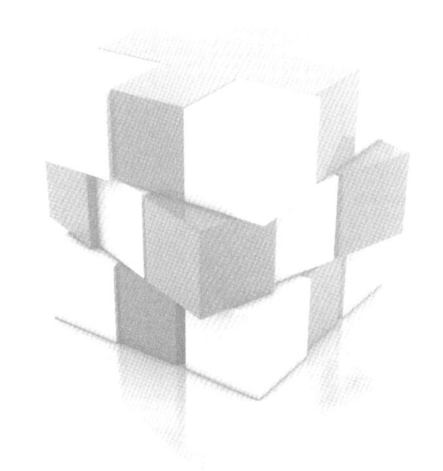

前 言

　　動機式晤談(motivational interiewing)藉由解決個案的**矛盾心理**(ambivalence)來促成改變。且以個案為中心，處遇目標為幫助個案有正向改變。動機式晤談的會談策略強調要引導個案立基於自己的價值觀和利益，來說服自己需要邁向改變(Miller & Rollnick, 2013, p. 23)。動機式晤談透過參與、聚焦、引發及計畫等四種廣範的程序，藉以喚起個案**內在動機**(intrinsic motivation)以促成改變；並藉由強化改變的好處超越壞處來解決矛盾心理。社工人員的角色則是聆聽個案自述其有關『改變對話(change talk)』及『持續現狀對話(sustain talk)』之間的矛盾心理，並將當中所隱含的個案之渴望、能力、原因、需求等回饋給個案；藉由這個過程，個案將會聽見並知道自己需要改變的理由。動機式晤談可以應用在各種期待改變，或個案對改變存有矛盾心理之社會工作情境。本章將探索精神、基本程序、改變層面、必要溝通技巧及特定技能等引發個案增進改變動機的相關議題。

動機式晤談之起源

　　動機式晤談是由兩位臨床心理學家，Dr. William Miller，新墨西哥大學及 Dr. Stephen Rollnick，在 Cardiff 大學所發展的。最初的動機式晤談出版於1983年 Miller 博士處遇酒癮患者的《行為心理治療》一書中。基於動機式晤談有其發展性，Miller 及 Rollnick (1991)視自己為致力發展其方法的創始者和專

家，自此精研此法而成為先驅。動機式晤談非基於某特定之理論，而是連接各種社會心理學之不同面向。包括：**認知失調**(cognitive dissonance)、**自我效能**(self-efficacy)及Rogers的基本原則，以促成治療上的改變為輪廓(Britt et al., 2004)。動機式晤談關注個案，並運用同理心、無條件正向尊重及態度一致性(Rogers, 1959)，且會有更多的引導思考以協助個案解決矛盾心理，邁向正向改變。

動機式晤談融合了Prochaska和DiClemente (1983; 1984; 1992)的**跨理論模式**(transtheoretical model, TTM)，特別是改變的階段；它闡述了個人邁向改變的5個階段(Prochaska et al., 1992)。這個架構補充說明了各改變階段的過程，讓動機式晤談更充實；動機式晤談即是提供協助個案順利走過各改變階段的溝通方式及人際互動的技巧。面對初次會談的個案，當要評估現階段個案處於何階段，改變階段模式是一個有用的工具，可以用來了解個案現在處於哪一個階段，並協助個案完成該階段的任務，相較於其他的方法（如：認知行為治療），均假設個案已經處於行動階段，且已準備做改變。動機式晤談發展特別可運用於與處在早期改變階段〔**懵懂期**(precontemplation)、**沉思期**(contemplation)〕的個案一起工作。

動機式晤談釋義

Miller & Rollnick, (2013, p. 78, original emphasis)特別說明「動機式晤談非『技巧』，而是與人相處的**風格**(style)，整合特定的臨床技能以培養其改變的動機。」動機式晤談是明確且目標導向的方法，藉解決個案矛盾心理以邁向改變。社工人員專心於達成正向改變目標，並與個案一起藉由「**改變對話**(change talk)」來激發其內在動機，此改變對話有助解決矛盾心理。雖然治療技巧及工具經常合併使用，但社工人員應該更關注這整體過程中的溝通風格及人際互動技巧應用，以促進成效。且應該跳脫治療技巧，這些技巧在本質上其實是操弄(Miller, 1994)。

要了解動機式晤談，首先必須先了解動機的意義和組成要素，特別是動機

被視為在改變過程極其重要。動機被概念化為包含3個特定的部分：(1) 重要性(importance)──可延伸為個案所要的、所渴望的或有意願改變的；(2) 自信(confidence)──可延伸為個案相信他們自己有能力可以改變的；以及(3) 準備就緒 (readiness)──個案已經準備好做改變的(Miller & Rollnick, 2002)。雖然個案對於自己需要改變的事之重要性、改變的自信或及準備就緒的程度在目前或未來都可能會有程度上的變化，但此3要素必須同時存在，個案才能有動機進行改變。社工人員可將重要性、自信及準備就緒分別予以評估，藉以同步判斷個案改變的動機程度以及個案特定關注之事物。例如：個案可能相信基於健康因素，戒菸非常重要，但沒有信心做改變。在這樣的情境下，社工人員就不需要把重點放在戒菸的重要性，反而需要著眼在增加個案的信心，以及強化做改變的能力上。因此，為了促使個案有動機改變，他們必須相信這件事有其重要性，感到有信心且已準備就緒做改變。評估個案相關動機要素的技巧將於後續章節中討論。

Box 8.1　何謂動機？

重要性 + 信心 + 準備就緒 = 動機

資料來源：Prochaska & DiClemente (1992)

　　動機，並非是靜止的狀態，而是會隨時間及不同情境而有所變動。例如：一位欲戒菸的患者在離開醫師辦公室時被評定有高度重要性及信心戒菸；在經過一個星期後，該患者在與抽菸的朋友打牌時，其信心及準備就緒的評等就因為這情境因素被降低了。因此，社工人員必須了解個案在改變過程的優勢跟劣勢，且幫助個案解決戒菸時的矛盾心理，並支持協助個案自行在做改變上進行論證。矛盾心理是進行改變時正常的情結，個案經常陷入其中無法自拔。運用動機式晤談，社工人員可以引導個案超越矛盾心理，了解到改變的好處會大於保持現狀，如此一來，正向改變就會發生。

　　當與個案一起工作時，動機式晤談會關注社工人員的溝通風格、人際互動技巧以及如何藉此影響個案進行改變(Miller & Rollnick, 2013)。社工人員應該站在引導的立場而非指導方向或隨著個案起舞。在溝通上有5個關鍵技巧

可協助引導程序：開放式問句(open-ended question)、肯定(affirmations)、反映式回應(reflective statements)、摘要(summaries)、告知及建議(information and advice)等。這5種溝技巧的運用，可避免社工人員的「翻正反應(righting reflex)」，反倒說服個案去做社工人員認為「正確」的事，進而抗拒改變的程序(Miller & Rollnick, 2013)。若單僅倚賴溝通技巧，動機式晤談並非十分有效；因此社工人員應擁抱其「精神」以強化動機式晤談。

動機式晤談之「精神」

Miller及Rollnick (2013)清楚地指出動機式晤談有其固有的「精神」。該精神係指動機式晤談的本質其包含了夥伴關係(partnership)、接納(acceptance)、同理心(compassion)及喚起(evocation)等(Miller and Rollnick, 2013)。夥伴關係包括社工人員與個案間的主動合作，使個案的經驗及主觀得以彰顯，然後可以一起做決定。而個案不是被視為工作項目，而是一起工作的夥伴。接納包含以下4個以人為中心的狀態：(1) 相信絕對價值及每一個人的內在潛能，此與Rogers (1959)所提之無條件正向的尊重很類似；(2) 正確同理心(accurate empathy)，即社工人員應從個案的角度及從他們的觀點看事情；(3) 支持自主性(autonomy support)，社工人員應尊重且重視個案對自己生活的選擇；(4) 肯定，社工人員必須找出且了解個案之優點及缺點。同理心使社工人員能根據個案需求的優先順序來運用社會福利資源提供協助。最後，喚起強調個案是自身情境及經驗的專家，他們也是保有動機、力量及資源去做改變的人。社工人員並不會被視為專家、或是對個案問題具有智慧或答案的人，個案才握有答案及動機去創造改變。改變的責任一直都個案身上，而非社工人員，改變的方式最終還是要由個案自己決定。謹守動機式晤談的精神（夥伴關係、接納、同理及喚起），社工人員是立基於個案自身的觀點及自己內在的動機來鼓勵個案進行改變。

就如同社工人員在運用動機式晤談時所應保有之特質，尚有其他的特質也應該一併呈現。Miller和Rollnick (2013)強調雖然該方法在某種程度上係嘗試

解決個案的矛盾心理以促成改變,但這並不等同是**面質**(confrontation),或其他較具攻擊形式的干預。Miller和Rollnick (1995)特別指出,若社工人員與個案爭論必須改變或嘗試說服或脅迫個案改變、或提出直接建議或試著幫個案解決問題、或站在專家或權威立場或去診斷個案等,動機式晤談就沒有被呈現出來。然而這並不意味著社工人員不應該通知或建議個案,而是當社工人員要提出建議時必須徵詢個案的同意(如:我不知道是否可以告訴你……),或是基於個案之需求,提出相關的訊息及建議(Miller & Rollnick, 2013)。

動機式晤談的程序

動機式晤談涵括4種交疊的程序,分別:(1)**參與**(engaging);(2)**聚焦**(focusing);(3)**引發**(evoking);(4)**計畫**(planning)。雖然程序被視為階梯,社工人員及個案必須循序漸進地一個個往下走,然而在某些時間進程中,可能會在某些程序中來回或上下走。請牢記動機式晤談的精神係需要統合所有工作。Miller和Rollnick (2013, p. 66)提供了下列動機式晤談之「技巧」,這對解釋4個程序的目的是有幫助的。「動機式晤談是一合作的、目標導向的、注重語言轉換的溝通型態。它是在一個被接納且同理的氛圍下,設計來加強個人動機及承諾,並藉由探索個人之所以需要改變的理由達成特定目標」。Miller及Rollnick對4個程序的說明如下:

1. 參與:參與包含建立連結、信任及尊重,以協助提升彼此的關係。此連結及關係建立的程度將視社工人員及個案間的互動而定,也會受外部情境影響,包括「在此服務系統中個案與實務工作者的工作情形、臨床工作人員的情緒狀態,以及個案情況和進入會談室時的心智狀態等。」Miller和Rollnick (2013, p. 61)。參與係在其他工作開始之前之必要工作,且應讓個案及社工人員雙方均感到舒適。在參與程序中,格外需著重動機式晤談的「精神」。

2. 聚焦:聚焦將決定社工人員及個案後續工作的方向。在此程序中,特定的問題諸如「本次的工作中焦點為何?」;「個案的議題有哪些?」;「

社工人員的議題有哪些？」；「社工人員及個案之目標為何？」，社工人員必須了解，他／她是要和個案一起工作，而非逼迫著個案向前行(Miller and Rollnick, 2013)。

3. 引發：引發為「引發個案的改變動機。」(Miller and Rollnick, 2013, p. 64)。此程序必須在會談中提及改變，並涉及個案的感受及有關改變的想法。此程序必須在個案已確認改變目標後才會發生（例如：戒菸；吃得更健康）。社工人員藉由聆聽其改變談話，或個案敘述為何想改變的理由，並嘗試著根據改變目標解決其矛盾心理。

4. 計畫：計畫階段開始於當個案承諾想要改變，同時已準備好發展行動計畫時。社工人員必須先聆聽個案對於其問題的解決方式。因為通常個案對於如何改變會握有最佳方案。在共同執行本工作時，很有可能必須反覆確認計畫是否可行。

人和改變

我們已經討論過動機係改變之基礎且包含3個要素——重要性、自信及準備就緒——然而我們仍需要了解人如何改變。依據Miller和Rollnick (2013, p. 12)的理念，改變會形成主因「當人們與自身內在價值、重要事件或所珍惜的事等有所連結時」。我們知道人們都會有一些生命經驗、曾經歷過改變，且通常也沒有接受過正式或專業上的協助。由此可知，改變是一個正常的程序。因此，正式處遇所提供的專業協助只是協助當事人加速解決矛盾心理，以促成改變而已(Miller & Rollnick, 2013)。

為了加速改變，必須了解改變程序的最佳描述係由Prochaska和DiClemente所提出的改變階段模式。它解釋了人們為何意圖作出改變。改變的階段除了包含跨理論模式(TTM) (Norcross et al., 2011; Prochaska & DiClemente, 1983; 1984; 1992)之外，也涵蓋其他面向，譬如**決策平衡**(decisional balance) (Janis and Mann, 1977)，此探討了改變的優缺點；自我效能則代表了當事人對自己改變能力的知覺和信念；以及改變程序，此包括清楚的和絕對的活動以協

助進行改變（亦即，意識興起、社會及自我解放、協助人際關係及自我再評估等）(Velicer et al., 1998)。階段改變係跨理論模式的重要元素，不論是否有接受治療或自發性地做改變，當人們在邁向做改變的歷程上有所進展時，它都包含了5個階段(Norcross et al., 2011)。這5個階段分別是懵懂期、沉思期、準備期、行動期(action)及維繫期(maintenance) (Norcross et al., 2011; Prochaska et al., 1992)。分述如下：

1. 懵懂期：處於懵懂期的個案看不到自己有任何問題。他們沒有任何意願去因應他們目前的行為或可預見未來，這是因為他們看不見問題，通常社工人員在此時會跟個案見面，通常是因為個案因行為問題被第三方（如：法院、家長或同居人）強制或被迫尋求治療。由於這些外在壓力，有時候這階段的個案在與社工人員一起工作時可能會很快地做出回應，然當工作告一段落時，他很快地就又回到原來的狀態。為了評估個案是否處在此階段，社工人員通常會問：「在接下來的6個月內你已經準備好了要做改變了嗎？（針對此行為）」如果個案回答為「否」，通常他們仍在懵懂期。

2. 沉思期：在本階段，個案意識到自己有一些行為問題，並正在考慮要如何處理；然而並未準備好要做出改變。個案在此階段可能會停留一段時間，當下個案會想要改變，但總是認為改變是未來的事。例如：個案可能陳述他將可能戒菸，然而並非現在。依據Prochaska (1992, p. 1103)和他的工作團隊的說法，本階段代表：「知道自己要往那個方向走，只是還沒有準備好。」評估當事人是否在此階段，社工人員可以詢問：「你準備好要在6個月內（針對此行為）做改變了嗎？」如果答案是肯定的，個案即處在此階段。

3. 準備期：準備期意味著個案準備在不久的將來開始有所行動了（通常於1個月內）。個案已經藉由改變某些方面的行為來承諾改變了（譬如：將每天抽菸的數量由20支降到10支）。評估個案是否處在此階段，社工人員可以詢問：「你準備好要在30天內（針對此行為）做改變了嗎？」如果答案是肯定的，個案即處在此階段。

4. 行動期：本階段的個案可以實際執行改變行為。相較於減少抽菸的數量，個案必須真的完全戒菸。處於行動期的個案至少要能維持此行為改變模式1日至6個月。

5. 維繫期：本階段表示個案已實施行為改變且維持改變達6個月以上。以抽菸的個案為例，個案將應用預防**復發** (relapse) 技巧，且持續體認到改變後的益處 (Prochaska et al., 1992)。

自懵懂期發展至維持期之模式在過去被視為**直線的前進** (linear progression)，然對個案而言卻不盡然，且鮮少發生。個案可能開始於懵懂期，進展至沉思期、準備期及行動期，然後復發，又再回到懵懂期從頭來一遍。此復發可能會將當事者推回沉思期或準備期，或者又很快地回到行動期。Prochaska (1992, p. 1103) 和他的工作團隊發現個案會重複不同階段數次後才會達到維繫期。圖8.1表示在改變模式的5個不同階段中，個案在做出改變時可能有不同進程的模式。

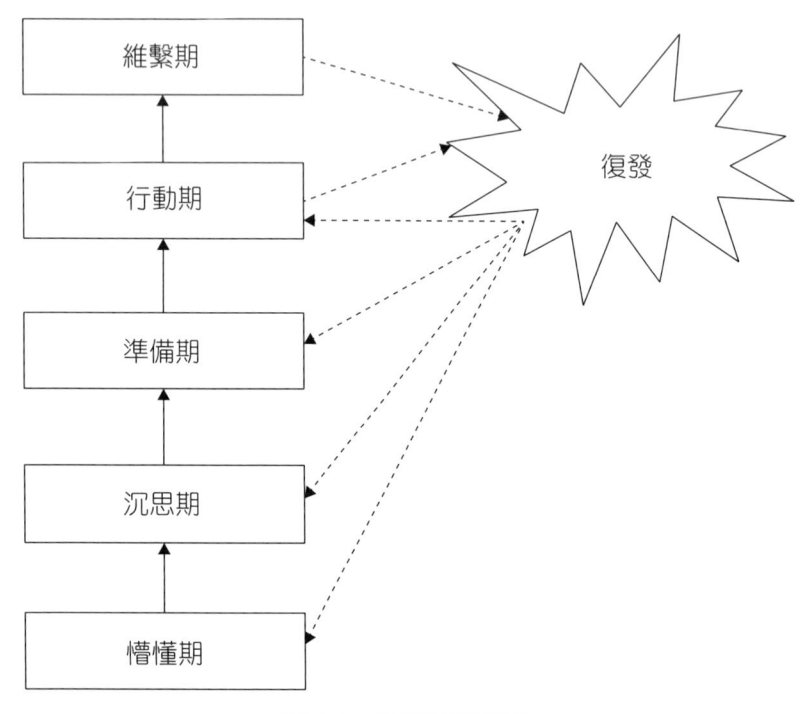

圖 8.1　改變階段模式

運用動機式晤談時，改變階段是十分有用的，因為這2種方法被視為相容且互補的。動機式晤談係特別設計給處於懵懂期及沉思期之「未完成準備」狀態的個案。動機式晤談協助個案順利走過懵懂期、沉思期、準備期到行動期，最後達到維繫期。關鍵點在於社工人員應該在一開始的時候就評估個案所處的改變階段，且讓個案一起共同參與，以確保社工人員與個案步調一致。

個案對於改變經常會顯躊躇不前，因為他們對所處情境有矛盾心理 (Miller & Rollnick, 2013)。當人們對於當前的狀態有2條路可以選擇時，存有矛盾心理是正常的；他們會去權衡保持現狀或做出改變的優缺點。例如：一位酒精濫用者可能看到戒酒的優點，諸如會有較佳的健康狀態、更多的可支配金錢、或是比較不會牽連到違法的情事等；但另一方面也會看到繼續喝酒的好處，譬如：自己會感覺比較平靜、比較能應付不舒服處境或能跟朋友有多一點時間在酒吧相處等。矛盾心理是正常且有益的，因為這表示個體已經藉由檢視改變後的好處及壞處而正在考慮是否要做出改變，然而這也是導致個案被困住了。動機式晤談的目的即是協助當事人解決矛盾心理以做出改變決定。

增進改變動機

動機式晤談重視由個案自己說出何以想要改變的論點，然社工人員可以協助促成此發現和隨之而的來改變。如前所論，矛盾心理被視為正常且是有益的，社工人員的目標即是協助個案解決解決矛盾心理以做出改變決定。此矛盾心理的解決之道經常在一開始的時候要先敏感個案當下行為及價值觀、或其未來目標所顯露出來的**不一致之處** (discrepancies)。依 Miller 和 Rollnick (2013) 所見，倘若沒有不一致之處，那就沒有改變動機；而不一致之處愈大，改變對於個案就顯得愈發重要。因此，矛盾心理和不一致之處是增進個案改變動機的關鍵，且當運用動機式晤談與個案諮商時，應列為主要區域去探索及發掘。

另一個動機式晤談中的重要概念為內在動機，它說明了特定個案改變動機的根源。對個體而言，其自身動機都是獨一無二的。例如：將自肺癌患者取出的肺展示給某一位欲戒菸的個案看，可能成為其改變動機的根源；但對其他個

案而言則可能不具效果；然而，對這一位戒菸者而言，其戒菸動機可能是來自他或她的兒女的不認同。當將自肺癌患者取出的肺展示給這個案看卻沒有效果時，不應該迅速給他貼上無動機或拒絕改變，專業的協助應該是設法引出這個案的內在動機。因此，社工人員的任務是針對每一位個案，設法去引出他們的內在動機，並且轉化這些動機為具體行動邁向改變。

Miller和Rollnick (2013)探索如何促進行為改變之程序。他們指出社工人員與在與個案一起工作時，應該運用以下4個核心溝通技巧：(1) **開放式問句**(open-ended question)；(2) **肯定**(affirmations)；(3) **反映式回應**(reflective statements)；(4) **摘要**(summaries)等。這4種溝技巧的運用詳述如下：

1. 開放式問句：社工人員在與個案對話時應儘量使用開放式問句，而非封閉式問句，特別是在剛開始的參與階段。使用開放式問句促使個案可以訴說他們的故事，且讓社工人員可藉此蒐集更多深入的資訊。封密式問句通常會使對話縮短且很快地結束。如此一來，社工人員與個案的對話很容易卡住且無法繼續，所獲得的資訊也很有限。下列的對話就是很典型的例子：

社工人員：你有在喝酒嗎？

個　　案：有。

社工人員：已經喝多久了？

個　　案：大約15年左右。

社工人員：你認為你有酗酒的問題嗎？

個　　案：沒有。

社工人員：你有嘗試著戒過酒嗎？

個　　案：沒有。

上述對話案例說明了封密式問題可能很快地使社工人員陷入問答的圈套，且並未從個案口中得到相關酒精濫用，及他或她對於酗酒的想法(Miller & Rollnick, 2013)。使用開放式問題，諸如：「告訴我，關於你喝酒的情

況？」；「告訴我，你是什麼時候開始接觸酒精的？」；或「當在喝酒的當下，你的感覺是什麼？」等鼓勵個案描述狀況及提供更多相關行為的資訊。

2. 肯定：社工人員在這困難改變過程中應該要多鼓勵和肯定個案。肯定可以用讚賞的方式或口頭鼓勵的方式提出，它會讓個案覺得被重視，且可增加個案的自我效能及改變的自信。例如：「我很欣賞你的誠實」；「對你而言說出這件事一定很困難，感謝你今天與我分享。」；「那（個舉動）一定需要很多的勇氣」。肯定並非一定都是單方面由社工人員提出，社工人員也可以藉由要求個案敘述自己的優勢及成功經驗來達到某種程度的自我肯定 (Miller & Rollnick, 2013)。

3. 反映：反映係與個案站在同一陣線並且與他共同走過改變階段的重要因素。反映式回應讓社工人員去確認他們已經了解個案，同時鼓勵個案繼續對話。大家要記住的重點為此反映應該是回應性的陳述而非問句，因為問句會需要個案回應答案，這會使個案產生防禦心或感到被攻擊。簡單的反映可以包含以下一個或數個基本諮商溝通工具：(1) **覆述** (repeating)，重複個案所說的話或重要陳述；(2) **改變措辭來表述** (rephrasing)，它意味著改變一點點措辭，但其意義不變地表述給個案；(3) **改述** (paraphrasing)，它運用一些措辭的小變化或是所推論出的意涵，將個案所說的話予以闡述；(4) **情感的反映** (reflection on feeling)，這同樣是運用改變措辭表述或改述，然而會附加上情感或情緒。以下為使用上述 4 種形式的反映之範例。

個　　案：我不知道這有什麼大不了的，我沒有酗酒的問題。

（覆述）

社工人員：我不知道這有什麼大不了的。

（改變措辭來表述）

社工人員：對你來說喝酒不是一個問題。

（改述）

社工人員：每一個人都認為你喝酒有很大的問題。

（情感的反映）

社工人員：每一個人都認為你喝酒有很大的問題，這件事讓你很困擾。

當應用反映式溝通與個案工作時，社工人員不應該聚焦於解決問題，而應該與當事人站在同一陣線，傾聽他或她的陳述。

> **練習8.1** 練習反映式回應
> 1. 抽菸不是什麼大不了的事，我爺爺抽了一輩子也從來沒有什麼問題。
> 2. 我的朋友們都喝的比我還要多。
> 3. 我抽菸是為了對抗壓力，如果我不抽菸，我覺得壓力可能會把我擊垮。
> 4. 我只有在週末時用海洛英。
> 5. 我的醫師為何在意我喝不喝酒？我又沒有傷害她。

4. 摘要：社工人員可以在與個案工作的不同的時間點作摘要。摘要可用於會談結束時以反映並回饋個案所討論的事項，並將會談中的重點突顯出來。摘要亦可以運用於當社工人員嘗試要去保證自己已經正確地了解個案所提的幾個陳述的任何會談，並且讓個案知道他或她要傳達的社工人員已經收到了。摘要經常被運用來讓個案聽到他們自己在會談中明確的或隱含的改變對話或維持現狀對話，或渴望、能力，改變或維持現狀的理由和需求。以下為一包含矛盾心理於其中（改變對話及維持現狀對話）之摘要範例。「一方面你真的很喜歡喝酒，因為它讓你比較放鬆同時協助你應付生活壓力，但另一方面，你又說你花太多錢喝酒了，這讓你每天早上起床時感到很糟。」

改變對話與維持現狀對話

意圖改變涉及到自我對話，思考所有可行性選項的優缺點(Miller & Rollnick, 2013, p. 297)。改變的優缺點被定義為矛盾心理，它是**改變對話**

(change talk)及**維持現狀對話**(sustain talk)組成的（「是的，我想改變，但是……」）。改變對話包含**為改變作準備之對話**(preparatory change talk)及**正在進行改變之對話**(mobilizing change talk)。為改變作準備之對話經常隱含在會談的對話中，包括個案會去闡述跟他們維持現狀相比較之下，改變的好處，或他們較在意的是那部分。DARN是為個案語言和為改變作準備之對話的英文首字母縮略字，代表渴望(Desires)、能力(Ability)、理由(Reasons)及需求(Need)等。從個案承諾要進行改變的那一刻起，就會從為改變作準備之對話邁入正在進行改變之對話階段。正在進行改變之對話則由英文首字母縮略字CATs來表示，分別代表承諾(Commitment)、觸發(Activation)及採取行動(Taking steps)。自為改變作準備之對話邁入正在進行改變之對話，係與自懵懂期進階至沉思期同步進行，接下來就是改變的行動階段了。維持現狀對話係個案表達了為何需要維持現狀的理由（亦即改變的壞處）。就如同個案在DARN及CATs中所表達的改變對話，個案若專注於維持現狀的理由而不想改變，就會用同樣的方式表達維持現狀對話。社工人員（在聚焦及引發程序時）運用動機式晤談之目的即在引發個案的改變對話及維持現狀對話（矛盾心理），藉以蒐集能促使他們改變的理由。在改變對話中需要特別著重的即是多使用改變對話，且讓改變對話多於維持現狀對話，因為這代表個案想改變的理由：內在動機。社工人員接著會將個案的改變對話反映回饋給個案，以讓個案聽到自己所表達想要改變的理由。表8.1顯示了經由DARN及CATs模式所進行的為改變作準備暨正在進行改變的對話及維持現狀對話。

　　使用DARN及CATs可協助社工人員運用正確問題形式以引發改變對話或個案為何做改變的理由。社工人員必須確認在聚焦及引發程序時可與個案一起工作，且在個案準備好要做出改變之前，不會使用正在進行改變之問題對話（此屬準備／行動階段）。一些有用的問句可以拿來使用，譬如「你希望事情有什麼不同呢？」或「你希望將來變成怎樣？」(Miller & Rollnick, 2013)。在與個案一同執行工作時，相對於維持現狀對話（缺點），應該要逐步增加改變對話（優點）的使用頻率。

▶ 表8.1 改變對話 (CT) 與維持現狀對話 (ST)

為改變作準備對話與維持現狀對話		
Desire	想要、希望、期望、喜歡	CT：我希望能夠戒菸。 ST：我真的喜歡抽菸。
Abilities	可以、可能、會、	CT：我之前曾戒過菸。 ST：我曾嘗試過戒菸，但是失敗了。
Reasons	為改變特定之爭論	CT：我的小孩討厭我抽菸。 ST：我抽菸就是為了處理小孩的事。
Need	重要的、必須、應該	CT：我不能呼吸了。 ST：它幫我渡過每一天。
正在進行改變的對話與維持現狀對話		
Commitment	將、發誓、保證、承諾	CT：很快地我將不抽菸了。 ST：再過10年我將還是在抽菸。
Activation	將會、準備要、準備去	CT：我已準備跟它說再見。 ST：我還沒準備好說再見。
Taking steps	採取改變步驟	CT：我減到每天只抽2支菸。 ST：我又回到平常所抽的量。

資料來源：Miller and Rollnick (2013).

回應不一致

在某些情境下，社工人員可能發現自己在與表現出「**抗拒**(resistance)」之個案會談時會覺艱鉅難行。Miller & Rollnick (2013) 認為「抗拒」實際上為矛盾心理（維持對話）及想法不一致的另一種表現方式。不一致通常發生在當社工人員及個案意見不同或不同步調，或互相不知所云的時候，或者雙方關係正處在不安狀態等，可能的跡象為個案會爭論、打斷、忽略或不信任社工人員等(Miller & Rollnick, 2013, p. 369)。維持現狀對話係期待不做改變，不一致則是社工人員與個案間的信任關係出問題。此不一致可能反應社工人員超前個案太多階段，或未能精確地評估個案所處的改變階段，或錯估其重要性、自信或

準備就緒程度，而使個案失去其自主性。社工人員運用動機式晤談並非在面質當事人或與個案爭辯或想說服個案做改變，而是要遵循動機式晤談的「精神」，與個案共同合作，配合個案的步調，陪伴個案一起走過改變的各個階段。因此，降低雙方不一致的策略包含將控制的主權交還給個案，鼓勵個案自己做決定；且重新評估個案對於改變之重要性、自信及準備就緒程度的認知，並運用反映式陳述，諸如**簡單反映**(simple reflection)、**擴大反映**(amplified reflection)、**雙重反映**(double-side reflection)，強調自主性或重新建構。表 8.2 顯示了反映式陳述對不一致之回應之範例。

▶ 表8.2 反映式陳述對意見不一致之反應

我太太對於我喝酒很有意見，但是我喝的並沒有比別人多，如果不是我太太一天到晚對我嘮叨，我也不會來這裏。	
簡單反映	你在這裏是因為你太太。
擴大反映	你太太比你更應該來這裏，而不是你。
雙重反映	你並沒有喝的比別人多，但是你也不喜歡你太太一天到晚念你喝酒。
強調自主性	要不要喝酒是你自己的決定。
重新建構	你太太一定很在意你。

增進改變動機之技巧

　　動機式晤談中有幾個技巧可以運用，這可以協助個案探索並決定需要改變的理由，同時提供社工人員一些可在晤談中運用的特定思維。這些技巧使個案與社工人員共同探索矛盾心理、顯露出的不一致之處、引發改變對話並帶出個案的內在改變動機。社工人員可藉由提問簡單的開放式問題開始，譬如「你對事情如果不一樣了會有什麼看法？」；「做改變之後會有什麼好處呢？」；或「做改變後會有什麼不是那麼好的事呢？」。還有其他的治療工具，包括：評量、決策平衡及前後回顧問題等，都可以被運用來協助探索個案的矛盾心理、找出不一致之處，引發改變對話與個案內在動機。

評量

評量是協助個案探索改變動機的第一個有用步驟，可以檢視動機3元素：重要性、自信及準備就緒的程度 (Miller & Rollnick, 2013)。必須針對重要性和自信分別加以評量，因為個案可能會看到改變的重要性，但卻沒有自信，會覺得他或她無能力改變。在實施評量時會用一些特定的問題來引導個案說出他們對改變的感覺為何。應該要跟個案介紹評量技巧的意義和實施方式，且運用評量時社工人員也應先徵得個案的同意，並藉此強化雙方的合作。例如：社工人員可能陳述：「可以嗎？我想問你一些問題，我們可以更了解你現在正在戒治／開始（行為）的事情嗎？」

一旦個案同意後，社工人員即可依據圖8.2評量表開始詢問特定組合之問題。

```
0    1    2    3    4    5    6    7    8    9    10
完全沒有        一點點              非常              極度地
```

圖 8.2　動機式晤談：評量表

重要性及自信這2組必須分別評量，社工人員應該詢問下列問題(Miller and Rollnick, 2013)：

1. 在評量表上自 0 至 10，數字 0 表示最不重要，而 10 表示最為重要，其重要性係取決於改變對當下的你而言意義為何？個案會在數字移動陳述自己的狀況。
2. 數字對你的意義為何？這將允許個案表達他或她對數字背後所賦予的意義。
3. 為何你選擇該特定數字而非較低的數字？相對於詢問：「為何你選擇該特定數字而非較高的數字？」。此問句可讓個案表達為何他們選擇評量表上該特定數字，及為何不選擇較低的數字。這也是藉著對數字採取較寬容立場來肯定個案。

4. 發生什麼事會讓你由現有的數字提升到較高的數字呢？此舉使個案開始定義自己改變的渴望、能力、理由及需求，並探索他們內在動機。
5. 我能做什麼來幫助你由現有的數字提升到較高的數字呢？此舉可強化社工人員與個案間的伙伴關係。

社工人員應該重複該程序以評量個案的自信。評量可在一開始執行時由社工人員與個案一起完成，且定期地重複評量；或者在每一次的會談一開始時就一起來完成。該評量可用一般的紙本或掛圖形式，但必須存查留做後續會談參考。

評量練習可以讓社工人員看見哪一部分的動機必須要加強。例如：若個案自我評量其重要性為 9，而自信為 3。社工人員就知道後續要執行的工作應著重於強化個案的自信，而非做改變的重要性。為強化其自信心，社工人員與個案應該探索個案過去的成功經驗，並試著以過去已做過有成效的事為基礎，來探究並建立個案的優勢、資源及支持。而若個案在重要性的評量上分數較低，社工人員與個案就應關注個案的價值觀、目標與現有行為顯露的不一致之處。

決策權衡

使用**決策權衡**(decisional balance)為另一種技巧，它可以幫助社工人員及個案探索矛盾心理、內在動機。在動機式晤談中，當社工人員對改變是持中立態度，而非定要將個案導向特定的改變目標時，方會運用決策權衡 (Miller and Rollnick, 2013)。決策權衡是由 Janis 及 Mann's (1977)所創立的**決策制定**(decision-making)或**衝突模式**(conflict model)。其中，決策制定包含制定決策之好處及壞處評估。使用決策權衡工作表可使個案探索改變或維持現狀的優缺點。藉著決策權衡工作表，如圖 8.3 所示，社工人員將詢問個案每一個欄位的問句：(1) 保持現狀的好處為何？(2) 保持現狀不是那麼好的部分是什麼？(3) 改變不是那麼好的部分是什麼？(4) 改變的好處為何？

個案被要求針對每個問題將答案填於欄位中，若有需要，亦可由社工人

員代為填寫。隨後，社工人員可予以統整摘要，它所代表的即為個案的矛盾心理。其左側代表保持現狀的理由；而右側則代表改變的理由。社工人員及個案都可以看到自我內在改變動機，此將顯示於右邊的欄位。因此，為了協助個案解決其矛盾心理進而做出改變，社工人員應該聚焦於右側欄位個案所提供的理由，因其代表的是個案的內在動機。

好處 （保持現狀）	不是那麼好的部分 （保持現狀）
不是那麼好的部分 （改變）	好處 （改變）

圖 8.3　動機式晤談：決策權衡工作表

💡 向後看 / 向前看

　　社工人員可對個案運用探索式問句(exploratory question)來協助引發改變對話及改變的理由。向前看(looking forward)及向後看(looking back)問句係嘗試誘發個案未來的目標及志向；並在談論其行為討論前，也探索個案過去生活中一些可能較正面的部分。藉由向後看，社工人員探索個案在現在行為之前的生命歷程。社工人員可以詢問下列問題：(1) 在這（行為）之前，事情原來是怎麼樣的？(2) 你記不記得對你而言，當事情一切都很好時的樣子？告訴我在那個時候有什麼不一樣？(Miller & Rollnick, 2013)向後看可以潛在地幫助個案看到在問題或現有行為發生前，其生命歷程中之光明面。這可以視為希望或動機的根源，使個案減輕其問題，並回歸到較正向之狀態。

　　至於向前看部分，社工人員可以問下列的問題：(1)你想要你的生活有什麼不同？或(2)想像一下，五年後生活會是什麼樣子？在詢問一或二個起頭的

問題後,社工人員會接著問:你現在的行為會如何幫助或阻礙你達成此目標?在運用相關語言時,持續維持動機式晤談的基本原則十分的重要。社工人員詢問該行為「幫助或阻礙」,就表示它承認現在的行為對個案而言同時有好處及壞處。使用「阻礙」係因該用字相較於「傷害及危害」較不具負面意義。

發展改變計畫

動機式晤談的目標為探索並解決矛盾心理以利改變。當改變對話從為改變作準備轉換為正在進行改變時,改變計畫將在計畫程序中浮現,此也顯示個案的改變階段已經進展到準備期了。該計畫應該闡明最終想達成的目標,為達成該目標必須完成幾個特定的任務,並另有一些技巧可用於類似的行為改變。社工人員必須跟個案確認他們所認為的小技巧是對個案有幫助的。計畫同時要將復發納入,諸如預防復發的策略及若個案復發時,應採取的步驟。

案例:動機式晤談在實務的應用

安德魯為45歲英國白人。他被緩刑觀護人轉介到藥物及酒精治療機構並說明酒精濫用的情形。你是該機構的社工人員,被指派運用動機式晤談方法來執行個案會談。由於安德魯是被轉介過來的,所以你對於他及他的酒精濫用情形的資訊非常有限。因此,你期待在初次會談時就能蒐集到比較多有關安德魯這個人及他現況的相關資訊(參與程序)。

在第一次見面時,你開始與安德魯談話。你問他:「告訴我,為什麼你決定今天要來這裏?」(開放式問句)。安德魯表示觀護人告訴他,她相信他有酗酒問題需要尋求諮商,以「克服成癮議題」。為了要探索更多安德魯的主觀論述(精神)。你回應說:「你的觀護人認為你有酒精成癮問題」(反映)。此反映式回覆鼓勵安德魯繼續對話,同時提供更多有關酒精成癮的相關訊息。安德魯解釋他最近因為酒駕被逮補,而且被強制要參加諮商作為他保釋的必要條件之一。你回應說:「你來這裏是因為酒駕」(反映)。安德魯說了更多有

關酒駕事件的細節，同時解釋他很少喝酒開車，那只是在錯誤的時間及錯誤地點發生的事」。他並解釋說他從來不認為他有酒癮問題，但酒駕對他而言是個警訊；「我必須對喝酒這件事情做些什麼」（為改變作準備對話－需求）。

你想要探索更多有關安德魯使用酒精的狀況（聚焦程序），但是卻不想逼迫的太緊或是超前他的步調（精神）。為了要在較少威脅性的態度下探索本議題，你詢問他：「告訴我一些有關你喝酒的事」（開放式問句）。安德魯敘述他從快20歲時開始喝酒，然後很快地就必須增加飲酒的量才可以達到相同的效果；通常要喝到6到8罐或更多的量才會開始有感覺。安德魯詳述喝酒宿醉對他工作上造成的問題，他有太多次因為喝酒而請假沒去上班，太太也經常為了他喝酒花太多錢而抱怨他（為改變作準備對話－理由）。她希望安德魯在喝酒這件事上能慢慢少喝一點，或許可以與家人多相處、與朋友少來往一些。除了工作與他的朋友的問題外，安德魯認為來自同儕的壓力也促使他繼續喝酒，喝酒也讓他可以抒發生活上的壓力（矛盾心理）。他說，「戒酒或許不是一件壞事，但是我仍然需要找一些事來對付這些壓力」（維持現狀對話－需求）。你同意安德魯的觀點，「這對你來說一定很困難，感謝你對我這麼誠實（肯定）。你已經注意到安德魯有關酒精使用的談話中有些矛盾心理，同時評估安德魯正處在改變階段的沉思期。因為他已經能同時領會到持續喝酒和禁絕飲酒各自的優缺點。你確認應將改變目標設定為促使安德魯禁絕飲酒或減少酒精濫用。

為了進一步探索安德魯對禁絕飲酒的矛盾心理（引發程序），你決定運用決策平衡評量表。你詢問安德魯：「我想要探究喝酒對你的好處與壞處，我們一起使用決策平衡評量表來思考，好嗎？」（獲得允許）。安德魯同意了，同時填寫了評量表，如表8.4。雖然Miller 和 Rollnick (2013)曾指出決策平衡表的使用，是當社工人員對改變抱持中立之立場時，才是較適當的時機。但你相信檢視改變和維持原狀的優缺點，對找出化解改變的矛盾心理是一有幫助的工具。

喝酒的好處	喝酒不是那麼好的部分
• 可以對抗壓力 • 可以和朋友一起喝 • 喜歡喝酒的感覺 • 很有趣	• 花太多錢 • 太太不喜歡 • 常常宿醉 • 耐受性愈高，愈沒感覺了
禁絕飲酒不是那麼好的部分	禁絕飲酒的好處
• 和那些朋友要怎麼相處呢？ • 戒斷症狀（諸如盜汗、噁心等等） • 沒辦法紓壓 • 不知道可作什麼有趣的事	• 可以每天正常上班 • 太太會很高興 • 有更多的時間與家人相處 • 可以有較多的錢讓家裏支配

圖 8.4 決策平衡評量表範例

基於安德魯的回應，你摘要了評量表：「一方面喝酒很有趣；這是你和朋友相處的方式，它幫助你處理壓力。但另一面，你花太多錢了，你太太不喜歡你喝酒，喝酒也影響了你的工作」（摘要）。基於評量表，你評估安德魯的內在動機的效果為喝酒已經影響到他的身體、他的工作及他的家庭。這些理由可以作為使安德魯作改變的動機。

你接下來要評估安德魯的改變動機層級，同時邀請他與你一起參與評量練習。你跟安德魯介紹評量方式，「如果你同意，我將問你一些問題，看看我們是不是能更了解在戒酒上你所在的位置是哪裏？」（獲得允許）。安德魯同意，於是你開始做重要性的評估：「在評量表上有 0 至 10。數字 0 表示最不重要，而 10 表示最為重要。戒酒對你現在而言有多重要？」。安德魯選擇了數字 7，同時表述 7 代表他視戒酒很重要，當他想到他的工作、太太及他現在正在假釋期間的事實時，但在現在這個階段並不是最重要的。你接下來問安德魯，「為什麼你選擇 7 而不是選擇 3？」。安德魯回答 7 已經超過評量表的中間值了，同時他的確看到了戒酒的重要性；而 3 對他而言表示他沒有看到戒酒的重要性，因為它在評量表是中間數值以下。你接著問安德魯，「發生什麼事才會讓你由數字 7 提升到 8 或 9？」安德魯回答，如果他的太太威脅要離開他，或他失去幾天的工作機會。最後，你問安德魯：「我做什麼可以幫助你由數字 7 提升到 8 或 9？」安德魯陳述他想要知道更多有關酒精在他身體的一些

負向影響，尤其他父親是死於肝硬化。你評估安德魯看到了改變的重要性，而這部分還可以藉由提供有關健康的資訊來強化戒酒效果，你告訴他，你將在下次會談時提供給他。

在下一個自信評量中，安德魯評量他自己為 5。安德魯說他也很想戒酒，但是他知道朋友給的壓力可能很大，大到他自己也沒信心或「意志力」可依計畫行事（維持現狀對話 – 能力；理由）。安德魯說你可以透過教他一些如何處理與朋友間的壓力技巧策略來幫助他提升評量表上的分數。基於評量表的練習，你評估安德魯已開始看見改變的重要性，但他仍掙扎是否有信心改變。你了解到你們後續的工作將聚焦在他的自信心，及如何處理他擔心的事情。

接下來幾個禮拜，你著重在提供安德魯一些喝酒對健康影響的資訊；教導安德魯如何在沒有使用酒精情況下仍可處理他生活中壓力的一些技巧及策略，以及如何在不喝酒的情形下與他的朋友們相處（計畫階段）。你在每一次的會談中重新審視安德魯有關改變的重要性及自信心，發現他該 2 項的評量已逐漸上升到 10。在幾個星期的共同工作後，安德魯已邁向準備期階段且開始降低他飲酒的量及他每星期飲酒的天數（正在進行改變對話 – 採取步驟）。你和安德魯開始發展一戒治計畫，包括戒酒與一些處理壓力的技巧，譬如去散散步或與他太太安靜地相處一些時間、與他朋友相處而不喝酒的策略、喝不含酒精的啤酒及將聚會的場所改到自己家裏等。安德魯持續與你會談直到他戒酒後數週以便處理及觀察是否復發，並發展復發預防之工作技巧。

優勢及限制

在動機式晤談在社會工作實務中有些已被認定之優勢及限制因素。其優勢如下：

▲ 動機式晤談為多用途且可結合其他的理論及方法。例如：該方法可在一開始時與個案一起執行，以幫助個案逐項走過改變各階段，之後社工人員可以轉換銜接認知行為理論或任務中心導向。

▲ 動機式晤談是具成效的相關研究已擴展到成癮以外的領域了，並已證實在

飲食失調、服藥和治療**順從性**(compliance)、健康危機行為、賭博、**水淨化處理**(water purification)、飲食及運動等方面都可以正面影響。有關此方法的效益研究仍在持續進行中。

- 動機式晤談係**以增權為基礎**(empowerment-based)的取向，強調個案是有價值的、應被視為專家且擁有動機、優勢及資源去執行改變。社工人員不是要去面質或要說服個案改變，而是要陪伴個案且協助他們解決矛盾心理，以利做正向之改變。
- 該取向在某種程度上亦被視為「現實主義的(realistic)」，此意味著社工人員在那當下必須與個案站在一起，而非逼迫個案去探索他們不想觸及的領域或話題。

其限制如下：

- 動機式晤談相對而言是一新的取向，且仍被廣泛的評估其效益中。特別是對那些個案類型而言，這取向不是那麼適用；以及什麼時候才會是此方法最具效果或最不具效果時。儘管證據正在建立中，Miller和Rollnick (2013)仍鼓勵實務工作者若認為新的環境背景適合時，即可嘗試使用動機式晤談。
- 動機式晤談可能不見得適用所有情境或個案，因為這需要對個案有相當程度的理解。例如，若個案沒有辦法與他現有行為、價值或未來目標作適當連結思考，則該方法可能就無法運作。
- 若與非自願個案一起工作時，動機式晤談法可能就沒辦法那麼成功，因為個案不認為自己有問題，而是第三方認為他們有問題。非自願個案可能會因為有外在壓力，相對的比較快去做改變，但是只要這第三方因素不存在了，他們很有可能就會回復到原來的行為模式。
- 若個案對社工人員施壓，期待可以獲得特定指導，或社工人員習慣扮演「專家」的角色時，動機式晤談的技巧可能很難嚴格地遵守。社工人員及個案必須合作及共同參與制定決策過程，且社工人員不能陷入提供建議或強勢指導個案的圈套；因為動機、優勢及資源均來自於個案本身。

倫理及文化考量

動機式晤談視個案為自我處遇的專家，且重視他們的經驗及主觀觀點，社工人員應將處遇目標設定為引導個案解決矛盾心理以利改變。為了持續此焦點，社工人員應將會影響個案行為、經驗及主觀觀點的不同社會及文化因素納入考慮(Miller & Rollnick, 2013)。例如：來自美國的社工人員對於酒精的使用可能不同於來自英國的社工人員。更簡單的說，即便在同一個國家，酒精的使用在不同社群及鄰近地區可能也有不同觀點。因此，社工人員在跟個案一起工作時，要很謹慎的不要讓自己的社會及文化的影響力形成干擾。相反的，社工人員應該引出個案的社會及文化影響力，並導向工作；因為個案只有在認定改變是與自己相關時才會有意願改變(Miller & Rollnick, 2013)。

動機式晤談力求陪伴個案且幫助他或她解決矛盾心理以利改變。此取向無法充分發揮作用的情境為個案是因某行為被其他人認定有問題而被強制要求須尋求協助之狀況。為了說明這**權力差異**(power-differential)狀態，Miller & Rollnick (2013, pp. 245-6) 發展出下列的倫理練習指導綱要，以堅守動機式晤談之精神：

1. 若科學證據顯示動機式晤談可能導致傷害個案，就不應該繼續使用。
2. 若發現個案與社工人員間的關係不和諧，或在某一領域有倫理問題，就須同步澄清個案與你渴望達到的**目的**(aspirations)是否一致。
3. 若你所認為對個案之**最大利益**(best interest)與個案所想的相違背時，須重新思考並與你的機構協商，釐清你對其個案的關切點及渴望為何。
4. 你個人對某一特定個案投入的心力愈多，使用該取向就愈不適合。
5. 若你的角色是具強制力，可去影響個人的行為及結果，則使用這個策略就不適當。

反壓迫實務與動機式晤談

動機式晤談是一個以增權為基礎的取向，且其本質是反壓迫的，它是基於溝通技巧及人際互動風格，且個案是有價值的並視個案為專家。動機式晤談的

「精神」為：保持個案及社工人員的合作，且在整體改變過程以工作伙伴關係自居。社工人員很清楚地知道個案是自己的專家、所有的優勢、資源及動機均來自於個案自己；社工人員也很了解改變及責任也都仰賴個案自己。其方法已清楚必須和個案一起行動，而非推著個案行動，或硬拉著、以說服方式迫使他們做出選擇或決定，這會使他們因未準備好而不願再繼續努力。

在動機式晤談中所使用的語言都是反壓迫式的。例如：使用「晤談(interview)」而非治療(therapy)、處遇(treatment)或壓力諮商(counselling stress)。重點是此合作關係同時不隱涉誰在過程中握有權力(Miller & Rollnick, 2002)。此外，使用如幫助(help)、阻礙(hinder)、好的(good)、不是那麼好(not so good)等字眼，探索應維持原狀或改變，會較不帶指責及壓力的。所以也較不會使他們覺得這是不好的。而在支持自主性及提供正向肯定部分，其方法尋求的是尊重個案且找出他們的優勢、資源及成就以提供安全的環境來執行改變。

動機式晤談的研究

自從動機式晤談30年前第一次被提出來討論，其方法已歷經過許多的評估以檢驗其在不同情境及個案類型的效益。自1983年以來，其文獻已超過1200份以上，其中超過200份係經由臨床控制實驗，以檢驗動機式晤談運用於酒精濫用及其他藥物濫用、水淨化處理、抽菸及無菸尼古丁之使用、健康危機行為、服藥和治療順從性的效益、飲食及運動、飲食失調及賭博等。（請參閱www.motivationalinterviewing.org以查閱完整之參考資料。）儘管相關研究證據仍在發展中，有些研究顯示此效益之所以會產生，可能不是因為實際使用了動機式晤談的「處遇技巧」所導致的，反而是「個案在動機式晤談的過程中，受到臨床工作者及相關脈絡因素等影響的交互作用，而上述因素是無法充分地在處遇手冊中被標準化的」(Miller & Rollnick, 2013, p.696)。其原因這個部分被假設是以臨床工作者的臨床技巧為基礎，然在動機式晤談研究中是一無法被精確測量的項目。更明確地說，雙方的治療關係才是動機式晤談的「精神」所在，因為臨床工作者強化了彼此的關係，因而增加了改變機會(Miller & Rollnick, 2013)。

一個由Lundahl et al. (2010)和他的工作團隊所執行的後設分析，針對25年期間與幫助個案改變，檢驗動機式晤談效益的相關經驗研究，進行整理分析。在全部119個研究中，檢驗動機式晤談包括了物質濫用（酒精、抽菸、藥物）、節食、運動、安全性行為、賭博及參與治療等變項。其結果顯示如下：

- ▲ 整體而言，動機式晤談干預效果並不大，但就其廣泛的問題領域而言其效果是顯著的。百分之七十五的參與者可自動機式晤談中獲得某種程度的改善(p. 151)。
- ▲ 當與其他的現行處遇方式相比較，如12步驟(12-step)和認知行為治療(CBT)，動機式晤談的平均處遇時數較其少了超過100小時以上，然其所產生的效果是相當的(p. 152)。
- ▲ 動機式晤談運用於成癮行為及一般性促進健康行為上時是有效的，而對經常處於高度或低度憂慮狀態的個案也是有效的(p. 152)。
- ▲ 動機式晤談對強化個案改變意向，以及加強對自我改變能力之自信心方面是有用的(p. 152)。
- ▲ 動機式晤談是可以「跨越多項不同治療的形式或角色功能」的(p. 153)。

摘要

動機式晤談是「共同合作、目標導向的，且特別關注有關改變的語言溝通形式。它係設計來強化個人動機，且致力於營造接納、同理氣氛以引發個案內在改變之理由」(Miller & Rollnick, 2013, p. 66)。社工人員的工作著重以個案為中心，並以解決個案矛盾心理以利做改變為處遇目標。社工人員應持續評量個案當下所處的改變階段，及個案所自評的改變重要性、自信及準備就緒程度。動機式晤談之「精神」則提供社工人員與個案互動的工作基礎，其中包括夥伴關係、接納、同理及喚起等。社工人員透過動機式晤談的四個程序（參與、聚焦、引發、計畫），以及運用相關溝通技巧，譬如開放式問句、肯定、反映及摘要(OARS)等，回饋給個案，讓個案覺察到自己的矛盾心理，這都包含在改變對話及維持現狀對話中。開放式問句、評量、決策權衡、向後看／向

前看等問句是有用的技巧，可用來評估個案的改變動機，探索其矛盾心理、引發改變對話及發掘其內在動機。社工人員必須堅守動機式晤談之「精神」，同時陪伴、協助個案解決其矛盾心理，以利正向改變。

個案研究

安娜是一位16歲的英國白人女子，她因為飲食失調被她的普通科醫師(GP)轉介到兒童及青少年精神健康服務中心(CAMHS)。當你第一次遇見安娜時，她透露自己在過去4年一直在與暴食症對抗，她希望能戒除暴食、催吐及使用瀉藥的習慣。安娜回述她每天至少有一次暴食及催吐，同時使用8顆瀉藥以控制她的體重。安娜表示她對自己的行為感到罪惡感及丟臉，同時也說當在催吐時，她覺得很有成就感，會覺得一切都在控制中。但是她開始看到自己的嘴巴及牙齒有些變化，她知道這是因為不斷催吐造成的結果。安娜幾乎沒有社交活動，只要牽涉到食物的場合她便拒絕與家人或朋友外出。安娜表示她想要做一些改變，因為她知道這已經影響到健康及社交生活，但卻不想因而增加體重或對她的進食習慣失去控制。請敘述你如何運用動機式晤談協助安娜。

延伸閱讀與網路資源

http://www.motivationalinterviewing.org
  Provides information on motivational interviewing as well as a complete bibliography.
Arkowitz, H., Westra, H.A., Miller, W.R. and Rollnick, S. (eds) (2008) *Motivational Interviewing in the Treatment of Psychological Problems*. New York: Guilford Press.
  Applies motivational interviewing to the treatment of a variety of psychological problems (that is, anxiety, depression, PTSD, eating disorders).
Levounis, P. and Arnaout, B. (2010) *Handbook of Motivation and Change: A Practical Guide for Practitioners*. Arlington, VA: American Psychiatric.
  A beginner's guide to motivational interviewing.
Miller, W.R. and Rollnick, S. (2013) *Motivational Interviewing: Preparing People for Change*, 3rd edn. New York: Guilford Press.
  The third edition of Miller and Rollnick's introductory book on motivational interviewing.
  Discusses all the basic processes and characteristics, and presents research on utilizing motivational interviewing with various populations in various settings.

參考文獻

Britt, E., Hudson, S.M. and Blampied, N.M. (2004) Motivational interviewing in health settings: a review, *Patient Education and Counseling*, 53(2): 147–55.

Janis, I.L. and Mann, L. (1977) *Decision- making: A Psychological Analysis of Conflict, Choice, and Commitment*. New York: Free Press.

Lundahl, B.W., Kunz, C., Brownell, C., Tollefson, D. and Burke, B.L. (2010) A meta-analysis of motivational interviewing: twenty-five years of empirical studies, *Research on Social Work Practice*, 20(2): 137–60.

Miller, W.R. (1983) Motivational interviewing with problem drinkers, *Behavioral Psychotherapy*, 11(2): 147–72.

Miller, W.R. (1994) Motivational interviewing: III. On the ethics of motivational intervention, *Behavioural and Cognitive Psychotherapy*, 22(2): 111–23.

Miller, W.R. and Rollnick, S. (1991) *Motivational Interviewing: Preparing People for Change*. New York: Guilford Press.

Miller, W.R. and Rollnick, S. (2002) *Motivational Interviewing: Preparing People for Change*, 2nd edn. New York: Guilford Press.

Miller, W.R. and Rollnick, S. (2013) *Motivational Interviewing: Preparing People for Change*, 3rd edn. New York: Guilford Press.

Norcross, J.C., Krebs, P.M. and Prochaska, J.O. (2011) Stages of change, *Journal of Clinical Psychology*, 67(2): 143–54.

Prochaska, J.O. and DiClemente, C.C. (1983) Stages and processes of self-change of smoking: toward an integrative model of change, *Journal of Consulting and Clinical Psychology*, 51(3): 390–5.

Prochaska, J.O. and DiClemente, C.C. (1984) *The Transtheoretical Approach: Crossing Traditional Boundaries of Therapy*. Homewood, IL: Dow Jones- Irwin.

Prochaska, J.O. and DiClemente, C.C. (1992) Stages of change in the modification of problem behaviors, in M. Hersen, R.M. Eisler and P.M. Miller (eds), *Progress in Behaviour Modification*. Newbury Park, CA: Sage.

Prochaska, J.O., DiClemente, C.C. and Norcross, J.C. (1992) In search of how people change: applications to addictive behaviors, *American Psychologist*, 47(9): 1102–14.

Rogers, C.R. (1959) A theory of therapy, personality, and interpersonal relationships as developed in the client-centered framework, in S. Koch (ed.), *Psychology: The Study of Science: Vol. 3, Formulations of the Person and the Social Contexts*. New York: McGraw- Hill.

Rollnick, S. and Miller, W.R. (1995) What is motivational interviewing? *Behavioural and Cognitive Psychotherapy*, 23(4): 325–34.

Velicer, W.F., Prochaska, J.O., Fava, J.L., Norman, G.J. and Redding, C.A. (1998) Smoking cessation and stress management: applications of the transtheoretical model of behavior change, *Homeostasis*, 38(5/6): 216–33.

第九章
認知行為療法

前言

認知行為療法(cognitive behavioural therapy)，簡稱CBT，它基於**行為操作理論**(theories of behavioural conditioning)、學習理論，以及認知理論(Thomlison and Thomlison, 2011)，為一被廣為研究的心理學方法。認知行為療法其實是行為療法和認知療法兩者的結合，當兩種療法共同著重於想法和感覺（認知）的影響、造成心理困擾和心理障礙的行為。由於被批評其使用非科學的精神分析個案，這些個案在社會工作中是顯著的，並且缺乏有效能改變的處遇方式(Howe, 2009)，因此行為及認知療法被併入社會工作中。鑒於行為療法著重於原因和行為模式，以及這些習得的行為如何有助於解決當下的問題；認知療法則著重於認知發展或想法和感覺，以及錯誤的信念和錯誤的資訊處理，如何導致個案在私人和社會體系中的困難。認知行為療法結合行為和認知雙方面的觀點，在開始建構心理困擾和心理障礙時。認知行為療法旨在尋求幫助個案分析並「**現實測驗**(reality test)」既有的思考模式、情緒反應及透過評估目前困難所確認的行為，並且以一個循序漸進的方式嘗試新方法，監督和評估在此三種領域的效果(Sheldon, 2011, p. 3)。

認知行為療法假定當我們嘗試緩和或減少個案的問題或困難時，想法、感覺和信念是互相纏繞，並且應該被結合評估的。當社工採用認知行為療法時，他的角色乃是評估個案的行為、想法和感覺，以及這些如何有助於個案當下的問題，然後提供幫助個案改變行為或思考過程的處遇，以創造更正面且可接受

的結果。本章將會介紹認知行為療法，探索此方法的起源——行為和認知療法的發展；此方法的基本假說；可用來減少或減輕個案的痛苦或障礙的具體評估、處遇和評估技巧。

認知行為療法的起源

在1970年代，社會工作因為在協助個案時，缺乏可被測試且被證明有效的科學性處遇而被批評(Howe, 2009)。因為這樣的批評，社會工作開始探索行為和認知療法，而後合併認知行為療法於社會工作實務上。既然認知行為療法是行為和認知療法的結合，在我們單獨討論認知行為療法之前，我們將於以下篇章依序討論行為和認知兩種療法的起源。

行為療法

行為療法(behavioural therapy)的起源可被追溯自1950年代，當時的學說主要基於古典制約和操作制約的觀點，發展自1900年代早期，當時進行人體和動物研究的實驗心理學家的著作(Sharf, 2012)。最被廣為引用、對行為療法具影響力的學說為巴甫洛夫(Ivan Pavlov)的狗制約學說。巴甫洛夫的經典學說觀察狗會在吃到食物之前流口水。在巴甫洛夫的實驗中，在狗被餵食之前，他先製造出聲響或亮光一到兩次，使狗聯想聲響或亮光和食物的關聯。因此，狗會在被餵食之前，在聽到聲響或看到亮光後就開始流口水。聲響或亮光和食物的關聯變得強大，使得狗光是在聽到聲響或看到亮光就開始流口水。在這個實驗中，巴甫洛夫發現，當提供一個具有因果關係的先例，狗就會受到制約而流口水，因此，狗就學到新行為。

基於巴甫洛夫的研究，John Watson提倡11個月大的嬰兒小艾伯特(Little Albert)實驗，假設情緒反應是可被制約的(Watson and Rayner, 1920)。實驗人員觀察到小艾伯特本來很放鬆地和溫馴的老鼠和兔子玩，但是被巨大的聲響嚇到。長約一週的期間，Watson開始在導入老鼠前製造一種巨大的聲響。在這之後，小艾伯特光是看到老鼠或是兔子就會驚嚇或是害怕。

這兩個學說考驗了古典制約或稱反應制約(classical or respondent conditioning)模型，其後成為行為療法的基礎的一部分。古典制約或稱反應制約模型認為行為是先前學習的結果。行為是由學習而來的，因此行為可經由學習再戒除。古典制約特別著重於行為的先例(Sharf, 2012)。例如：在學開車的時候，我們學到如果前方車輛的煞車燈亮了，我們也就要煞車以避免碰撞。隨著時間的推移，未來開車時我們遇到這種情況，煞車時並不會考慮太多。當我們看到前方車輛的煞車燈亮，我們就被制約去做踩煞車這件事。

操作制約或稱工具制約(operant or instrumental conditioning)同為行為療法的基礎的一部分，並且基於Edward Lee Thorndike和B.F. Skinner的著作。Thorndike首先實驗測試新行為。某一個實驗(Thorndike, 1911)涉及觀察關在籠子的貓企圖去抓取籠子外的食物的動作和行為。貓為了逃出籠子嘗試了許多動作，然後在打開籠子口的閂子後，終於能逃出去。一段時間後，相對於無用的行為如：咬籠子，貓藉由逃出的動作拿到獎賞（也就是食物），所需的逃出籠子的時間更快。Thorndike根據這個實驗開發出**效果律**(law of effect)，他發現給行為提供因果關係或獎賞將導向學習(Kazdin, 2008; Sharf, 2012。正面的因果關係將會增加未來執行行為的可能性，並且負面的因果關係將會減少未來執行行為的可能性。

B.F. Skinner創造操作制約理論，強調行為的前例和因果關係(Sharf, 2012)。Skinner主張基於所呈現的因果關係，行為能被改變。在此理論中，他所謂的正面和負面的增強是指：正面的因果關係或增強，將會造成行為的增加；負面的因果關係或增強，將會造成行為的減少。

正如古典和操作制約和操作制約的模型所示，基於從行為接收到的因果關係，行為可被習得、經由學習戒除及調整。這兩種模型在行為療法發展中，成為理論的骨架。行為療法學家特別感興趣的是：評估行為是如何被習得或是獲得、行為是如何維持，以及行為是如何基於因果關係或增強而變化(Howe, 2009)。行為療法學家專注於當下的問題，並且嘗試修改或校正助長當下問題的行為，尤其透過學習戒除錯誤的程序、不想要的行為和提供機會，以正面或更能接受的因果關係來學習新行為。

認知療法

當行為療法在1960年代逐漸推廣的同時，認知療法(cognitive therapy)基於Albert Ellis和Aaron Beck的著作開始形成。Albert Ellis為一名精神分析學家，爾後成為心理學教授，而Aaron Beck則受訓練成為精神科醫師和精神分析學家。Ellis發展出理情行為療法(REBT)，為一種形式的認知療法，在1950年代期間，基於他對自己精神分析學家的工作的不滿。Ellis相信，如果他提及行為和情緒方面可能導致個案的問題的事件，相對於僅僅鼓勵個案自由談論經驗和問題（也就是自由聯想法），和病患的治療會更為有效(Sharf, 2012)。Ellis發展出A-B-C模型，考驗(A)誘發事件如何沒有自動製造一個(C)行為或情緒的結果，但是(B)個人的信念系統，居中調解著(C)行為結果。關於A-B-C模型，我們在之後將會更進一步的討論，特別是與認知行為療法有關的部分。

Beck的早期研究聚焦於憂鬱症（貝克憂鬱量表，BDI）以及一個人的認知對於治療憂鬱症的重要性。雖然他的工作是精神分析學家和研究員，Beck理解到認知——尤其是個案錯誤的、負面的情緒——扮演了導致精神困擾和心理功能障礙的重要角色。Beck發現有憂鬱症或表現出其他精神困擾的個人，經常過度放大和以偏概全他們的錯誤行為或個人缺陷，而這些問題經常基於他們所發展出的一套信念或**基模**(schemas)，而他們為此承擔責任。Beck的理論提倡早期童年經驗導致基本信念和基模的發展，或**自動化思維**(automatic thought processes)導致個人如何思考、感覺和行為。這些基本信念和基模將在未來的情況下啟動，觸發經由情緒、行為和心理反應表達的自動化思維(Liese, 1994)。例如：一個學生被總是告訴他要「滿意不可取，追求完美，絕不妥協」的母親養大，這學生在求學階段抱持著基本信念：任何不完美的事物將代表她是個失敗者、沒用的人、不值得被她媽媽愛的人。這學生在大學修習社工學，在此她的第一學期的成績結果是「尚可滿意」。學生和助教預約面談，打算討論退選此堂課的事。當學生抵達時，她看起來蓬頭垢面且一團糟，指導老師懷疑這學生可能正經歷一些憂鬱的症狀。這個個案說明了當她得到一個「尚可滿意」的成績，灌輸於此學生的基本信念和基模如何被啟動，導致負面信念和痛

苦情感。

　　認知療法學者認為我們怎麼想影響了我們怎麼感覺(Thomlison and Thomlison, 2011)。因此，認知療法的治療目標為辨認出個案的支持當下問題的扭曲的信念或是錯誤的思維，提供處遇以挑戰這些信念和想法，以及和個案共同努力創造對他來說比較正面並可接受的新的信念和想法，並且減少和減輕當下的問題。

　　鑒於行為療法聚焦於行為，而認知療法聚焦於認知，認知行為療法（認知行為療法）則為兩者的結合，聚焦於經驗到心理困擾和失能的個案的行為與認知的相互作用。認知行為療法主要被Albert Bandura (1977)所著之社會學習理論影響，此理論強調個人可觀察出的行為的重要性，如：想法和情緒。社會學習理論主張個人在他們的環境中，經由觀察和以他人為模型學習，包括模仿行為、想法和感覺。個人將更可能仿效和展示被他們的環境增強的行為、想法和感覺，無論行為、想法和感覺在本質上是正面和負面(Sharf, 2012)。

認知行為療法釋義

　　認知行為療法是一種治療方法，涉及結合評估和改變行為、想法和感覺，當治療個案時，減弱心理困擾和失能。認知行為療法涉及專注於當下問題和造成目前問題的起因，並強調社工以及個案的平等參與，以改變錯誤學習程序或行為。認知行為療法抱持個案的問題和困難是行為、想法和感覺綑綁為一體的結果，因此，個案如何看待他們自己或情況，影響了他們如何在行為和情緒兩方面上反應這個情況(Vonk and Early, 2009)。當使用認知行為療法於個案時，目標為改變個案既有的錯誤或負面的行為、想法和感覺，以更加能接受的、正面的、將會減少或減輕當下問題的行為、想法和感覺來代替。

　　為進一步說明想法、感覺和行為是如何緊密纏繞的，我們將回顧Ellis的基於社會學習理論的A-B-C模型。如圖9.1a所示，情況通常被視為誘發事件(A)導致了行為和情緒結果(C)。例如：一個學生的大學論文得到「尚可滿意」的成績(A)，然後她感到自己毫無價值，並且安排見助教，以退選課程(C)。我們

在這個場景忽略掉的是事件(A)如何被認知程序(B)篩選，如圖9.1b所示。例如：一個學生的大學論文得到「尚可滿意」的成績(A)，此學生認為自己毫無價值，當她想起她母親灌輸給她的信息：「滿意不足取，追求完美，絕不妥協」(B)。因此，學生覺得自己毫無價值，無法繼續課程，於是安排見助教以退選這個課程(C)。這個例子說明了對於誘發事件(A)，認知程序(B)居中調解了行為和情緒結果(C)。這些基本信念和基模，如這個學生所被灌輸的，可能在她出社會工作後，對她繼續造成問題。例如：此學生的老闆在她的年度審核給她評為「尚可滿意」(A)。學生認為她是個失敗者，並且記得母親告訴她的規則：滿意不夠好(B)。此學生又感覺她是個失敗者所以辭掉工作(C)。若此學生沒有改變或是修正她錯誤的思考程序，她將會繼續視自己為一個失敗者或是沒有價值的人，並且逃離她只是得到「尚可滿意」的情況。

在實務上使用認知行為療法，意指社工人員應該有一個信念，也就是「問題行為可以被修正和改變，認知塑造其行為，影響行為改變需要一個有系統的方法」(Thomlison and Thomlison, 2011, p. 84-5)。這裡有認知行為療法的三個基本假設，我們將詳述如下：

1. 個人認知（思考）居中調解情緒和行為(Trower et al., 1988; Vonk and Early, 2009)。個人不僅僅對情況和刺激反應，而更是透過他們的認知程序過濾情況和刺激。這個過濾程序由過去經驗中發展出的基本信念和基模所塑造，並且藉由模仿個人在環境中觀察到的行為和情緒所塑造。情緒和行為導因於個人經歷某一情況或刺激，將會基於他們的認知程序而改變。

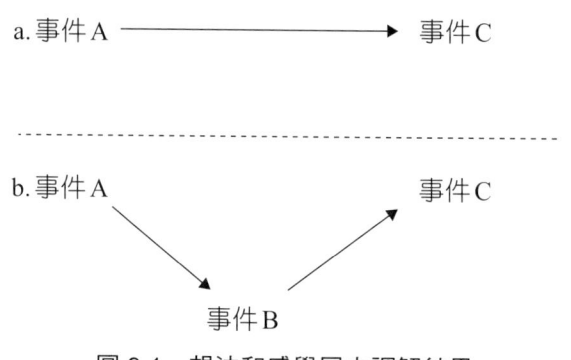

a. 事件A ───────▶ 事件C

b. 事件A   事件C
         ↘   ↗
         事件B

圖9.1 想法和感覺居中調解結果

2. 錯誤或扭曲的認知導致心理困擾和失能 (Trower et al., 1988)。個人已經培養出錯誤、扭曲或不真實的基本信念或基模，將會透過此錯誤系統處理情況和刺激，以製造本質上負面或有問題的結果（情緒和行為）。
3. 減少或減輕心理困擾和失能，需要修正和改變錯誤或扭曲的認知與行為 (Trower et al., 1988; Vonk and Early, 2009)。當認知程序居中調解結果（情緒和行為），減輕負面結果的處遇要求認知程序和（或）行為的改變。處遇需要一個對既有認知程序的挑戰，更精確的來說，將會對情況和刺激製造出無心理困擾與失能的反應（也就是結果）。

將認知行為療法在實務上的應用

認知行為療法(CBT)的目的是將不適應的想法和／或行為以更加正面、可接受的想法和（或）行為來代替，來嘗試解決個案生活中的問題或困難。這個療法要求社工和個案共同合作，Vonk和Early (2009)具體說明兩者在此程序中的角色。社工的角色是身為一個支持的老師或嚮導，他對個案採用更加直接的態度，指出當下問題為個案的想法、感覺和行為的相互作用。社工人員幫助評估程序，以練習說明造成當下問題的想法、感覺和行為的連結，來引導個案。

當社工人員在此療法中更具指揮性時，她或他詳細說明處遇技巧，此技巧通常包括個案在晤談外被指派得完成的工作。社工人員可能提供具體性的建議，建議個案為了改變想法或行為應該嘗試(Macdonald, 2007)。

個案的角色是負起責任，討論想法、感覺和行為，並且分享這些如何促成她或他當下的問題。個案參與治療程序，告知社工她或他的問題，完成功課和任務，以及隨著共同工作的進行，對療程掌握更多。當社工人員被視為擁有認知行為療法技巧和策略的專才，個案則被視為了解她或他的經驗和情況的專才(Vonk and Early, 2009)。合作關係應該持續進行，從個案討論問題和設定目標，到共同工作的評價。

將認知行為療法應用至實務的過程包括三個階段：(1)**評估**(assessment)，(2)處遇，以及(3)**評價**(evaluation)。各別詳述如下：

1. 評估：評估擔任最重要的階段，由於這是個案和社工人員探索個案的想法、感覺和行為如何促成當下問題。每次的評估都應該從個案對當下問題的定義開始，並根據頻率、強烈程度和持續時間，描述詳情。當下問題則直接關係到治療或是照護計畫。在此階段，A-B-C模型的作用是使個案了解他們想法、感覺和行為的模式，尤其是當這些想法感覺和當下問題有關聯時。如前所述，A-B-C模型由以下三項組成：(A)**誘發事件**(activating event)－在產生此感覺或是行為前一刻發生了什麼事？(B)**信念系統**(belief system)或態度（認知程序）－你對此事是怎麼想或怎麼感覺的？以及(C)**行為和情感的結果**(behavioural and emotional consequences)－情感和行為的反應是什麼？

　　在評估的階段，社工人員和個案討論A-B-C模型，然後將模型應用於個案當下的問題。例如：在論文成績拿到「尚可滿意」的這位學生，說明她的當下問題為感覺自己毫無價值，並且無法繼續修習此社會工作課程。你向此學生解釋A-B-C模型，並和她討論她的想法和感覺，如何可能造成了她的當下問題（也就是，負面的情緒結果）。你要求此學生在分成三個空欄的紙上，記錄下一週內她感到毫無價值或是無法繼續任務的狀況。在第一個空欄內，學生寫下誘發事件(A)，在這裡她寫下在她感到毫無價值和無法繼續任務的前一刻，發生了什麼事。在第二個空欄，學生寫下在誘發事件之後，她當時立即產生的想法和感覺(B)。在第三個空欄，則記錄情緒和行為的結果(C)，在此她寫下她如何感覺、和她做了什麼以對應誘發事件。

　　此練習將會幫助社工人員和個案，了解個案的想法、感覺和行為的模式，並將會幫助決定說明當下問題的最適合的處遇方式。處遇方式可以被量身訂作地說明，若改變誘發事件時，發生行為的前一刻發生了什麼事；或者若個案改變其想法、感覺和行為，在發生誘發事件後，可能立即發生什麼事(Howe, 2009)。

　　另一個認知行為療法的批評面向，為和個案一起評估處遇的有效性的能力。評價程序在評估階段就開始，在處遇發生前，個案說明當下問

題的強烈程度、頻率和持續時間。通常若不是透過標準化評估工具測量，如：貝克憂鬱量表(BDI)、阿肯巴克兒童行為檢核表(Achenbach Child Behaviour Checklist) (Achenbach, 1991)，就是透過經由社工人員統整的個案的自我陳述。一個採集問題的強烈程度、頻率和持續時間的預先處遇方式，通常被稱作**基線數據**(baseline data)，是直接詢問個案：「你在過去（一天，三天，一週，一個月）內，有這種（想法或行為）？」(Granvold,1996)這些資訊可被記錄於圖表中，水平線記錄行為或感覺，而垂直線記錄行為或感覺的頻率。圖9.2說明了如何將當下問題的頻率圖表化的一例；此個案記錄他在一天內經驗了此問題七到八次。垂直的虛線代表當處遇開始。在處遇開始後，對於問題發生頻率的紀錄應該繼續，以協助後來的評價。

2. 處遇：認知行為療法集合從行為、認知和理情行為療法的一系列的技巧和策略，全都尋求達到減輕當下問題的目標，以修正不適應或錯誤的認知和／或行為。一旦當下問題被個案辨認出，並且導致問題的想法、感覺和行為的成果被評估，社工人員可以選擇最適合的處遇以減輕問題。以下列表

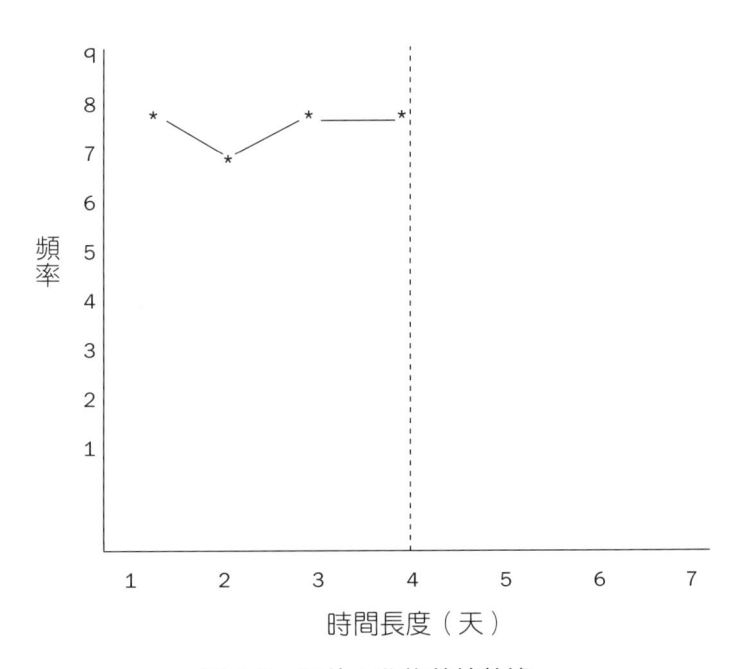

圖9.2 評估：收集基線數據

為技巧和策略的例子，社工人員可以在工作中利用在個案身上。附加的處遇技巧請見本章末的延伸閱讀部分。

(a) 認知再建構：社工人員和個案共同工作，以更加可接受和正確的認知來改變錯誤或非理性的認知以減輕當下問題。處遇可能只是單純的討論支持或反對既有認知的證據。社工人員可以開始此程序，從詢問如下列的問題開始：「你一無是處（或其他信念）的證據是什麼？」；「這個情境能如何被以不同的方式描述或解釋嗎？」；「如果這個信念屬實，會造成什麼結果？」(DeRubeis et al., 2009; Sharf, 2012)

(b) 放鬆技巧：社工人員教導個案放鬆的技巧，特別是使用在有壓力的或引起焦慮的情境。此程序典型地包括從頭到腳趾的筋肉群的繃緊和放鬆。在有壓力的或不舒服的情境下，為了使個案能感到舒適地使用技巧，社工人員可能建議個案在辦公室以外練習放鬆技巧十到十五分鐘、一天一到兩次。

(c) 社交技巧訓練：社工人員和個案確認一個個案的行為是有問題的情境，在此情境下並且尋求修正行為使其變得更能被接受。學習這個新行為時，社工人員和個案確認小任務或階段，在晤談中練習這些技巧以達到新行為並開始作為。社工人員可能先示範行為，然後請個案和社工人員一起練習。社工人員和個案確認某些行為是適宜和不適宜的情境。社工人員可能指派回家作業給個案，要求他在晤談外的時間練習新技巧，並且個案回報社工人員他如何經歷和培養技巧(Sheldon, 2011)。

(d) **自我肯定訓練**(assertion training)：這個程序和社交技巧訓練雷同，在此社工人員和個案確認一個對個案來說有問題的情境，通常包括個案不能滿足他們的需求、感到害羞、被欺負或被歧視等數個情境。自我肯定訓練的目標是讓個案學會適宜的自我表達。社工人員和個案應在實際應用於真實生活設定前，一起練習這些技巧(Sheldon, 2011)。

(e) 解決問題的技巧：社工人員和個案確認一個問題，然後一起找尋潛在的解決方法。此程序經常包含確認一個目標，或是問題的解決方法、

創建任務以達到目標、完成任務然後報告進展以達到目標。藉由共同工作而習得的技巧，可以轉換到其他個案遭遇問題的情況使用。

(f) **厭惡療法**(aversion therapy)：個案暴露在一個行為或是情況（通常是個有問題的行為），當個案同時暴露於不愉快或是不舒服的行為或感覺中。目的是讓個案聯想他的問題行為和不愉快或是不舒服的行為或感覺，然後停止問題行為。例如：一個個案有罵髒話習慣，可以在他（她）手腕上戴一條橡皮筋，然後在每次罵髒話時拉一下橡皮筋。

(g) **系統減敏法**(systematic desensitization)：將個案暴露在誘發焦慮的情況下，在日常生活中或透過想像形式，當同時暴露在和焦慮對抗的行為下，如：放鬆(Sharf, 2012)。個案可以先學習放鬆技巧，然後逐漸地將自己暴露在引起焦慮的情況下，當合併使用他們的新放鬆技巧。Wolpe(1958)發展出三階段，以在實務中合併這個方法。(1)個案學習放鬆技巧；(2)社工人員和個案討論誘發焦慮的事件並將這些事件以焦慮程度排序；和(3)個案想像這些事件，與此同時使用放鬆技巧。目標是使個案將有問題的、誘發焦慮的情況和更愉快和舒適的行為做聯想。

(h) **增強**(reinforcement)：此技巧亦被稱作**代幣制度**(token economies)，經常使用在兒童身上。基於操作制約的模型，積極的增強被施加於好行為，而消極的增強被施加於不好的行為。例如：如果蘇珊想要停止罵髒話，她可以在她沒有罵髒話的那幾天在罐子裡放一英鎊，然後在一週結束時用罐子裡的錢獎賞自己。此外，如果蘇珊那天罵髒話了，她就要從罐子裡拿走一英鎊。目標是鼓勵個案修正問題行為。

(i) **模仿和角色扮演**(modelling and role-plays)：模仿，基於Bandura (1977)的著作，包含了教導、激勵和鼓勵正面行為，同時勸阻負面行為。模仿可以在治療環境下進行，社工人員模仿一個特定行為或行動，然後和個案一起模仿此行為。其他形式的模仿有：利用電影或是錄影帶，參與團體或透過視覺化 (Sharf, 2012)。角色扮演經常和模仿同時進行，社工人員和個案在模仿情境下練習表演特定行為和行動。

3. 評價：認知行為療法的一個重要的成分為檢查處遇的有效性。當在以上的評估階段討論時，社工人員收集關於問題的資訊，按照強度、持續時間和頻率。這些資訊被用來當作基線數據，這說明了在處遇實施前問題的程度。為了決定處遇是否有效，或者當現有的處遇方法無效時，何時須合併使用新處遇技巧，我們建議社工人員在整個共同工作中，持續收集問題的強度、持續時間和頻率。持續追蹤問題的強度、持續時間和頻率，也可被當作個案的有用工具，以說明個案的進步或者還要努力的部分。圖9.3說明在處遇實施後，個案的行為頻率如何地減少（如垂直的虛線所示）。

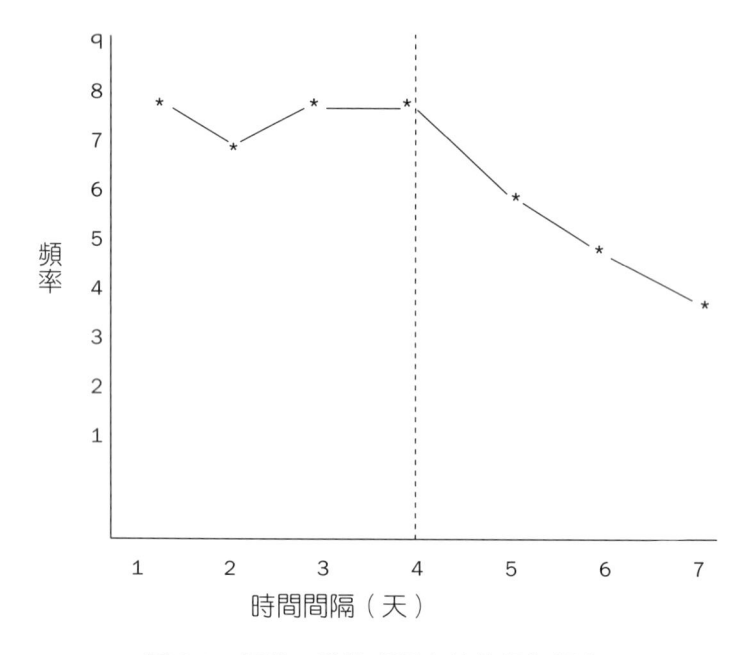

圖 9.3　評估：監控處遇之後的行為頻率

> **練習9.1**　探索認知行為療法
>
> 兩人一組或分成小團體討論下述事項：
> 1. 思考一種社會工作情境是適合使用認知行為療法的。
> 2. 描述在此情境下社工人員和個案扮演的角色。
> 3. 討論你在此情境下會如何評估(assess)、處遇(intervene)和評價(evaluate)。

案例：認知行為療法在實務上的應用

　　Dan是個33歲、白種英國人的單身爸爸，他參加當地的家庭中心的親子遊戲團體。Dan有兩個小孩：Alex四歲和Samantha兩歲。Dan的孩子的媽媽Lacy，已經濫用藥物好幾年，約一年前她離開了Dan和小孩；自從她離開以後就無消無息，從未聯絡過Dan和小孩。Dan從事兼職的建築工人工作，當工作允許的情況下，他負起照顧小孩的全部責任。Dan被要求和身為家庭中心社工的你晤談，並說明他愈來愈擔心自己教養和管教小孩的能力。Dan說明他在過去的一年他開始感到焦慮的增強及超過負荷，並且相信他已經有過幾次的驚恐發作，尤其是小孩調皮搗蛋的時候。在焦慮的時刻，Dan發現自己對小孩大吼大叫，然後之後又感到內疚。你同意和Dan一起努力，並且在Dan的同意下，你相信認知行為療法是最合適的療法。

　　你開始與Dan的晤談並請他描述當下問題。在評估階段中，Dan說明當小孩調皮搗蛋時他感到超過負荷和焦慮，並且感到無法管教小孩或控制他自己的感覺和行動。Dan描述一個情況，他發現孩子們在浴室裡玩捲筒衛生紙，並弄得浴室和走廊到處都是。當他發現時，他發現他胸口發緊、心臟撲通撲通跳、並且以對孩子們大吼大叫的方式回應，直到小孩被他嚇哭。Dan說明在他對小孩吼叫之後他感到很糟糕，並且對於使孩子們變得懼怕他感到罪惡感。你尋求從Dan收集更多有關當下問題的資訊，特別是關於強度、頻率和持續時間。Dan說明他的焦慮感和他對小孩大吼的行為開始於Lacy的離開，大約是從一年前，而且愈變愈糟。你要求Dan自述在過去三天中，有幾次他相信他感到焦慮或超過負荷，有幾次他對小孩吼叫。Dan透露他在過去三天內，至少一天兩次會感到焦慮並對小孩大吼。（注意：如果你懷疑任何潛在的虐待或是忽略兒童的情事，你必須立刻聯絡兒童及青少年服務。）

　　接下來你將和Dan一起探索他的想法、感覺和行為是如何互相結合，以及他的認知程序如何居中調節他的行為和情緒。你要求Dan允許你們使用A-B-C模型。Dan同意，然後你開始要求他思考那些他感到焦慮和超過負荷的時刻。在一張有三個空欄的紙上，你要求他列出誘發事件(A)在第一個空欄，你詢問

他一些問題，如：「在你感到焦慮並對小孩大吼的前一刻發生了什麼事？」或「在你感到焦慮、超過負荷並對小孩大吼的前一刻，你在哪裡還有發生了什麼事？」然後你要求 Dan 在第二個空欄列出，當他經歷誘發事件(B)時，他怎麼想或怎麼感覺。最後，你以詢問問題的方式，要求 Dan 在第三個空欄中陳述情緒和行為結果(C)。如：「你如何回應這個誘發事件？」或「你的想法、感覺和行為的結果（無論正面和負面的）是什麼？」Dan 完成 A-B-C 模型的評估，如表9.1。

▶ 表9.1　A-B-C 評估練習的例子

誘發事件(A)	信念系統／態度(B)	結果(C)
我走進浴室看見衛生紙弄得到處都是。	我的胸口發緊、心臟撲通撲通跳。我想：「我無法搞定！」「我做不了一個單親爸爸！」	我對我的孩子大吼。我對大吼這件事感到內疚和難過。我感到我是個糟糕的家長並且對於我無法好好照顧小孩感到焦慮。

　　你和 Dan 討論他關於誘發事件的想法、感覺和行為，如何導致他感到難過和罪惡感，造成他對孩子大吼，並相信他沒有能力照顧他們。你們都同意你們會共同努力修正 Dan 的思考方式和對應誘發事件的方式，以對應如果未來發生這樣的情形。Dan 的第一個回家功課是，在未來的幾天持續記錄關於他如何回應他的小孩，其中造成他感到焦慮、難過和（或）罪惡感的事件。Dan 將把紀錄帶來下次的晤談，以協助共同了解他的想法、感覺和行為如何促成當下問題，造成他感到超出負荷、焦慮和不能控制他對於小孩的感覺和行為。

　　在下次的晤談中，你先和 Dan 一起回顧自從上次晤談以來，問題發生的頻率。Dan 說明雖然他在過去幾天並沒有像之前那麼常對小孩吼叫，他仍至少一天一次感到焦慮、超出負荷和不能控制他的感覺和行為。你和 Dan 進入處遇階段，並致力於修正他關於誘發事件的想法、感覺和行為。你先開始進行認知再建構，詢問 Dan 關於他的想法「我無法搞定！我做不了一個單親爸爸！」的證據，你要求 Dan 提供他無法管教他小孩的證據。Dan 說明如果他可以管教他的小孩，小孩就不會調皮搗蛋，而且他就不會覺得需要吼他們。你問 Dan 這個情

況是否可以有不同的描述或是解釋。Dan說他了解孩子們就是會不時地調皮搗蛋，他們並不完美。他知道所有的家長都必須在小孩不乖，或做了不該做的事的時候管教小孩。你也要求Dan描述如果他真如他所言無法管教他的小孩所產生的結果。Dan說明這結果可能包括他不能照顧他的小孩，並且小孩可能必須送給別人。透過這個詢問的過程，Dan開始提出一個議題，有關所有的孩子都會偶爾不乖，以及所有的家長都必須對孩子的行為提供結果。Dan開始提出證據，過去一年中他多次他管得住小孩的情況，還有他如何勝任一個單親爸爸的角色。你和Dan開始指出好幾次當Dan可以管得住他的小孩，並且他如何可以供給他們。你和Dan然後開始角色扮演，你描述一個小孩調皮搗蛋的情形，並要求Dan想起那幾次他能管住和照顧小孩的情形。你給Dan一個任務，要求他把「我無法搞定！」的想法替換成「我可以搞定的！我愛我的孩子而且我要每天照顧好他們。」

你和Dan也練習放鬆技巧，讓Dan可以使用在引起焦慮的情境。你要求Dan閉上眼睛，練習繃緊和放鬆從頭到腳的每一個肌肉群。你給Dan一個任務，要求他在一個人的時候做這個練習，一天兩次、每次10-15分鐘，並且當他感到焦慮和超過負荷時，做這個練習。

在之後與Dan的晤談，你評估你們的共同工作。你評估Dan大大地減少了他感到焦慮和超過負荷的次數，還有他吼小孩的次數。Dan說明他對照顧小孩更有自信，並且練習了大大減輕了他的焦慮的放鬆技巧。他也繼續參加親子團體，並幫助他從其他家長身上學習，如何回應和反應小孩的一些策略（模仿）。

優勢和限制

在使用認知行為療法於社會工作實務上，我們已確認有數個長處和限制。其長處包括下列數項：

- 認知行為療法是有高度有組織的療法，並且只要按照有效的治療守則執行，相較之下較容易被使用(Thomlison and Thomlison, 2011)。社工人員

會發現這個療法很容易學習和執行，由於它有一套特定的評估方法，透過使用A-B-C模型，以及多樣化的處遇方法伴隨著詳細的指示，如何在實務上進行此方法。〔請見《社工人員之認知行為方法》*Cognitive-Behavioral Methods for Social Workers: A Workbook* (Corcoran, 2006) 作為治療守則的複習。〕

▲ 有愈來愈多的證據顯示認知行為療法的有效性，在於教導技巧或修正個案在多樣化的問題方面適應不良的認知和行為。（請見Sheldon, 2011）

▲ 認知行為療法為一種短期處遇，提供個案在真實生活情境中使用的工具。當這個療法在本質上是短期的，社工人員和個案的目標是教導個案新技巧或思考方式，以及感覺他們仍可以在共同努力的晤談工作結束後，將技巧轉換到其他情況或是未來的問題上使用。

▲ 雖然認知行為療法為一種指導性質的療法，但它強調一種合作關係，並且視個案為他（她）自身經驗和情況的專家。

其限制包括下列數項：

▲ 在認知行為療法中個人是重要焦點，因此，促成當下問題的社會和政治因素可能經常被忽略 (Enns, 2004)。認知行為療法的最單純的心理學基本觀念乃聚焦於個人和他（她）的想法、感覺和行為。由於只聚焦於個人，其他可能造成當下問題的因素，如：壓迫、歧視、種族歧視、貧窮和（或）文化期待則不被提及。當社會工作的專業在於：觀察人在他的環境中，社工人員在進行評估和提到當下問題時，應考慮個案的文化與環境的影響。

▲ 認知行為療法要求個案配合治療程序。當這療法尋求修正不適應的認知和問題行為，個案必須負起責任並願意參與程序。當社工人員和非自願性的個案，或是認為自己沒有任何問題的個案共同作業時，可能遭遇到困難。在這些狀況下，社工人員可能必須併用其他方法才能和個案開始作業，如：**個人中心治療**或**動機式晤談** (motivational interviewing)，然後如果個案準備好參與時再進行認知行為療法。社工人員不能強迫個案改變他們認為並沒有問題的想法、感覺和（或）行為。

▲ 認知行為療法聚焦於此時此地和當下的行為原因,而並不去注意可能促成當下問題的潛在問題。社工人員可能必須越過認知行為療法的界線,在特殊的情況中,注意潛在的過去問題乃是減輕當下症狀的關鍵。這可見於個案經歷的過去創傷事件,如:虐待或忽略。以一般規則而言,認知行為療法並不適合偏好或是渴求**談話療法**(talking therapy)的個案。

▲ 社工人員在採用此方法時是具指揮性的,這可能被視為**權力剝奪**(disempowering)。社工人員需留意和個案合作的必要性,特別是試圖提供一個增權的環境。在一開始就使社工人員和個案的角色明確,能幫助避免產生權力剝奪的環境。

倫理和文化的考量

雖然認知行為療法聚焦於個人需要修正的想法、感覺和行為,如果沒有考慮可能影響當下問題的多文化議題,或個人對問題的看法,此方法則不能被充分利用。有證據顯示認知行為療法可使用於不同文化團體(Butler et al., 2006),但此方法需要基於個人的文化和環境來修正。我們鼓勵社工人員檢視,當定義當下問題時,文化角色的影響,尤其是想法、感覺和行為的適宜和可接受的範圍將因文化而異。社工人員不能在沒有考慮個人的文化和環境背景下,假定個案的想法、感覺和行為是不適應或是有問題的。社工人員應該尋求採用適合個案文化的處遇。例如:社工人員在幫助個案修正想法和行為時,可能需要考量家庭、民俗療法醫師(community healers)、精神領袖和(或)文化的特定實務工作和儀式的影響。在這個程序中,社工人員和個案可能必須合併授權和倡導的技巧,試圖減少個案的文化和(或)環境帶給個案的瑕疵或壓迫、以及促成當下問題的文化和(或)環境。當在個案身上使用認知行為療法時,尤其是當評估適合的行為的前提和結果,而社工人員也應充分理解在個案的文化和環境中,什麼看起來是適宜的和不適宜的角色和行為 (Tanaka-Matsumi et al., 2005),而願意挑戰這些歧視和(或)壓迫並促成當下問題的角色。

認知行為療法與反壓迫實務

　　認知行為療法被培養為強調個人錯誤認知和行為。在執行此方法時，助人工作者（也就是：心理學家、精神科醫師、社工人員、諮商師）被視為擁有專業而能評估、並提供處遇。導入這樣的專業是期望助人工作者會在晤談中合併教導的元素，以強調關聯性，如個案的想法、感覺和行為促成當下問題，還有指導的元素如關於晤談和處遇是如何架構的。隨著時間的推移，此方法確實強調個案必須負更大的責任引導晤談和處遇活動。當考慮這些認知行為療法的初步假設時，社工人員可能發現反壓迫實務較少隱含在這個方法中，並且會因此需要做修正，為了確定此方法和社會工作的原則和價值一致。

　　社工人員使用認知行為療法同時堅持反壓迫實務將會需要考慮下列事項，這些並非此方法的必要核心成分。首先，社工人員和個案的關係在本質上應是合作且平等的。在建立這樣類型的關係時，社工人員可能會需要併用Rogers (1957)的個人中心取向（請見第七章）的觀點，尤其是社工人員表達同理心、一致性和無條件的積極關懷。第二，雖然在執行此方法上，社工人員可能擁有知識和專業，任何的議程和評估都應對個案透明化，並且為雙方同意的(Miller, 2006)。第三，如上所述，在道德和文化考量下，社工人員必須評估文化的（也就是，角色、標準、刻板印象）和環境的（也就是，貧窮、壓迫）因素，這些定義且促成當下問題，相對於以嚴格的個人責任來評估問題。社工人員可能需要結合認知行為療法和其他反壓迫方法論，如：增權、優勢觀點和**倡議**(advocacy)，為了合適且完全地捕捉當下問題。此外，人際關係應被考量和評估，以決定是否這些相互作用和關係是支持不希望有的行為和情緒(Miller, 2006)。最後，社工人員亦須考量個案參與評估和處遇程序的能力，尤其是他們將事件、認知和結果做聯想的能力，並且一起制定工作，最好建立在個案的助力基礎上（也就是，使用視覺輔導、和照顧者共同工作、朋友和／或家族成員）。

認知行為療法的研究

為了決定其有效性，認知行為療法重視方法的各種情況以及各種人口的評估。Butler 等人 (2006) 檢視了在各個不同問題範疇的，觀察認知行為療法有效性的整合分析。他們發現當認知行為療法使用在以下的病症上有很大的效果，如：**單極性憂鬱症**(unipolar depression)、**廣泛性焦慮症**(generalized anxiety disorder)、**恐慌症**(panic disorder)、**創傷後心理壓力緊張症候群**(post-traumatic stress disorder, PTSD) 以及**兒童憂鬱／焦慮症**(childhood depression/anxiety)；以及以下的病症上有中等的效果，如：婚姻問題、憤怒問題、**兒童身心症**(childhood somatic disorders)以及慢性疼痛。他們也發現在不同的問題領域上認知行為療法的正面結果在治療結束後仍持續進行。Thomlison 與 Thomlison (2011) 觀察文獻以確認在不同問題上認知行為療法以經驗為根據的支持。他們發現認知行為療法對下述問題，是有效的，如：上癮、焦慮症、注意力障礙、自閉症、兒童虐待、品行障礙、伴侶問題、憂鬱症、發展性障礙、飲食失調、家庭暴力、**老年病學**(gerontology)、青少年犯罪、強迫症、疼痛管理、恐懼症、創傷後心理壓力、精神疾病、**性偏差**(sexual deviance)、睡眠障礙、壓力管理以及物質濫用。關於研究認知行為療法的有效性已經促成臨床實務指南，由英國國家健康與臨床卓越研究院(National Institute for Health and Clinical Excellence, NICE)所創建，為了對於下列病症使用以證據為基礎的療法，如：飲食失調 (NICE, 2004)、強迫症 (NICE, 2005)、廣泛性焦慮症 (NICE, 2011)、**注意力不足過動症**(attention deficit hyperactivity disorder, ADHD) (NICE, 2008)、**反社會人格障礙**(antisocial personality disorder) (NICE, 2009a)以及憂鬱症 (NICE, 2009b)。

摘要

　　認知行為療法是尋求探索想法、感覺和行為的結合運作如何導致當下問題的一種療法。此療法基於行為療法的古典和操作制約模型、以及認知療法的社會學習模型。認知行為療法是有高度結構的以及由三階段的程序構成：(1) **評估**(assessment)；(2) **處遇**；和 (3) **評價**(evaluation)。評估階段是批判地探索想法、感覺和行為如何造成當下問題，並且通常透過A-B-C模型評估，此模型探索誘發事件(A)、為了回應此事件而產生的信念系統和態度(B)，以及最後產生的正面和負面的情緒和行為結果(C)。

　　為嘗試減輕問題的嚴重程度，社工人員有許多可以修正想法和行為的處遇方式。評價處遇的有效性是認知行為療法的一個關鍵要素，並且在整個共同努力的工作中，從一開始就記錄問題的強度、持續時間和頻率以及之後持續地檢視。認知行為療法是一個高度研究完成的方法論，對於許多個案的各種問題都顯示為有效的。

個案研究

　　Tanya是一位20歲的白種英國人女性，由於自殘行為被轉介至**成人心理衛生服務**(adult mental health services)。Tanya是一個零售店員，並半工半讀念大學管理學系。Tanya的家人住在離大學一個小時遠的地方，而她在上學期間，和另外兩個就讀同個學位課程的學生合住。Tanya的室友發現在她前臂上有眾多的割傷，並且在浴室的垃圾筒內發現刀片，他們愈來愈擔心她的心理健康狀態和安全。Tanya的室友曾和她當面對質，表達他們的關心，並鼓勵Tanya尋求協助，以強調她的自殘傾向問題。Tanya來見你，並報告當她一旦感到壓力大、過度工作或無法完成她必須完成的工作和學校的所有任務時，她的確有割傷自己的自殘行為。在你和Tanya的討論中，你發現Tanya來自一個十分「成功的」家庭，她的父親是個家醫科醫師(general practitioner)，她的母親是個傑出的商業主管。Tanya透露她覺得自己無法達到她父母的期望，並且因為她是「家族裡的失敗者」而極度地不開心。Tanya訴說她最近的自殘行為是在兩天前，當她的老闆告訴她，如果她再遲到就要開除她。請描述你將會如何在Tanya這個個案上使用認知行為療法（認知行為療法），特別是關於評估(assessment)、處遇(intervention)、和評價(evaluation)。

延伸閱讀

Fuggle, P., Dunsmuir, S. and Curry, V. (2013) *CBT with Children, Young People and Families.*
London: SAGE Publications.
Provides an overview of the different stages of CBT when working with children, young people and families.

Sheldon, B. (2011) *Cognitive- behavioural Therapy: Research and Practice in Health and Social Care*, 2nd edn. Abingdon: Routledge.
Explores the history, theory, practice and research of CBT.

Wills, F. and Sanders, D.J. (2013) *Cognitive Behaviour Therapy: Foundations for Practice.*
London: SAGE Publications.
Provides an overview of CBT while adhering to social work values and practices.

參考文獻

Achenbach, T.M. (1991) *Manual for the Child Behaviour Checklist/4–18 and 1991 profile.*
Burlington, VT: Department of Psychiatry, University of Vermont.

Bandura, A. (1977) *Social Learning Theory*. Englewood Cliffs, NJ: Prentice- Hall.

Butler, A.C., Chapman, J.E., Forman, E.M. and Beck, A.T. (2006) The empirical status of cognitive- behavioural therapy: a review of meta-analyses, *Clinical Psychology Review*, 26(1): 17–31.

Corcoran, J. (2006) *Cognitive-Behavioral Methods for Social Workers: A Workbook*. Boston, MA: Pearson.

DeRubeis, R.J., Webb, C.A., Tang, T.Z. and Beck, A.T. (2009) Cognitive therapy, in K.S. Dobson (ed.), *Handbook of Cognitive- behavioral Therapies*, 3rd edn. New York: Guilford.

Enns, C.Z. (2004) *Feminist Theories and Feminist Psychotherapies: Origins, Themes, and Diversity*, 2nd edn. New York: Haworth.

Granvold, D.K. (1996) Constructivist psychotherapy, *Families in Society: The Journal of Contemporary Human Services*, 77(6): 345–59.

Howe, D. (2009) *A Brief Introduction to Social Work Theory*. Basingstoke: Palgrave Macmillan.

Kazdin, A.E. (2008) *Behavior Modification in Applied Settings*, 6th edn. Long Grove, IL: Waveland Press.

Liese, B.S. (1994) Brief therapy, crisis intervention and cognitive therapy of substance abuse, *Crisis Intervention*, 1(1): 11–29.

Macdonald, G. (2007) Cognitive behavioural social work, in J. Lishman (ed.), *Handbook for Practice Learning in Social Work and Social Care: Knowledge and Theory*, 2nd edn.
London: Jessica Kingsley.

Miller, L. (2006) *Counselling Skills for Social Work*. London: Sage Publications.

National Institute for Health and Clinical Excellence (NICE) (2004) *Eating Disorders: Core Interventions in the Treatment and Management of Anorexia Nervosa, Bulimia Nervosa and Related Eating Disorders*. http://www.nice.org.uk/cg009 (accessed 17 July 2013).

National Institute for Health and Clinical Excellence (NICE) (2005) *Obsessive Compulsive Disorder: Core Interventions in the Treatment of Obsessive- compulsive Disorder and Body Dysmorphic Disorder.* http://www.nice.org.uk/cg31 (accessed 17 July 2013).

National Institute for Health and Clinical Excellence (NICE) (2008) *Attention Deficit Hyperactivity Disorder: Diagnosis and Management of ADHD in Children, Young People and Adults.* http://www.nice.org.uk/cg72 (accessed 17 July 2013).

National Institute for Health and Clinical Excellence (NICE) (2009a) *Antisocial Personality Disorder: Treatment, Management and Prevention.* http://www.nice.org.uk/cg77 (accessed 17 July 2013).

National Institute for Health and Clinical Excellence (NICE) (2009b) *Depression: The Treatment and Management of Depression in Adults (update).* www.nice.org.uk/cg90 (accessed 17 July 2013).

National Institute for Health and Clinical Excellence (NICE) (2011) *Generalised Anxiety Disorder and Panic Disorder (With and Without Agoraphobia) in Adults.* http://www.nice.org.uk/cg113 (accessed 17 July 2014).

Rogers, C.R. (1957) The necessary and sufficient conditions of therapeutic personality change, *Journal of Counseling Psychology*, 21(2): 95–103.

Sharf, R.S. (2012) *Theories of Psychotherapy and Counseling: Concepts and Cases*, 5th edn. Belmont, CA: Brooks Cole.

Sheldon, B. (2011) *Cognitive-behavioural Therapy: Research and Practice in Health and Social Care*, 2nd edn. Abingdon: Routledge.

Tanaka- Matsumi, J., Higgenbotham, H.N. and Chang, R. (2005) Cognitive behavioral approaches to counseling across cultures: a functional analytic approach for clinical applications, in P.B. Pedersen, J.G. Draguns, W.J. Lonner and J.E. Trimble (eds), *Counseling across Cultures*, 5th edn. Thousand Oaks, CA: Sage.

Thomlison, R.J. and Thomlison, B. (2011) Cognitive behavior theory and social work treatment, in F.J. Turner (ed.), *Social Work Treatment: Interlocking Theoretical Approaches*, 5th edn. New York: Oxford University Press.

Thorndike, E.L. (1911) *Animal Intelligence: Experimental Studies.* New York: Macmillan.

Trower, P., Casey, A. and Dryden, W. (1988) *Cognitive-behavioural Counselling in Action.* London: Sage.

Vonk, M.E. and Early, T.J. (2009) Cognitive- behavioral therapy, in A.R. Roberts (ed.), *Social Workers' Desk Reference*, 2nd edn. New York: Oxford University Press.

Watson, J.B. and Rayner, R. (1920) Conditioned emotional reactions, *Journal of Experimental Psychology*, 3(1): 1–14.

Wolpe, J. (1958) *Psychotherapy by Reciprocal Inhibition.* Stanford, CA: Stanford University Press.

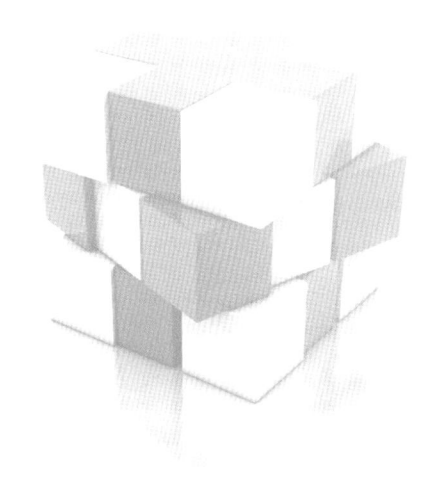

第十章
焦點解決實務

前 言

　　焦點解決實務屬短期處遇模式，主要藉由探索個案已經做得很好的面向，來引導個案了解問題其實已經不再是問題。且強調專注於解決問題及問題沒有發生的時候〔也就是**例外**(exceptions)〕，而非聚焦於問題本身(De Jong & Berg, 2008)。就如同建構主義治療模式，焦點解決實務在處遇時會藉由善用語言來引導個案建構和改變自己對**現實**(reality)情況的解釋觀點(de Shazer & Berg, 1988; Miller, 1997)。並如同優勢觀點（第三章），焦點解決實務徹底將焦點由以問題為基礎的干預轉移至運用優勢和資源來促成個案有更完美的未來。這一個章節會概述焦點解決實務，並討論焦點解決實務的相關原則、議題假設，且舉例如何在社會工作場域中運用焦點解決實務。

焦點解決實務的起源

　　焦點解決實務是由Steve de Shazer 和其工作團隊在美國威斯康辛州密爾瓦基市所設置的短期家庭中心所發展出來的，他們都深受在加州帕羅奧多市的心智研究機構(MRI)影響。這個治療取向採用MRI所提出個體和家庭互動歷程，以及何以當試圖去解決問題時，常反而會促使問題持續，以致問題變得更糟的解析論述(Shoham & Rohrbaugh, 2002)。治療目標則是藉由跳脫框架的思考模式(thinking out of the box)〔此為第二序改變(second-order change)〕來打破失敗的問題解決循環。此外，de Shazer (1997)也受Ludwig Wittgenstein（路德維

希‧維特根斯坦）的語言哲學影響，此哲學強調對語言的錯誤理解會讓每天的生活和哲學問題陷入混亂。

解決問題過程的建構開端於短期家族治療中心。治療師運用的工作模式為一個治療師直接處遇個案系統，其他治療師則在單面鏡後面觀察，以提供建議給主要進行處遇的治療師。de Shazer 和 Berg (2008)會以 de Shazer 提出的特定作業。以及 de Shazer 和他的工作團隊因為家庭雖揭發但未清楚定義，以致無法提出干預建議的 27 個問題為基礎開始實施問題解決。

儘管如此，仍要鼓勵家庭成員聚焦思考他們的問題有什麼不一樣。de Shazer和他的工作團隊告訴家庭成員要關心「你的生活發生了什麼事，你希望什麼樣的事可以持續發生」。當家庭在兩個星期後再回到治療室時，他們說事情已經變好了，且覺得問題已經解決了。(De Jongand Berg, 2008, p. 12)。

重點是要讓家庭意識到事情並非總是有問題的，而非促使家庭總是關注出錯的地方，和總是在思考要怎麼打斷此行為模式。此後的重大發展是，焦點解決實務發展出可適用於不同個案情境的系統化處遇取向(Kim, 2008)，且焦點解決實務的技巧被應用在臨床督導(Selekman & Todd, 1995)。

焦點解決實務釋義

焦點解決實務涵蓋諸多不同的理論面向，可被視為雙重觀點，或是世界觀，或者是了解現實情況的方式及方法(Lipchik, 1994)。焦點解決實務包含關於改變、互動和處遇目標設定的基本規則和假設(Walter & Peller, 1992)。焦點解決實務認為要跳脫社會工作傳統的問題解決取向，取而代之的是強調要應用個案生活經驗和優勢來發掘邁向更滿意未來的路徑 (De Jong & Berg, 2008)。Miller (1997, pp. 13-14)針對焦點解決實務的說明如下：

焦點解決實務的治療師主張聚焦在困境情節只會讓個案的困境更惡化，此時個案被看待為大師敘述者，這成為定義個案生活和自我的最重要的面

向。這些內容會變成自我實現預言(self-fulfilling prophecies)，可預測個案生活將陷入困境，且鼓勵個案去詮釋自己的生活已充斥困境。

專注於個案問題或他們做錯的部分已經造成因治療師態度而引起(iatrogenic)的潛在影響。為了要降低這些因為聚焦問題而衍生的負面影響，焦點解決實務的社工人員嘗試藉由與個案互動和善用考慮週到的解析來去除問題(de Shazer, 1997)。

焦點解決實務概括數個一般性規則和一系列假設，可讓社工人員在跟個案一起工作時更貼近他們的需求。Hoyt (1996)依據他與de Shazer對話，所學習到的內涵，列出以下規則：

1. 如果是沒有用的，就不要固著在上面。
2. 如果你知道怎麼樣會有用，就多做一點。
3. 如果已確定沒有用，就不要再做同樣的事，要做點不一樣的。

基於上述三個規則。焦點解決實務的目標是促使個案持續去做對自己有用的事，去嘗試新的事物，而非去做那些沒有成效的事。

Walter & Peller (1992)統整了焦點解決實務的假設。雖然焦點解決實務涵蓋特定的詢問策略以幫助個案尋找他們已經做得很好的部分，或是他們期待可以發生的事，這些假設會在整體助人歷程中引導社工人員，特別在社工人員要跳脫典型的問句時。這些假設提供一個焦點解決實務的完整真實輪廓。以下是Walter & Peller (1992)所提出的七個焦點解決實務假設：

1. 關注正向積極面、問題解決和使理想中的改變趨於容易。因此會強調使用**解決問題取向對話**(solution-oriented talk)，而非**以困境為導向的對話**(problem-oriented talk) (Walter & Peller, 1992, p. 10)。焦點解決實務認為使用讓**問題飽和**(problem-saturated)的語言，和關注個案過去的**大量問題**(problem-laden)會讓問題永久存在。早先的時候，Miller (1997)已表明對問題的關注會創造自我實現預言，並已經造成因治療師態度而引起的負面影響，因此，焦點解決實務的社工人員必須使用正向或解決問題取向對話

(solution-oriented talk),而非跟個案談論他們的缺點或問題有多嚴重。社工人員必須將會談焦點放在個案做得正確的事情上面,或者聚焦在個案以後可以怎麼做才可讓事情朝自己喜歡的面向發展。Furman & Ahola (1992, p. 91)摘要此過程為「對未來抱持正向觀點可帶來希望;希望則可以幫助個案去因應目前困境;要去確認可促成改變可能的徵兆,並把過去視為嚴峻考驗而非不幸,且鼓勵可促成問題解決」。

2. 社工人員跟個案都可以創造每一個問題的例外情況,這些例外情況可以被運用來建構問題解決(Walter & Peller, 1992, p. 11)。當個案關注自己的問題以及無能力處理問題時,通常未能意識到某些時候事情其實是很好的。對個案而言問題並非總是問題,有很多時候,問題其實沒有發生。這些情況通常被歸類為問題的例外情況。社工人員要跟個案合作來幫助他們覺察那些問題不存在的時候,去增強這些時機的重要性,並鼓勵個案去做更多有成效的事。

3. 改變隨時都可能發生(Walter & Peller, 1992, p. 17)。之前已經提到每一件事都有例外情況,在個案的生活中沒有一件事是始終相同的。每一天、每一分鐘、每一秒都會有不同的例外在影響個案和他們的生活。即便經歷是相似的,個案每一次的感受也會不同。把這個假設應用在憂鬱症的個案時,Walter & Peller (1992, p. 17)作了以下的描繪:

假如我們同時運用改變隨時都可能發生和每一個問題的例外情況是可以被創造的這兩個假設,我們就會去尋找這些某人未出現憂鬱行為模式的時刻。如果某人在有時候是可以不憂鬱的,那麼那些行為脈絡就有可能變得不一樣,或者這個人在這些時刻的行為跟想法可以促成問題變得有差異。

藉由將個案的世界視為總是在改變,社工人員可以去尋找和發現個案生活中有那些問題的例外情況,並幫助個案運用這些重要時刻的經驗來建構問題解決策略。

4. 小的改變促成大的改變(Walter & Peller,1992, p. 18)。這個假設可以用四個方式來了解。首先,個案通常會採用類似的問題解決模式,即使是沒

有成效的。這個過程被稱作**第一序改變**(first order change) (Watzlawick et al, 1974)。先針對簡單的問題，讓個案嘗試去改變，會影響他們願意試著去解決不同的問題，這這個過程被稱作**第二序改變**(second-order change) (Watzlawick et al., 1974)。第二，成功的問題解決經驗是有生產力的。小範圍的成功可以引導個案嘗試針對更大，甚至更複雜的問題，發展嶄新、成功的問題解決。第三，個案的經驗感受和對問題的定義會決定問題的大小和嚴重度。針對個案如何看待事情的角度做出改變，可創造更大的改變。最後，問題常常是複雜的，因此通常也需要區分為很多的小步驟逐一來達成問題解決。個案如果要邁向更完美的生活，必須要一步一步來。

5. 個案是合作的 (Walter & Peller, 1992, p. 21)。傳統上，當個案不能配合社工人員的建議時，就會被定義為抗拒或不合作。焦點解決實務採用了不同的觀點。當個案未採納社工人員的建議時，彼此就要針對何以這些社工人員的建議內容會無成效來進行溝通；當個案作一些建議以外的事情時，則可提供社工人員思考的線索，藉以探討個案是怎麼想的，且進一步思考要怎麼樣才更能引導個案做出更有成效的問題解決。

6. 人們擁有他們需要去解決自己問題的全部能量 (Walter & Peller, 1992, p. 23)。依循優勢觀點（第三章），焦點解決實務認為個案在解決自我問題上，是擁有十足能量的，社工人員的角色是幫助個案發現自我優勢，且在問題解決過程善用這些優勢。

7. 治療目標或焦點解決實務是致力於將個案視為專家 (Walter & Peller, 1992, p. 23)。傳統上多將社工人員視為專家，然而焦點解決實務並不這麼認為。當個案決定自己想要怎麼做或想設定什麼樣的目標時，他們有責任在自我生活中創造改變。社工人員「我們不要自以為是專家，去科學化評估個案的問題，且進行干預；取而代之的是，將個案視為客戶、專家」，這樣的論點意味著個案可靠自己創造更滿意的生活 (De Johg & Berg, 2008, p. 19)。

> **練習10.1** 問題解決的思考
>
> 兩人一組或分成小團體，輪流回答以下問題：
> 1. 想一想你覺得沒辦法克服生活障礙的時刻，你能克服這障礙嗎？想一想你可以很自信克服生活障礙的時刻，你能克服這障礙嗎？
> 2. 焦點解決實務的社工人員認為改變總是持續在發生。這在探詢個案問題的根本原因時是代表什麼意思呢？
> 3. 你相信個案總是合作的嗎？為什麼相信？為什麼不相信？
> 4. 如果要成為焦點解決實務的實務工作者，你需要採取什麼步驟？你要如何將焦點解決實務的規則和假設整合應用到實務工作中呢？
> 5. 是否有時候幫助個案聚焦問題比找到解決辦法更重要？

焦點解決取向的實務應用

當焦點解決實務的規則和假設提供與個案一起工作的觀點及方法時，焦點解決實務的改革者則發展出可積極應用此方法的完整過程。De Johg & Berg (2008, pp. 17-18)，確認焦點解決實務有以下五個步驟：

1. 步驟1：描述問題 (describe the problem)。個案會告訴社工人員他們想要尋求幫助的困境。社工人員則根據這困境提出問題，但必須很小心的不要去探究導致問題的根本原因；焦點解決實務認為引發個案困境的原因與讓困境持續的原因是不同的。在傾聽個案描述自我困境的當下，社工人員要引導個案使用解決問題取向對話。

2. 步驟2：發展被妥善制定的目標 (well-formulated goal)。在這個步驟中，社工人員會與個案一起勾勒完美未來。簡短討論、**奇蹟問句** (miracle question)，或與困境有關的衍生問題也常被應用來協助個案明確有力地表達他們的完美未來。De Shazer (1991, p. 112) 指出被妥善制定的目標需具備以下要素：(1) 小目標比大目標好；(2) 突顯個案；(3) 以特定的方式描述具體可行的行為；(4) 在個案的生活脈絡中是可以達成的；(5) 個案覺得跟自我困境是有關連的；(6) 要描述成「開始著手某些事 (start of something)」，而非要「了結某些事 (end of something)」；(7) 要視為是要

展開新行為，而非要讓已經存在的行為不再出現或終止。

3. 步驟3：探討例外(explore exception)。在這個階段，社工人員會去尋找在個案日常生活中，已經達成自我目標的時刻，在那個當下困境是減輕或不存在的。此外，社工人員也會引導個案去看創造這些例外時，他／她的角色是什麼。

4. 步驟4：在每次會談結束前，要回饋個案。在每次會談結束前，社工人員都會給予回饋，此回饋包括稱讚，以及個案在離開治療室之後可以怎麼做的建議和說明。此建議定會聚焦在個案要如何去建造資源、需要多做一點不一樣的事，以增強達成自我目標的成功機會(De Jong & Berg, 2008, p. 18)。依循這樣的架構，多樣化的建議都可以被提出。譬如，針對已有清楚目標（或願景），但卻找不到例外情況的個案，社工人員可以詢問個案假想若這願景、奇蹟已經達成後，自己會有什麼不一樣。藉以激發沒有目標的個案改變動機。可以詢問個案，他可以作哪些不一樣的事，或嘗試哪些嶄新的事。針對那些有目標，且擁有困境不存在例外經驗的個案，社工人員可以詢問他們要如何試著持續那些有成效的事且去注意那些有幫助的事。

5. 步驟5：評估個案的進步。焦點解決實務社工人員會使用0到10分的等級來評估個案在邁向自我目標方面的進步。這些評量問句的運用後續會再作說明。

焦點解決實務的提問策略

此部分會介紹三種焦點解決實務的典型提問策略：**目標問句**(goal question)、**例外問句**(exception question)、**評量問句**(scale question)。詳述如下：

1. 目標問句：目標問句可以運用來幫助個案發展被妥善制定的目標（步驟2）。最常見的目標問句是奇蹟問句，會詢問「假如有天晚上在你睡覺時發生了奇蹟，就是你正在尋求治療的困境已經解決了，你怎麼會知道？那些部分會變得不一樣？」(De Shazer & Berg, 1988, p. 5)。奇蹟問句提供個

案思考的機會，讓他去想像沒有被自我困境苦惱的時光。他們被要求去細想自己的未來可以不一樣的可能性。奇蹟問句不會單獨使用，接續的**附屬問句**(satellite)十分重要，可以幫助個案發展被妥善制定的目標。De Jong & Miller (1995, p. 731)提出一些這類問句，包括：

(a) 當奇蹟發生時，你最優先會注意到什麼事？
(b) 當你的丈夫（孩子、朋友）注意到你的哪些部分時，他會覺得你的情況變得比較好了？
(c) 當他注意到你的情況比較好了時，他可能會做哪些不一樣的事呢？
(d) 當他做了這些不一樣的事時，你會怎麼做？
(e) 當你做了這些不一樣的事時，你的家庭會有什麼不一樣呢？

這些附屬問句會幫助個案把對未來的誇大想法縮小為更可管理的具體目標。此外，焦點解決實務社工人員認為小的改變必然會創造出大的改變。Wallter & Peller (1992)認為奇蹟問句可能不適合某些個案，並提出替代作法。譬如：針對小朋友，社工人員可以詢問「如果我們可以施展魔法，讓問題變不見，你可能會做哪些不一樣的事呢？」(Wallter & Peller, 1992. p. 79)。針對那些當被詢問「如果來這裡是有用的，你可能會做哪些不一樣的事呢？」時，會責難社工人員的個案(Wallter & Peller, 1992. p80)。Greene和他的同事(1998, p. 397)也提供不同版本的奇蹟問句，稱之為**夢想問句**(dream question)。他們認為可藉此增權(empowerment)個案：

想像一下，今晚你正在睡覺，你作了一個夢。在夢裡面，針對你所關心的困境，你發現了可以解決的答案和資源。當你明天早上醒過來時，你或許記得、或許不記得這個夢，但你會注意到自己不一樣了。你就這樣展開一天的生活，你怎麼知道你已經發展或發現了解決你問題的必要技巧呢？什麼將是你已經在運用這些技巧的第一個微小證據呢？

當使用這些奇蹟問句時，每一個策略都必須要使用接續或附屬問句，藉以幫助個案發展更明確目標。

有時候，個案會發現去回答奇蹟問句或上述誘導式問句是困難的。

當面臨這些情境時，**結果問句**(outcome question)可以使用來替代奇蹟問句(Greene, et al., 2006)。譬如，社工人員可以這樣詢問個案：

在六個月後，我們正在麥當勞一起喝咖啡。那時候你已經達到了你想要完成的改變了。你告訴我，你已經真正改變了，我將會注意到你有什麼地方不一樣呢?你會怎麼形容自己，跟我證明你已經做了這些改變？(Greene, et al., 2006, p. 349)。

2. 例外問句：社工人員可以利用例外問句來發現個案目前或過去與個案目標有關的成功經驗(De Jong & Miller, 1995, pp. 731-2)。例外問句的範例可能是：「你曾提到如果奇蹟發生了，你和你女兒將會擁有更好的溝通，且你會坦率的跟每一個人交談。是否有時候，這些情況已經發生了？」接續的問句則被應用來測定當這些例外的情況發生時，個案扮演的角色是什麼。藉由應用這些例外經驗，個案可以感受到很個人化的動力作用，意識到自己有能力支配自我生活。然而，個案有時候會沒辦法去探索這些與自我困境有關的當前例外經驗；此時社工人員可以藉由詢問個案是否在過去曾發生過這樣的事件，來舉證過去的成功經驗。

當個案正處於危機當下，或已覺完全無希望時，很多時候會沒辦法去探索跟自我困境有關的當前或過去的成功經驗。此時社工人員可以使用**因應型問句**(coping question)，這類問句是在探討個案如何去因應難以忍受的經驗(De Jong & Miller, 1995)。例如：一位自殺傾向個案在急診室時，可能沒辦法去辨識任何過去或當前的成功經驗。社工人員可以問個案「聽起來事情的確是很艱難，但是你可以把問題帶來急診室裡。在這麼難受的情況下，你今天是如何讓自己可以來到這裡的？」，這些問句幫助個案去感受自我個人動力，且提高個案因應眼前艱困問題的能力(Greene, et al., 2006)。

3. 評量問句：個案被要求以0至10分來評量自我生活，0分代表這困境或情況是最糟的情況，10分代表困境已完全消除了。幾乎個案生活的任何面向都可以被評量，包括發現解決辦法的進展、解決問題的動機、困境的嚴

重度、傷害自己或其他人的可能性、自尊等等(De Jong & Miller, 1995, pp. 732)。例如：個案可能會被詢問「請從0到10分來評量，0分代表這困境或情況是最糟的情況，10分代表困境已完全消除了。你覺得自己今天的狀態是幾分？」接續的問句可以被應用來引導個案設定目標，可以詢問個案假如要提升分數的話，生活應該必須是像什麼樣子。同樣的，接續的問句也可以被應用來增強個案的優勢。例如：在與社工人員見面之後，個案可能會告訴社工人員自己的分數已經提升了。此時，社工人員就可以接著詢問個案，他是做了什麼事才促使分數提升的。很明顯的，評量問句提供個案方法，且讓社工人員可以追蹤個案在達成自我目標上的進步。

案例：焦點解決在實務上應用

Gretchen，英國白種人，是個單親媽媽，來到社區中心求助社工人員。你是運用焦點解決實務的中心社工人員，你藉著詢問Gretchen要怎麼稱呼她，開始會談，她回應「可以叫我G，我的朋友都這樣叫我」。然後你問G她都怎麼消磨她的空閒時間。在幾分鐘的禮貌性對話後，你跟G解釋今天的會談在持續45分鐘後，你們會休息一下，隨後你會離開房間幾分鐘，等回來之後會給她一些建議。G接受這個提議。

你開始詢問G：「你今天來找我是希望可以達成什麼目標呢」（步驟1：描述問題）。G表示跟她女兒Krista有關，她女兒有些問題。Krista最近剛滿16歲，會跟21歲的John在晚上的時候在外面待到很晚。G說煩惱的起因是有天晚上Krista回家時脖子上有吻痕。G試著去質問Krista，但是Krista對媽媽怒吼，說自己已經夠大到可以約會了，媽媽完全不了解她。G已經禁止Krista跟John見面。你問G「有用嗎？」G回答說「沒用」。Krista偷偷地去跟John見面；G已經禁足Krista，但在一個星期前的半夜兩點，G逮到Krista偷偷摸摸地回到公寓。G表示自己已經完全沒有主意了。

你表示「我可以想像你跟你女兒的情況真的很艱難，你真的很想要幫助和保護她。我現在要詢問你一些奇怪的問題。想像一下，有天晚上，當你在睡覺

時，發生了一個奇蹟，你現在帶來找我的困擾已經解決了。你會怎麼知道？什麼事會變得不一樣？」（步驟2：發展被妥善制定的目標，目標問句）。G說：「我猜我女兒將會更聽我的話。她會停止會跟那個男孩見面、花更多時間留在家裡或跟她同齡的朋友在一起。」你回應她說「太棒了！告訴我，你將怎麼做，假如她表現出你期待她可以表現的行為時。」G說「我會花更多時間陪她，我們會有更多溝通。」你隨後要求G去描述假如這些行為發生了，看起來將會是像什麼樣子，G回應說：

> 我猜我將會佔據我女兒更大的生活重心。我們會一起吃早餐，並在一個星期中的幾天共進晚餐。或許我們會一起去看電影或偶爾看板球。Krista 真的很喜歡看板球。（笑聲）我自己則是足球迷。我喜歡曼徹斯特隊。你從來不會知道，或許她會跟我去看曼徹斯特隊的比賽。（停頓）我想我們應該一起做點事。我真的想好好的跟我女兒在一起。

你回應說「聽起來，有很多事可以不一樣，但是最重大的事是你跟你女兒能夠談話且一起做點事？」

G表示認同，「這聽起來很對」，然後你詢問「現在你們兩個是否曾有過愉快對話或邀出去走走的時候呢？」（步驟3：探討例外；例外問句）。G回答說：「在兩個星期前，我帶Krista去她最喜歡的餐廳。我們談了她在學校的生活；她詢問了我的工作狀況。然後我們談一談生活近況。那一天我們都沒有爭吵，我很喜歡那樣。」為了更進一步探討例外情況，你詢問「還有沒有其他時間也是像這個樣子呢？」G描述當跟Krista一起逛街時，彼此都笑得很開心且會互相開玩笑。你再問G「告訴我，在這兩次的經驗裡，你做了哪些不一樣的事？」。G停頓，然後回答說「我想我沒有開始對她大吼大叫，我會詢問她問題，傾聽她說話，她也是用同樣的態度對我。」，你回應「所以你是衷心的對她正在做的事感興趣，她也是。這是你來見我，想要達成的目標嗎？」，G回說「是的，我要更對她的生活感興趣，學習跟她有關的事。」

為了更進一步探索G的目標，你詢問「好，這聽起來像是個好目標，所以現在我們從0到10分來評量。0分代表這目標絕沒有發生，10分代表完全的發

生，你覺你現在的狀態是幾分呢？」評量問句）。G回答3分，然後你問她，要把分數從3分提升到4分，則她必須要做些什麼事。G回答「我想我們要更常在一起吃早餐。」你肯定G的態度跟反應，然後告訴G你需要花幾分鐘時間思考一下，等一下回來時會給她一些回饋（步驟4：在每次會談結束前，要回饋個案）。你回來後，這樣告訴G：

> 我聽到妳真的很關心女兒。妳希望她快樂，妳希望花更多時間跟她在一起，更了解她。我也聽到妳說到有時候這些情況已經發生了。妳們兩個有過很愉快的談話，且更了解彼此。你真的很享受這樣的時光。所以從現在開始到下次我們見面時，我希望你做兩件事：首先，我希望你試著跟女兒有更多談話，可能是一起吃早餐或晚餐，很自然、愉快的這樣做。我也希望你可以去注意你跟女兒和睦相處的其他時間，然後在下次會談時，回來說給我聽。

你跟G約一個星期後再見面。你在見面時，一開始時就問G「自從上次我們見面之後，什麼事變得不一樣了？」G說：

> 說實在的，有很多事不一樣。一開始，Krista和我同意一個星期中有四個晚上一起吃晚餐，我們制定了這個規則。我們花時間討論我們的近況，且沒有吵架。我們實際上這樣做了五次。我知道她跟John在一起並不快樂，他們已經不再碰面了。我跟她分享我生活中難忍的悲傷或失望，以及這些事是如何的困難。我們傾聽彼此的故事。我並不會說每一件事都是完美的，但已變得愈來愈好。

你為了肯定G目前的態度跟正向經驗，詢問了「喔！這真是太棒，我來問看看，你認為你做了什麼，才會讓這樣的事發生呢？」G回答：

> 上次見面後，在我們一起離開時；我開始去回想我16歲的時候。我了解到那時候的我想要花時間多跟我媽媽做點事。我知道她是我的父母，但是我也希望她可以成為我的朋友。她總是很忙碌的在工作和把房子打掃乾淨。

所以，當我回家時，我邀請Krista跟我一起吃晚餐，然後我們一起設計規則。現在我知道我是她媽媽，而且也可以扮演她的朋友。

你肯定G的成就，且重新評估G的目標：「聽起來事情變得愈來愈好，你還記得上次會談中我們使用過的0到10分評量嗎？」G記得評量，且將再次評量自己的狀況。你提醒G，上週她給自己3分，然後問她現在會給自己幾分？G回應說6分。你則回應「這是很大的進步，告訴我你還可以做哪些不一樣的事呢？」。

你跟G又再繼續見了四次面，然後在最後一次會談時，G說情況已經愈來愈好了。她跟Krista對彼此的態度愈開放了，G發現自己在扮演Krista的媽媽和朋友兩個角色上可以有很愉快的平衡。在最後一次會談時，G評量自己的狀況是9分。

優勢和限制

社工人員在應用焦點解決實務時，會有一些優勢和限制。此優勢包括：

- 焦點解決實務關心個案的優勢(Greene & Lee, 2011)。此方法會去確認個案的優勢和過去因應目前困境的成功經驗，也會運用個案的優勢和資源來引導個案邁向更完美的未來。當優勢觀點和焦點解決實務各自發展時，很多源自優勢觀點的理念是用焦點解決實務問句引出個案的優勢。事實上，Saleebey (2013)提出範例指證焦點解決實務會談可以被應用在以優勢觀點為基礎的實務脈絡中。
- 焦點解決實務是以增權為取向的。個案被視為自我經驗的專家，社工人員跟個案一起合作來克服目前的困境。由個案來定義問題，並為所認定的目標負責，這個過程對他個人而言是有意義的。
- 焦點解決實務可以應用在不同類型的個案，以及不同的情境（請看後文相關研究的說明）。有愈來愈多的證據支持焦點解決實務可以被應用來處理個案困境(Gingerich & Eisenart, 2000；Walsh, 2010)。

▲ 焦點解決實務的技巧和問句可以與其他方法連結應用。例如：奇蹟問句和例外問句常被應用在**危機干預**(crisis intervention)；評量問句常被應用在動機式晤談。因此這取向可以單獨使用，也可以結合其他取向一起使用。

限制如下：

▲ 焦點解決實務關注問題解決更勝於困境(Walsh, 2010)。焦點解決實務被批評因為未關心個案的困境，致使社工人員錯過可能協助個案邁向自我目標的重要資訊。此外，某些個案會期待可以跟社工人員討論困境，結果會導致某些個案沒有進步或離開焦點解決實務社工人員。雖然解決辦法是焦點，困境並非要被詳述，但假如個案想討論他們的困境，社工人員應該傾聽。並在傾聽個案說他們的困境時，社工人員應該要試著把個案的眼光轉移在解決辦法上，以與個案詳述失敗的經驗相抗衡。

▲ 焦點解決 (SF) 實務沒辦法辨認社會上存在的不同權力本質。Dermer et al. (1998)和他的同事認為社會監督會把可能可以解決的問題變成是個案的困境。儘管同意焦點解決實務在早期的時候忽略了不平等和權力的失衡，Lethem (2002, p. 191)主張「當能發現描述個案窘境的非指責、非病理學的方法時，得知焦點解決治療師指出社會上的不利條件將會導致苦惱和困難是不尋常的」。焦點解決實務有清楚的假設：個案擁有可以克服自我戰爭中諸多障礙物，且發現解決辦法的必要動力。

倫理和文化的考量

Lee (2003)認為，焦點解決實務呈現對文化差異和文化價值的尊敬跟實踐。當其他取向屬**階級式**(hierarchical)，亦即及認定社工人員是專家；焦點解決實務則視個案為專家，而且他們的生活經驗就蘊含潛在的問題解決方案。當個案用自己的語言形式在描述生活狀態時，焦點解決實務社工人員會對個案的情境脈絡感到興趣。焦點解決實務社工人員會尋找個案的優勢和資源來幫助個案解決問題。如果對個案而言是重要的，那麼文化的實踐可以被應用來建構解決辦法及處遇目標。Lee (2003, p. 393)作了以下摘要：

藉由注重知識脈絡以及遵循未知(not-knowing)的立場，焦點解決實務取向要求臨床工作者不要依賴早期工作經驗或理論建構的事實和知識去了解及解析治療上的需要。反而要持續地去了解個案提供的資訊，個案才是自我情境的專家，他掌握解決辦法的秘訣。藉由注重優勢跟積極面，這取向完全利用蘊含於個案社會文化環境中與生俱來、文化的資源和優勢。

社工人員要與個案一起合作來確定更完美的未來與個案定義的目標。社工人員必需將目標開放由個案自己來建構，而且不要去嘗試說服或勉強個案選擇他們尚未發現具個人意義的目標。在保有開放心胸去接受個案定義的目標時，社工人員也必需遵守專業倫理守則和實務規範以確保個案不會傷害他們自己或其他人。

反壓迫實務與焦點解決實務

焦點解決實務尊敬個案和他們的生命經驗。而不是關切個案的困境，焦點解決實務社工人員會視個案和他們的情境是充滿資源的，而非去假定個案是有能力或無能力的。不像某些治療師會視個案為被動的受環境影響，譬如行為主義者，要求由訓練完備的社工人員來解決他們的困境；焦點解決實務假定個案擁有解決自我困境的必要動力。此外，Walsh (2010, p. 240) 認為焦點解決實務是社會正義的一種表現形式。他說「此治療模式可廣泛適用在各種當今社會議題，包括貧窮、失業、歧視和其他形式的不公平」。在發展解決辦法的過程中，個案可以阻截這些會影響他們生活的不公正行為，這常會牽涉到需合併運用焦點解決實務和其他**反壓迫**(anti-oppressive)方法，也可能要藉由社工人員或其他活動團體來干預外圍社區情境、組織或政治系統。

焦點解決實務的研究

有愈來愈多的證據支持焦點解決實務可以被應用來處理個案困境。Gingerich 和 Eisengart (2000)統整回顧15個有關焦點解決實務的控制組對照研究。個案群涵蓋憂鬱的大學生、有親職教育需求者、整形外科病人、高危險再

犯率的受刑人、反社會人格的違法青少年、高中生、接受夫妻治療者、有飲酒問題者、家庭、使用社會服務者以及接受院外醫療照護服務者。這些研究，有五個研究是屬有嚴謹控制組。結果顯示，五個有接受處遇的控制組，相對於未接受處遇者，有四組會呈現顯著正向影響。其中一個研究發現焦點解決實務和人際治療應用於憂鬱症並沒有任何差異。

　　Kim (2008)實施了一個更近期、嚴謹的焦點解決實務相關實務研究回顧。他運用**後設分析**(meta-analysis) 22個公開和未公開發表的焦點解決實務研究。半數的研究採用真實實驗設計(true experimental designs)和**準實驗設計**(quasi-experimental designs)。有九個研究主要探討焦點解決實務**對外化行為**(externalizing behaviour)的影響，結果發現跟對照組比較之下，控制組並沒有統計上顯著微小和正向的差異。有十二個研究在探討焦點解決實務**對內化行為**(internalizing behaviour)的影響，結果顯示跟對照組比較之下，控制組有統計上顯著微小差異。最後有九個研究在探討焦點解決實務對家庭和人際關係的影響。Kim發現跟對照組比較之下，有微小但正向的非統計上的顯著差異。其中一個研究是屬於少量樣本。即便有三分之二的研究結果顯示沒有統計上的顯著影響，但所有具成效的案例都表示很喜愛焦點解決實務。Gingerich、Eisengart (2000)和Kim (2008)認為有更多嚴謹控制研究證實焦點解決實務確實具有成效。

　　自從Kim (2008)發表後設分析研究的結果後，讓更多焦點解決實務研究更大有可為，包括嚴謹控制的研究。Knekt et al. (2008)和他的工作團隊執行了三組隨機分派的臨床試驗，分別為焦點解決實務和長期、短期心理動力治療。研究者追蹤參與者三年，並評估他們的憂鬱和焦慮症狀。歷經三年研究，結果顯示三個組別的參與者在憂鬱和焦慮症狀的改善上都有顯著差異。接受短期心理動力治療和焦點解決實務的參與者，會比接受長期心理動力治療的參與者更早得到改善。Smock et al. (2008)和他的工作團隊執行的隨機分派臨床試驗則是比較問題解決取向團體處遇和焦點解決團體處遇的成效。對象為正處於物質濫用困境的個案。經過追蹤，研究結果發現參與焦點解決團體處遇的個案，相較於接受問題解決取向團體處遇的參與者，在施測憂鬱和症狀困擾後，都呈現比

較好的改善。這兩個團體的參與者在物質使用上的差異則沒有被提到。最後，Panayotov et al. (2012) 和他的工作團隊針對有嚴重精神疾病和依賴藥物者實施焦點解決實務。他們使用單一個案研究法，結果顯示在藥物依賴方面有改善。有更多近期有關焦點解決實務的研究顯示這個模式是比得上或比其他模式更好，且焦點解決實務可以從傳統心理治療中獨立出來，也可以單獨被應用在團體處遇或針對特定治療目標。

摘要

焦點解決實務跟個案一起工作，主要關注未來和問題解決。當多數理論和模式都針對個案做錯的部分進行干預時，焦點解決實務，就如同優勢觀點，會聚焦個案做對的部分。焦點解決實務是**實用主義**(pragmatic)的實務模式，會鼓勵個案多做一些有成效的事（困境的例外）。依循基本規則和假設，運用一系列結構化步驟和問句，焦點解決的實務工作者跟個案一起工作去發展完美未來的圖像。他們幫助個案發展被妥善制定的目標、決定何時目標已經發生了，鼓勵個案多去做跟目標有關的事，並幫助個案藉由10-0分量表評量追蹤他們的進步。儘管有關焦點解決實務的研究仍然未非常發達，但相關文獻建議這個實務模式適合應用多樣化的個案群。

個案研究

Isabel，32歲，女性英國白種人，抵達社區心理衛生中心。在三個月前，她失去她做了12年的工作，她本來是鋼鐵廠的主管。Isabel沒有念大學，也沒有任何證照。她說自己找工作找得很累，但總是失敗。最近，Isabel發現自己起床和飲食方面都變得很難熬，甚至要離開公寓都很變得很困難，當她要走出公寓時，她會感受到心悸，且開始冒汗。她覺得很無助、沒辦法找到工作。她被轉介到社區心理衛生中心來見社工人員。請描述一下你會如何運用焦點解決實務來跟Isabel一起工作。

延伸閱讀與網路資源

De Jong, P. and Berg, I.K. (2008) *Interviewing for Solutions*, 3rd edn. Belmont, CA: Thomson.
Provides an overview of solution-focused practice and specific techniques in interviewing.

De Shazer, S. (1988) *Clues: Investigating Solutions in Brief Therapy*. New York: W.W. Norton.
Provides an overview of solution-focused practice by the founder of the approach.

Franklin, C., Trepper, T.S., Gingerich, W.J. and McCollum, E.E. (eds) (2012) *Solution-Focused Brief Therapy: A Handbook of Evidence- Based Practice*.
New York: Oxford University Press.
Provides an overview of the evidence for the use of solution- focused practice.

Greene, G.J. and Lee, M.Y. (2011) *Solution-Oriented Social Work Practice: An Integrative Approach to Working with Client Strengths*. New York: Oxford University Press.
Provides a collection of chapters on different applications of solution- focused practice.

Macdonald, A. (2007) *Solution-focused Therapy: Theory, Research and Practice*. London: Sage Publications.
Provides an overview of solution- focused therapy, explores the research around the effectiveness of this approach and explores how to apply it to practice.

Solution- Focused Brief Therapy Association: http://www.sfbta.org Provides up- to- date information on SFT including current research and clinical tools.

參考文獻

De Jong, P. and Berg, I.K. (2008) *Interviewing for Solutions*, 3rd edn. Belmont, CA: Thomson.

De Jong, P. and Miller, S.D. (1995) How to interview for client strengths, *Social Work*, 40(6): 729–36.

De Shazer, S. (1988) *Clues: Investigating Solutions in Brief Therapy*. New York: W.W. Norton.

De Shazer, S. (1991) *Putting Differences to Work*. New York: W.W. Norton.

De Shazer, S. (1997) Some thoughts on language use in therapy, *Contemporary Family Therapy*, 19(1): 133–41.

De Shazer, S. and Berg, I.K. (1988) Constructing solutions, *Family Therapy Networker*, 12: 42–3.

Dermer, S.B., Hemesath, C.W. and Russell, C.S. (1998) A feminist critique of solution- focused therapy, *The American Journal of Family Therapy*, 26(3): 239–50.

Furman, B. and Ahola, T. (1992) *Solution Talk: Hosting Therapeutic Conversations*. New York: Norton.

Gingerich, W.A. and Eisengart, S. (2000) Solution-focused brief therapy: a review of the outcome research, *Family Process*, 39(4): 477–98.

Greene, G.J., Kondrat, D.C., Lee, M.Y., Clement, J., Siebert, H., Mentzer, R.A. and Pinnell, S.R. (2006) A solution- focused approach to case management and recovery with consumers who have severe mental disability, *Families in Society*, 87(3): 339–50.

Greene, G.J. and Lee, M.Y. (2011) *Solution-oriented Social Work Practice: An Integrative Approach to*

Working with Client Strengths. New York: Oxford University Press.

Greene, G.J., Lee, M.Y., Mentzer, R.A., Pinnell, S.R. and Niles, D. (1998) Miracles, dreams, and empowerment: a brief therapy practice note, *Families in Society*, 79: 395–9.

Hoyt, M.F. (1996) Solution building and language games: a conversation with Steve de Shazer (and some after words with Insoo Kim Berg), in M.F. Hoyt (ed.), *Constructive Therapies*, vol. 2. New York: Guilford Press.

Hoyt, M.F. (2002) Solution-focused couple therapy, in A.S. Gurman and N.S. Jacobson (eds), *Clinical Handbook of Couple Therapy*, 3rd edn. New York: Guilford Press.

Kim, J.S. (2008) Examining the effectiveness of solution-focused brief therapy: a metaanalysis, *Research on Social Work Practice*, 18(2): 107–16.

Knekt, P., Lindfors, O., Harkanen, T., Valikoski, M., Virtala, E., Laaksonen, M.A., Marttunen, M., Kaipainen, M. and Renlund, C. (2008) Randomized trial on the effectiveness of long-and short-term psychodynamic psychotherapy and solution-focused therapy on psychiatric symptoms during a 3-year follow-up, *Psychological Medicine*, 38(5)：
689–703.

Lee, M.Y. (2003) A solution-focused approach to cross-cultural clinical social work practice: utilizing cultural strengths, *Families in Society*, 84(3): 385–97.

Lethem, J. (2002) Brief solution focused therapy, *Child and Adolescent Mental Health*, 7(4): 189–92.

Lipchik, E. (1994) The rush to be brief, *Family Therapy Networker*, 5: 88–9.

Miller, G. (1997) *Becoming Miracle Workers: Language and Meaning in Brief Therapy*.
Hawthorn, NY: Aldine de Gruyter.

Panayotov, P.A., Strahilov, B.E. and Anichkina, A.Y. (2012) Solution-focused brief therapy and medication adherence with schizophrenic patients, in S. Franklin, T.S. Trepper, W.J. Gingerich and McCollum (eds), *Solution-Focused Brief Therapy: A Handbook of Evidence- Based Practice.* New York: Oxford University Press.

Saleebey, D. (2013) Introduction: power in people, in D. Saleebey (ed.), *The Strengths Perspective in Social Work Practice*, 6th edn. Boston, MA: Pearson.

Selekman, M.D. and Todd, T.C. (1995) Co-creating a context for change in the supervisory system: the solution-focused supervision model, *Journal of Systemic Therapies*, 14(3): 21–33.

Shoham, V. and Rohrbaugh, M.J. (2002) Brief strategic couple therapy, in A.S. Gurman and N.S. Jacobson (eds), *Clinical Handbook of Couple Therapy*, 3rd edn. New York: Guilford Press.

Smock, S.A., Trepper, T.S., Wetchler, J.L., McCollum, E.E., Ray, R. and Pierce, K. (2008) Solution-focused group therapy for level 1 substance abusers, *Journal Of Marital and Family Therapy*, 34(1): 107–20.

Walsh, J. (2010) *Theories for Direct Social Work Practice*, 2nd edn. Belmont, CA: Wadsworth.

Walter, J.L. and Peller, J.E. (1992) *Becoming Solution-focused in Brief Therapy*. New York: Brunner/Mazel.

Watzlawick, P., Weakland, J.H. and Fisch, R. (1974) *Change: Principles of Problem Formation and Problem Resolution*. New York: W.W. Norton.

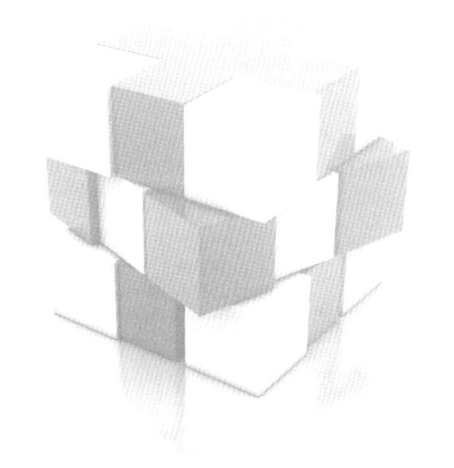

第十一章
任務中心社會工作

前言

任務中心模型(task-centred model)對於社會工作實務而言是一種緩解個案特殊問題的短期取向方法(Fortune and Reid, 2011; Reid and Epstein, 1972)。此方法累積了豐富的實驗所發展而來的，是協助個案進行簡短的處遇，並聚焦於所確認的問題和達到特定目標的順序步驟 (Reid and Shyne, 1969)。任務中心社會工作的本質是與個案合作以緩和個案自己所認知與了解的問題、建立個人有意義的目標，緩解問題，且發展任務以逐一完成步驟來達到目標。任務中心社會工作認為個案能藉由經歷小小的成就與達到目標完成任務來建立信心與自尊(Marsh, 2007)。

以任務為中心的社會工作的重點是問題和目標，但與個案工作的過程從問題的確認到步驟的順序，稱為任務，直到欲達成的目標(Marsh, 2013)。基本上，任務中心社會工作是與個案一起工作以達成他們的目標，並緩解立即的問題。此章節將藉著探索此取向的來源、基本的特徵、價值與前提來探討任務中心社會工作實務，以及此取向應用於社會工作實務的順序。

任務中心社會工作的起源

任務中心社會工作實務是社會工作的一種模式，主要來自於北美的個案工作實務，從社會工作實務中研究發展而來。任務中心社會工作實務在Reid與 Shyne (1969)傑出的研究後開始蓬勃地發展，在其《簡易與擴展個案工作》

(*Brief and Extended Casework*)著作裡，比較了短期個案工作與將焦點放在社會心理的傳統長期工作實務的有效性。在此研究中，Reid 與 Shyne 探討了兩個有關係問題的家庭工作成果，分別提供了八次會談或可能由機構提供長達18個月的長期服務。研究的目的是想看到在有限的時間內可以達到多少目標。短期與長期的治療都是相當的模糊，但是短期治療有八次會談，聚焦於確認家庭問題，並將目標與緩和問題連結(Reid and Epstein, 1972)。在此研究結論，Reid 與 Shyne 發現短期治療組較長期治療組進步，事實上後者是退步的。長期治療組的任何進展都發生在早期階段。相對於長期治療組，短期治療組顯示更有效率，因此，任務中心社會工作實務的發展成為一種短期治療模型的開端。

Reid 與 Epstein (1972)開始了任務中心社會工作的發展，且此取向持續地向其他國家發展。他們著重於發展成一種可以運用於個案工作方法，能與其他理論和方法併用，且有助於社工實務工作者、教師與學生在個案工作之上 (Reid and Epstein, 1972)。簡而言之，Reid 與 Epstein 把任務中心個案工作定義為「為了生活問題的系統性即時治療」(1972, p.1)。

Reid 與 Epstein (1972) 的著作《任務中心個案工作》(*Task-centered casework*)是描述任務中心取向步驟過程的第一本書。Reid 與 Epstein所形成的取向聚焦於早期建立目標、任務發展及對於時間限制的承諾。在短期治療模式中，時間的限制是非常重要，由於是短期的，當確定了截止日期，個案與社工人員有更高的動機來採取行動與完成任務，以達成最終目標。Reid 與 Epstein清楚地表示他們提出的方法來自於其他相關與既定的理論，例如一般系統理論、溝通理論、角色理論、精神分析以及學習理論。此外，他們認為實務工作者可能需要併用任務中心取向與其他相關理論或方法。因Reid 與 Epstein的工作方法是在北美；而在其他機構或文化裡，此方法運用了其他理論，例如Doel 與 Marsh (1992) 在英國是傑出的任務中心理論學者。

任務中心社會工作之釋義

任務中心社會工作是短期、問題解決取向，且可用來協助個人、家庭、團

體與社區。Reid 與 Epstein (1972) 指出此模式可解決的不同問題，至今仍然適用。問題可包含其中的一個或一個以上的問題：個人衝突、對社會關係的不滿意、正式組織的關係、角色實踐困難、社會轉型問題、反應性情緒困擾、與／或不適用的資源。

任務中心社會工作涵蓋了社會工作人員與個案應採取的特定順序，將在以下有更詳盡的描述。此取向的基本過程包含確認個案所認定的問題、探討問題的細節、選擇導致個案最大困擾的問題當作處遇的目標、定義一個消除或減少問題的目標、建立個案與社工人員可使個案朝向目標的任務、評估最終的工作。評估探討了是否個案達成了欲達成的目標以及問題是否消除或減少。如果社工人員與個案無法確認目標問題，則沒有理由再繼續協助個案(Reid and Epstein, 1972)。

任務中心取向清楚地與系統理論連結，並鼓勵社工人員透過審視影響個人生活的其他制度，超越個人，聚焦於改變的原因。例如，可能的問題確認，例如貧窮或壓迫影響你的個案（即是，個人、家庭、團體、社區），你的任務可能包括了透視一個或更多的系統（即是，社會服務機構、政策、警政流程）以緩解問題。

以下是任務中心取向固有的價值觀，且對於社會工作特別有用(Doel, 1991; Fortune and Reid, 2011; Marsh, 2007)。

1. 承諾對於夥伴關係與增權。個案與社工人員是一種夥伴與協同合作關係。社工人員與個案一起工作時應秉持著共同的目的，個案從她／他的觀點確認問題並建立對個人有意義的目標。如果存有權力、角色或責任的任何不平等，這些需要明確認定，以建立真正的夥伴關係。在某些情況下，社會服務裡社會工作本質與個案的參與不適合成為一種真正的協同合作或夥伴關係——例如，在兒童保護情況之下，社工人員的角色是保護兒童免於更多的虐待與疏忽，但是孩子的父母不認為在家庭內是虐待或疏忽。父母要求與社會服務機構一起取得孩子的監護權，社工人員最終被視為在關係之中具有權力與控制。在尋求與兒童的父母共同努力實現目標（即是，獲得

兒童的監護權）與法院的要求（即是，確保給予兒童安全的居住環境）時，社工人員的責任是去明確表達權力的不平衡。

2. 信任 (belief) 個案是他們問題的最佳權威者。個案可說是對自己的情況與問題界定的專家，因此，鼓勵他們以自己的觀點描述問題並建立對其個人有意義的目標以緩解問題。再者，在特殊的情況下，問題可能由外在資源所界定（即是，法院、社會福利機構），與個案所界定的問題不一致。本章後續將討論此一兩難的狀況。

3. 承諾以建立人們的優勢而非分析其缺點。所有的個案皆被認為擁有優勢，社工人員應該確認每一位個案的優勢與資源。確認個案的優勢與成就可促使個案有更高的信心與自尊。

4. 承諾以提供協助而非治療。社工人員與個案是夥伴關係，且透過任務中心過程協同合作以緩解問題。社工人員透過此過程協助並引導個案，而非治療個案或解決她／他的問題。

基本特徵與原則

除了任務中心社會工作基本價值之外，亦有描述此取向本質的數個特徵與原則。Fortune 與 Reid (2011, pp. 514-15) 提出了八項特徵與原則來描述任務中心模型：

1. 聚焦於個案所確認的問題。個案關注的焦點是個案確認是在自己生活中所關注的問題（生活中的問題）。

2. 問題解決行動（任務）。此取向著重在特定的任務或問題解決行動，將協助個案達成最終目標以緩解或消除已認定的問題。這些任務應該在會談中與社工人員討論並達成一致，且大部分的任務需在會談外完成。社工人員與個案同意由誰來完成任務，而在個案生活中，某些任務或許須由社工人員或其他團體來完成。

3. 整合立場。任務中心取向是一項非常具體、經常與其他理論與方法合併運用的實務模式。例如，任務中心取向可能合併認知行為治療或結構家庭工

作。任務中心取向可被當作主要的方法，或在其他處遇中作為次要方法。
4. 計畫簡潔。任務社會工作即是一種短期治療方法，通常在四個月內持續六到十二週的治療，超出此時間範圍可根據需要再進行協商。
5. 協同合作的關係。此取向重視社工人員與個案的協同合作關係。社工人員引導個案最初的問題評估，且社工人員不應該有隱藏的目標或議程。在取向中的每一個順序都與個案共同合作，並與其建立目標與發展任務。
6. 經驗導向。任務中心社會工作重視研究與評估。鼓勵社工人員於取向中的評估、過程、成果階段蒐集資料。無數的研究已對任務中心取向仔細地審查，以便修正此方法，並持續地證明此方法是成功有效。
7. 系統與背景。此工作的焦點經常在於個人，但個人必須在環境中被評估。社工人員可能發現問題是家庭系統的結果，或僅是個人生活的背景。在這些情況之下，為了緩解問題，情境的改變可能是必要的。
8. 結構。任務中心社會工作是一種具有系列順序的結構性取向，詳細說明如下文。

任務中心社會工作之順序

任務中心社會工作包括具有三項主要順序的特定過程。雖然過程會依序出現，但社工人員可能會發覺順序並非總是如下所述，社工人員可以以線性方式移動順序，但是必須重新回到較早的順序以回應不同個人的需求。三項基本的順序為 (1) 探索問題，(2) 建立目標與時間限制，以及 (3) 發展任務。這三個基本順序是在準備和評估之間，或是最好在進入和退出的當下 (Reid and Epstein, 1972)。依據 Doel (1991) 的著作，每一個順序描述如下。Doel 與 Marsh (1992)、Fortune 與 Reid (2011)、Marsh (2007)、Reid 與 Epstein (1972) 則說明開始的準備／進入階段與結束的評估／退出階段。

1. 準備或進入。此為任務中心取向的開端，是社工人員詢問「誰是個案？」，而且決定介入的任務與理由。社工人員的任務是決定任何應該或可能與個案一起完成的工作，以及個案的任務是確認社會工作介入的理

由。社會工作人員應為共同合作的目的建立明確的理由。如果理由無法建立，則沒有共同合作的基礎。當個案是自願地尋求協助，理由經常是清楚的。其他時候原因不太清楚，例如當個案發覺有什麼不對勁，但無法清楚表達問題或需要協助。另外的例子如第三者要求個案接受協助，而個案對問題是不知道或不認為是個問題，或個案所表達問題是牽涉到他人的行為，例如控制伴侶。社工人員必須對她／他與個案的連結建立一個清楚的理由，確定社工人員和個案共同努力以緩解已確認問題的能力，並分析機構協助個案的能力。

2. 順序一：探究問題。首先須與個案完成的是探索問題。此步驟聚焦由個案、社工人員與其他個案生命中的其他人所認定的問題。雖然社工人員與外人參與討論，但個案應率先確認問題。以下三項活動可協助個案探究問題 (a) 問題掃描；(b) 問題的細節；以及 (c) 問題的優先順序。

   (a) 問題掃描。此為探究問題的第一階段且經常運用腦力激盪練習。這項練習可使個案廣義地討論他們的問題、困難與議題。社工人員鼓勵個案自由地討論他們的擔憂與問題，並且讓社工人員了解問題的全貌。個案可能描述的問題是圍繞在生理或物質上的困難，例如住宅、債務、就業或交通；或是情緒或關係的困難，例如婚姻問題或與伴侶、子女、老闆、社區成員與／或焦慮或憂慮問題。在此階段任何事情不應該被排除。在這階段社工人員不應詢問個案太多的細節，也不應提供解決問題的方法。社工人員與／或個案在此階段應該列出問題或困難是在下一階段可討論的主題。如果社工人員已經評估問題或困難，或如果問題已由第三方所認定，這些只能在此階段提及並稍後再詳細探討。

   (b) 問題的細節。此階段意味著對已確定的問題或困難作進一步探索。社工人員與個案更小心地探索上一階段已確認的每一個問題範圍的細節。社工人員運用開放性問題並鼓勵個案回答以誰、什麼、何時、在哪裡、為何、如何為開端的問題 (Doel, 1991)。社工人員要求個案舉例來支持自己的立場，並進一步解釋問題情境。可允許個案分解問

題，似乎比特定的範例如何地直接影響個案更為普遍。

(c) 問題的優先順序。問題被確認之後，排列優先順序是下一階段，並在一般標題下列出這些問題，且進一步探討了各種問題的細節。此階段包含社工人員與個案檢視問題表單，排出先優先順序並選擇一或兩項（至多三項）為共同合作的重點。社工人員與個案必須考慮到解決問題的可行性，是否第三方要求個案處理問題，與問題的急迫性。Doel (1991, p. 27)提出考量問題優先順序的一些建議：

▲ 問題的急迫性
▲ 無法解決問題的結果
▲ 解決問題成功的機會
▲ 社工人員與機構協助問題的能力
▲ 個案處理問題的動機
▲ 個案接受他人的支持
▲ 問題特殊的本質

3. 順序二：訂定目標與時間限制。前一項注重於全面探究個案生活中「出了什麼問題？」此項順序則探討個案想要解決的問題 (Doel, 1991)。此順序探討了個案想要選擇的處遇重點的問題。個案定義所想要的目標，通常與其問題相反。例如，一位母親表示她的問題是小孩缺少睡覺的空間，她描述目標是給孩子一間擁有足夠睡覺空間的房子。Doel (1991; 2002) 指出與個案共同建立目標社工人員須考量的三項關鍵因素：(1) 目標是個案想要的，因為個案更有動機去實現他們所定義的目標；(2) 獲取目標的可行性和任何可能的障礙或約束的考量；以及 (3) 目標的需要性或分析協助個案達成目標否是正確的。Marsh 與 Doel (2005) 認為目標應該是 SMART 原則，即是明確性(specific)、可衡量性(measurable)、可達成性(achievable)、真實性(realistic)、即時性(timely)。他們強調建立目標的關鍵在於社工人員的直接協助而非指揮。

　　一旦目標建立，社工人員與個案必須決定達成目標的時間限制。時間限制需要再次考慮到達成目標的可行性，並考量任何的限制與阻礙。

時間限制促使社工人員與個案建立共同工作的架構，並鼓勵定期進行更新，以確保在時間架構內實現目標。不僅以建立時間架構來建立目標，社工人員與個案也以建立時間架構一起工作，此可包含會談的次數與長度。例如，「我們將在之後的三個月每個星期至少會談一小時」。社工人員與個案應該為共同選定問題、同意的目標、所建立的時間限制來訂定服務契約。社工人員與個案與其他涉及此項工作者皆應擁有服務契約的影本。社工人員應該意識到提供服務契約給視力損傷或識字困難者 (Doel, 2002)。

4. **順序三：計畫與確認任務。** 此階段是建立達成目標所需的任務之計畫階段。任務涉及到個案與社工人員每一部分所完成的工作，使得個案更靠近目標達成與緩解或消除問題 (Doel, 1991; Marsh, 2007)。任務可以是身體活動，例如閱讀報紙搜尋租屋訊息，或者是情緒或心智活動，例如感覺反映或行為紀錄 (Doel, 2002)。隨著目標的建立，已被同意的任務個案與社工人員應該可以完成某些部分，而且他們應該與達成的最終的目標有直接的關聯。一些任務可以在會談內完成，例如填寫履歷表，其他的任務則在會談之外完成。

個案與社工人員應該在每次會談中審視並評估任務，且應討論已成功達成的任務、曾遇到哪些阻礙，以及所發展的新任務為何。在每次會談進行此過程，直到所有必要的任務與目標皆已實現。

5. **結束工作：結案與評估。** 社工人員與個案工作關係的結束應當在服務契約訂定與協商時成立。社工人員與個案在建立時間架構可能需要面臨的情境是再次的協商與可能的延長。當工作任務已經達成且問題緩解或消除，工作即結束。此階段也是一個評估點，社工人員與個案可評估是否合作能直接達到個案所欲實現的結果。社工人員應該確認個案的優勢、進展與成就，並鼓勵個案面臨未來的挑戰時運用其優勢。

表11.1 摘要任務中心取向三項主要順序中的五個步驟。Fortune 與 Reid (2011)將步驟與順序分類成三個階段：(1) 初期階段（會談1-2）：建立介入的原因，探究問題、發展問題、以及服務契約形成並達成協議；(2) 中期階段（之後的每一次會談）：社工人員與個案審視問題與任務、解決任何所確認的阻礙、並發展與選擇將完成的新任務；與 (3) 結束階段（最終會談）：審視問題、確認成功的問題解決策略、以及討論任何遺留的問題，包括任何潛在的計畫以緩解問題。中間階段是社工人員和個案之間工作的主要內容。在此階段，社工人員與個案訂定任務、審視任務、訂定共同的任務、審視任務；所有這些都在不斷地將個案推向目標的過程。

▶ 表11.1　任務中心取向三項主要順序中的五個步驟

步驟與順序	目的
1. 準備	確定目前社會工作參與的理由
2. 順序一：探究問題	探討並決定問題
a. 問題掃描	發展所有確認問題的表單
b. 問題的細節	探究每一個問題更多的細節：誰、什麼、何時、哪裡、為何、與如何？
c. 問題的優先順序	問題排序並確定不超過三項作為工作重點的問題
3. 順序二：建立目標與時間限制	定義與問題相關的目標與達成目標的時間限制
4. 順序三：發展任務	建立必須要完成的任務已達成目標
5. 評估	評估工作的過程：個案達成她／他所想要的嗎？

資料來源：Reid and Epstein (1972); Doel (1991); Doel and marsh (1992).

練習11.1　誰來定義問題與目標？

1. 與個案合作時，您認為社工人員者應該在確定問題和目標方面扮演什麼角色？
2. 在確定個案的問題和目標方面，第三方（即是法院、社會福利機構、家庭成員）應該扮演什麼角色？

案例：任務中心社會工作在實務上的應用

　　Emma，32歲，英國白人女性，帶著她的兒子求助於你。她表示因為五歲兒子難以掌控，她承受了相當大的壓力且難以應付。你是一位運用任務中心社工取向的社工人員協助個案，你開始與Emma的第一次會談開始運用步驟與順序取向。

　　在任務中心取向的第一步驟，準備或進入涉及到建立「誰是個案？」與介入的原因。在第一次會談，Emma向你揭露她與她的兒子Archie需要協助。她不能控制兒子的行為，家人與朋友都拒絕與Archie相處。Emma提到她相信她需要學習新的親子技巧來幫助她控制兒子的行為。Emma描述極度挫折的感覺與疲憊，且她不確定如果她不能控制Archie與解決她生活中的壓力，她是否可以繼續撐得下去。從Emma對Archie行為的挫折感受揭露，你已經決定Emma是你工作的主要個案，但是你也確認Archie可能是處遇目標。你亦認定你與Emma工作的理由是要協助她學習新的方式以控制Archie的行為，最終緩解她的壓力與疲憊的感覺。

　　你與Emma下一個步驟的任務中心取向首要順序是探究問題，在此你與Emma進行三個活動來進一步探討與定義Emma所經歷的問題。你從問題掃描開始，要求Emma列出所有問題。身為一個社工人員，在此階段你不提供勸告或建議，而是允許Emma在此時廣義地討論她曾經歷的問題。你與Emma同意她將每一個問題寫下來，讓你們兩個都可以查看。Emma的問題清單如下：

1. 我很緊張。
2. Archie不聽話而且常常無理取鬧。
3. Archie的父親無法給予經濟上的協助。
4. 沒有人可以幫我照顧Archie。
5. 我沒有工作。
6. 我沒有自己的住處。我與姐姐住在一起。

一旦詳盡的問題與困難的清單已經列出，可移到此順序的下一階段：問題的細節。鼓勵 Emma 討論清單上每項問題的細節。為了協助 Emma 討論，每個問題使用以「誰、什麼、何時、哪裡、為何或如何」為開端的開放式問句。例如關於 Emma 的壓力，你可以詢問她「你為什麼感到壓力？」、「你怎麼知道你有壓力？」、「何時你會感受到壓力稍微減輕一點？」、與／或「那些時間發生了什麼事情？」。關於 Archie 的行為，你可以詢問：「Archie 會在什麼地方或什麼時候無理取鬧？」、「Archie 做了哪些事情是要讓你知道他在無理取鬧？」、「你的反應如何？」、「什麼時候他不會無理取鬧？」像這樣的議題可使你與 Emma 探討每一個問題的細節，並且促使你們了解問題發生的前後關係。

　　根據問題細節的練習，Emma 表示她感受的壓力與緊張是因為她與 Archie 住在她姐姐家，雖然她姊姊並沒有要她搬走，但覺得打擾到她姐姐。Emma 提及因為現在沒有工作，經濟拮据，Archie 的父親未給任何協助。Emma 說她覺得每天都很緊張，因為她了解到她做不到預期中地支持兒子。Emma 認為她不要依賴其他家人，想要自己與 Archie 同住，有份工作可養活他、有人可以幫忙照顧他讓她可以去工作。Emma 表示自己經常要求 Archie 遠離事物，對她想要卻無法提供給他感到愧疚。Emma 認為自從搬入姐姐家，Archie 的行為愈來愈糟。每當他被告知「不行」，他就發脾氣。Emma 覺得羞愧且無法掌控她的狀況。

　　與 Emma 的下一步驟是列出問題的優先順序並選擇一到二項（至多三項）為處遇的重點。Emma 告訴你，如果她可以找到住的地方，她會有更好的立場去幫助 Archie 停止他的「無理取鬧」。她了解到為了要有自己住的地方，她需要從地方政府申請房屋補貼。Emma 也表示她想要找到工作，並且相信這是可幫助她盡快搬離姐姐家的一個機會。在協助經濟狀況方面，Emma 認為她需要到法院請求 Archie 的父親來支付孩子的費用。Emma 相信如果她可以找到工作與住處以及從 Archie 父親獲得撫養費，她的壓力應該會大大的降低，可以控制 Archie 的行為，而家人與朋友會更願意幫助他。因此，Emma 選擇了以下三項作為處遇的重點：

1. 找到工作。
2. 與 Archie 搬入我自己的房子。
3. 從 Archie 父親獲得撫養費。

你與 Emma 決定在未來的八個星期內每星期會談一次、每次至少一小時。你與 Emma 訂定紙本契約，包含問題清單、目標與特定時間架構（圖 11.1）。你影印一份給你自己，一份給 Emma。

你與 Emma 目前進入第三順序：計畫與特定任務。之後的幾個星期，你與 Emma 討論有關每個目標需要完成的任務。例如，關於目標 1：「找到工作」，你與 Emma 同意 Emma 列出她的職能技巧與優勢作為下次會談的討論議題。此外，Emma 將開始看求職廣告，記下對自己有興趣的工作。關於目標 2：「與 Archie 搬入我自己的房子」，你與 Emma 同意 Emma 將房屋補助申請表帶至下次會談中填寫。最後，關於目標 3：「從 Archie 父親獲得撫養費」，你與 Emma 同意你將調查程序並將任何的文件帶到下次會談。這些任務同意在下次會談中完成，屆時，你和 Emma 將查看任務，看哪些是進展順利、而哪些是不佳的？並在下星期建立應完成的新任務。此過程將持續到 Emma 達成她的目標。

服務契約

問題：
　　1. 我沒有工作。
　　2. 我沒有自己住的地方。我與姐姐住在一起。
　　3. Archie 的父親無法給予經濟上的協助。

目標：
　　1. 找到工作。
　　2. 與 Archie 搬入我自己的房子。
　　3. 從 Archie 父親獲得撫養費。

時間架構：
我們將於往後的八個星期內每星期會談一次、每次至少一小時。

簽名與日期
Emma Smith　　　　　　　　　*Barbara Teater*
10/03/14　　　　　　　　　　*10/03/14*

圖 11.1　Emma 與社工人員的服務契約範例

一旦Emma達成目標，你進入了最後階段：結束工作－終止與評估，在此你和Emma審視你們的進展與成就，並且準備一起結束工作。Emma已就業、與Archie搬到她自己的公寓、從Archie父親那得到撫養費。Emma提及她的壓力已經大大的降低，她與Archie正在努力幫助他的行為。你與Emma討論未來的計畫或目標，她可運用過去八週所發展的優勢與資源在這些計畫之中。

優勢與限制

在將此取向納入實務之前，任務中心取向有幾項優勢和限制是值得探討的。優勢包含了以下幾點：

- 任務中心取向是一種通用的方法，可以運用至不同的問題與困難。其關鍵在於個案必須確定一個目標，以使此取向適合之 (Fortune and Reid, 2011)。
- 任務中心取向易於與其他的理論與方法結合，並可在許多機構使用。例如，社工人員可於一開始對一位對改變持有矛盾心態的個案使用動機式晤談，當個案已經準備好要解決與確認問題時，之後可使用任務中心社會工作。
- 此取向是增強權能的，即社工人員和個案進入夥伴關係，個案確認問題，指定目標並參與達成目標的小型任務。社工人員與個案參與完成任務的過程並朝向目標 (Fortune and Reid, 2011)。
- 此取向不斷地被研究，被視為一種具有成本效益的短期工作方法 (Marsh, 2013)。
- 此取向包含系統理論的層面，因此雖然個案定義問題與目標，他們不必要成為處遇的焦點，問題也不一定要屬於他們。例如，透過福利服務機構，個人的問題最有可能得到緩解。

此取向的限制包括以下幾項：

▲ 任務中心取向可能不適用於每位個案。例如，此取向要求個案連結問題、任務與目標（即是，行動與結果），然而一些個案可能經歷了此種思考的限制或困難 (Fortune and Reid, 2011)。如果這是在社會工作機構中的經驗，社工人員可能需要有更多的考慮，比起與個案，更直接地與照顧者工作。

▲ 如果個案是被要求與你合作，任務中心取向可能難以實施 (Doel, 1991; Marsh, 2013)。一些個案可能不會理解到在其生活中需要注意到的任何問題。社工人員應該嘗試與個案合作，發覺共同協商一致的原因。例如，個案的問題可能是機構的介入，社工人員可以詢問什麼是個案想要做的以緩解此問題。從某種意義上而言，真正的合作夥伴關係可能還未達到，因為問題由第三方外部定義以及個案是被要求來解決問題。在與個案合作時，社工人員應該突顯權力不平衡，並且透過問題由外部定義和問題由個案所定義中得到妥協。

▲ 由於最初的焦點在於問題，此取向可能被優勢基礎實務工作者所批判。儘管問題被探討和界定，工作的主要焦點在於透過完成小任務讓個案朝向他們所陳述的目標。此取向重視過程中個案優勢的確認與建立。

▲ 此外，此取向可能被批判不注重長期的個人或社會問題 (Payne, 2005)。此取向本質上是短期的，且焦點在個案是個人、家庭、團體或是社區。社工人員需考慮並尊重個案有需求揭露過去的問題，然而最終應該把個案帶到現在來解決問題 (Marsh and Doel, 2005)。

倫理與文化的考量

當任務中心取向納入社會工作實務時，需思考倫理與文化的考量。首先，在與個案建立目標與任務時，社工人員須謹記社會工作實務的原則與價值。雖然社工人員透過鼓勵個案發展對其個人有意義的目標與任務來促進增權，社工人員必須確定目標與任務對個案或任何人不會造成傷害，並與社會工作原則與價值一致。

其次，任務中心社會工作取向是由北美的社會工作學者所發展的，之後在英國被修改與運用。在歐洲、中東、非洲、與亞洲不同的國家，此取向已經整合至社會服務領域，而且運用在不同的社會階層的人們與文化團體 (Fortune and Reid, 2011)。

最後，在運用任務中心社會工作實務中協助不同於社會主流文化之個人，社工人員應該思考以下幾個問題：個人應該負責完成自己的任務，或應該著重在團體或家庭任務？是否有任何一起工作的社區的儀式或慣例？應該允許社工人員有更多的時間與個案發展關係？從工作初期，這些考量應該與個案討論。

任務中心社會工作與反壓迫實務

任務中心社會工作的價值基礎與增權基礎取向和反壓迫實務一致 (Rooney, 2010)。此取向也強調評估系統與前後關係的重要性，這可能顯示問題是因為歧視或壓迫而限制了個人獲得所需資源的能力 (Fortune and Reid, 2011)。此取向重視社工人員與個案之間的夥伴關係，應明確地表達任何達成或維持真正的夥伴關係的困難。此外，從工作初期，任何權力的差異或專業權威的使用都要明確。

在某些情境之下，社工人員與／或個案可能不清楚一起工作的目的。例如，被法院要求一起與社工人員處理藥癮與酒癮問題的個案。在考慮反壓迫實務方面，任務中心取向鼓勵社工人員與個案在合作中達成共識，但不能在沒有事實存在之下強迫共識 (Doel, 2002)。這是基於視個案為其經驗、問題與未來期待的專家之原則，社工人員協助而非指導個案以達成目標。

社工人員與個案應該考量個案所經歷壓迫與／或歧視的範圍以及如何影響到問題情境。徹底的系統性與前後關係的檢查可能會突顯出問題是由壓迫或歧視所引發的，這些是個案無法掌控的。社工人員與個案可以同意嘗試面對和消除壓迫與／或歧視的社工人員的任務，從而緩解已確定的問題。

任務中心社會工作的研究

任務中心社會工作已發展出強大的經驗基礎。例如，Reid 與 Epstein (1977) 共同編譯一書：《任務中心實務》(*Task-centred Practice*)，是一本運用任務中心實務在不同的人口群體的研究報告彙集。這些文章來自於1975年在芝加哥大學所舉辦的任務中心治療應用研討會。自此，任務中心社會工作的有效證據不斷地增加。例如，此取向已經依據與以下人群工作進行了評估和些微修正：(1) 老人 (Naleppa and Reid, 1998)；(2) 團體工作場域 (Bielenberg, 1991; Pomeroy et al., 1995; Scharlach, 1985)；(3) 兒童與青少年 (Caspi, 2008; Colvin et al., 2008a; 2008b; Reid and Donovan, 1990)；(4) 家庭 (Bielenberg, 1991)；與 (5) 學校社會工作 (Bailey-Dempsey and Reid, 1996; Colvin et al., 2008a; 2008b; Reid and bailey-Dempsey, 1995)。此取向強調社工實務工作者在初期、過程中、結束時蒐集資料，評估與個案工作的重要性。

摘要

任務中心社會工作是短期的、問題解決取向，與個人、家庭、團體以及社區合作。此取向可謂為一項通用的實務方法，可被運用在不同的機構與不同的問題，並與不同的理論或方法結合。個案與社工人員是夥伴關係，任何權力的不平等應表明清楚。此取向包含個案確認他們生命中的問題、選擇一或二項（最多三項）作為處遇的重點、建立目標以緩減或消除問題，以及發展小任務以協助任務達成。任務中心社會工作已被評估為，與不同人群使用時，被確定為具有成本效益的方法。

> **個案研究**
>
> Frank 是一位 82 歲英國男性，最近在家跌倒導致骨盆骨折之後由醫院轉介至成人社會照顧中心 (Adult Social Care)。Frank 已經出院，但是他住在一樓無法走樓梯到臥室與浴室。轉介單上描述 Frank 獨居，有一個住在附近、固定會來探望的女兒。你打電話給 Frank 約定家訪並完成評估。Frank 告訴你他害怕會被安排到養護中心。他想要盡可能待在自己的家，並看看所有可能的選擇。Frank 告訴你他沒有很多的錢。描述你如何使用任務中心取向協助 Frank？

延伸閱讀

Doel, M. and Marsh, P. (1992) *Task-centred Social Work*. Aldershot: Ashgate. A detailed account of the task-centred approach, with each chapter focusing on one sequence or phase. A case example is used to illustrate the approach.

Fortune, A.E. and Reid, W.J. (2011) Task-centered social work, in F.J. Turner (eds), *Social Work Treatment: Interlocking Theoretical Approaches*, 5th edn. New York: Oxford University Press.

Marsh, P. and Doel, M. (2005) *The Task-centred Book*. Abingdon: Routledge.
Discusses the task-centred approach particularly from the viewpoints of practitioners, services users and carers.

Reid, W.J. and Epstein, L. (1972) *Task-centered Casework*. New York: Columbia University Press.
Original book describing the method of task-centred practice.

參考文獻

Bailey-Dempsey, C. and Reid, W.J. (1996) Intervention design and development: a case study, *Research on Social Work Practice*, 6(2): 208–28.

Bielenberg, L. (1991) A task-centered preventive group approach to create cohesion in the new stepfamily: a preliminary evaluation, *Research on Social Work Practice*, 1(4): 416–33.

Caspi, J. (2008) Building a sibling aggression treatment model: design and development research in action, *Research on Social Work Practice*, 18(6): 575–85.

Colvin, J., Lee, M., Magnano, J. and Smith, V. (2008a) The partners in prevention program: further development of the task-centered case management model, *Research on Social Work Practice*, 18(6): 586–95.

Colvin, J., Lee, M., Magnano, J. and Smith, V. (2008b) The partners in prevention program: evaluation and evolution of the task-centered case management model, *Research on Social Work Practice*, 18(6): 607–15.

Doel, M. (1991) Task- centred work, in J. Lishman (ed.), *Handbook of Theory for Practice Teachers in Social Work*. London: Jessica Kingsley.

Doel, M. (2002) Task- centred work, in R. Adams, L. Dominelli and M. Payne (eds), *Social Work: Themes, Issues and Critical Debates*, 2nd edn. Basingstoke: Palgrave.

Doel, M. and Marsh, P. (1992) *Task-centred Social Work*. Aldershot: Ashgate.

Fortune, A.E. and Reid, W.J. (2011) Task- centered social work, in F.J. Turner (eds), *Social Work Treatment: Interlocking Theoretical Approaches*, 5th edn. New York: Oxford University Press.

Marsh, P. (2007) Task- centred practice, in J. Lishman (ed.), *Handbook of Theory for Practice Teachers in Social Work*, 2nd edn. London: Jessica Kingsley.

Marsh, P. (2013) Task- centred practice, in M. Davies (ed.), *The Blackwell Companion to Social Work*, 4th edn. Chichester: John Wiley & Sons.

Marsh, P. and Doel, M. (2005) *The Task- centred Book*. Abingdon: Routledge.

Naleppa, M.J. and Reid, W.J. (1998) Task- centered case management for the elderly: developing a practice model, *Research on Social Work Practice*, 8(1): 63–95.

Payne, M. (2005) *Modern Social Work Theory*, 3rd edn. Basingstoke: Palgrave Macmillan.

Pomeroy, E.C., Rubin, A. and Walker, R.J. (1995) Effectiveness of a psychoeducational and task- centered group intervention for family members of people with AIDS, *Social Work Research*, 19(3): 129–52.

Reid, W.J. and Bailey- Dempsey, C. (1995) The effects of monetary incentives on school performance, *Families in Society*, 76(6): 331–40.

Reid, W.J. and Donovan, T. (1990) Treating sibling violence, *Family Therapy*, 17: 49–59.

Reid, W.J. and Epstein, L. (1972) *Task- centered Casework*. New York: Columbia University Press.

Reid, W.J. and Epstein, L. (1977) *Task- centered Practice*. New York: Columbia University Press.

Reid, W.J. and Shyne, A.W. (1969) *Brief and Extended Casework*. New York: Columbia University Press.

Rooney, R.H. (2010) Task- centered practice in the United States, in A.E. Fortune, P. McCallion and K. Briar- Lawson (eds), *Social Work Practice Research for the 21st Century*. New York: Columbia University Press.

Scharlach, A.E. (1985) Social groupwork with institutionalized elders: a task- centered approach, *Social Work with Groups*, 8(3): 33–47.

第十二章
危機干預

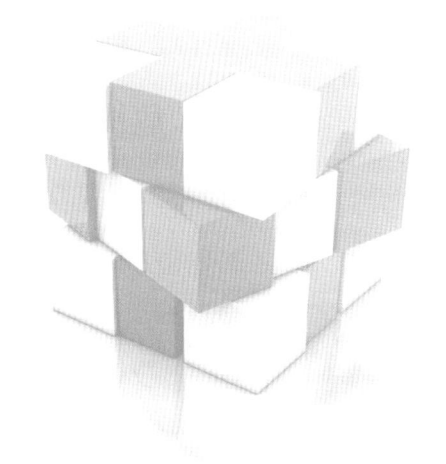

前 言

　　危機干預是一種強調動員個案的優勢及資源以克服危機狀況，並提升他們的因應、自信與問題解決能力的短期干預。根據Eaton and Roberts (2009, p. 207)「任何個案所察覺到突如其來的沉重壓力或創傷事件，個人自我及因應能力不足以有效處理解決當前問題，都可能是危機」。危機干預立基於危機理論，認為個人面對壓力事件有其因應機制，然而在某些狀況下，加諸個人的事件強度已經超過他們原本的適應能力，導致他們呈現失衡狀態。當個人平常的因應策略和機制都無法處理這個事件，個人就會將這種情況視為危機。危機干預的目標是用因應策略幫助個人提升其因應、自信與問題解決能力來面對這些危機，並且幫助個人建立新的力量、資源及因應機制，以面對未來的壓力。雖然對個人而言，危機可能是一種創傷，也可以將此經驗視為一種成長發展的機會 (Roberts, 2005)。

　　危機干預適用於個人、團體、社區面臨立即的危機狀態，且本質上是短期的，持續一到六週之間。各專業領域對於危機情境各有其主張的危機干預模式，然而Roberts (1991) 的七階段危機干預模式最受社會工作、心理衛生與諮商專家們所認同廣為運用。本章將探討危機的定義、危機理論文獻回顧與危機干預的基本假設以及Roberts (1991) 的七階段危機干預模式。

危機干預的起源

在1940年代美國心理學家最早將危機干預視為一種正式的理論與方法，特別是透過Erich Lindemann的論述，及其後1960年代Gerald Caplan的追隨。危機理論的基礎源自Lindemann (1944)對於Massachusetts州、波士頓Coconut Grove 夜店火災的生還者與失去摯愛之親友的反應及悲傷過程的研究，當時有493人喪生。Lindemann檢視生存者與威脅親屬的悲傷心理階段，為未來理論家奠定危機理論基礎。Caplan 是推廣Lindemann論述，將相關危機干預概念與系統理論連結的理論家之一。Caplan (1961; 1964)立論主張危機是當個人經歷一個他或她常態下的因應機制與資源無法有效處理的事件，導致迫害了個人的平衡，隨後造成生理與心理的痛苦；因此必須對個人加以干預，運用其優勢能力及資源與因應機制，使其恢復平衡狀態，以確保成長與發展。

身為社會工作實務者，Lydia Rapoport (1962; 1967) 隨後繼續以Caplan (1961) 危機理論為基礎，運用系統理論專業，認為瓦解個人平衡與穩定就是一種危機。她主張下列三個相關因素會促成危機狀態：(1) 危險事件；(2) 對生活目標的威脅；(3) 因應機制不足 (Roberts, 2005, p. 17)。因此，危機干預強調快速恢復個人安定或平衡。其他的社會工作及心理健康專業的理論家與實務工作者持續針對危機干預模式提出見解，特別是心理健康危機 (Bott, 1976; Scott, 1974)，倫理議題 (O'Hagan, 1986; 1991) 或認知與行為論 (Thompson, 2011)。當前與社會工作專業相關的危機干預著作及研究係由Rutgers 大學刑事司法教授Albert Roberts所建立的危機干預模式，正是本章所要討論的。當代危機干預理論也許運用了系統論，但我們相信危機干預不只是讓人回復到先前狀態而已（就是平衡），進一步更要提升個人的適應、信心、問題解決、優勢與資源，以建立個人未來壓力因應的能力。危機干預被視為是一個成長與改變的機會。

危機干預釋義

危機干預是一種短暫的介入，特別用來協助個人、家庭與／或社區克服其所察覺的危機與提升適應力。危機是一種主觀的用詞，對某人而言的危機可能是另一個人的挑戰。面對相同情境的兩人看待與克服事件的能力也許差異極大，一個人可能以他或她本身的因應機制來回應並且克服事件，然而另一個人的因應機制可能無法適當的處理事件並且陷入危機狀態。因此，在解釋危機的定義之前，必須了解危機是主觀且因人而異。

> **練習12.1　何謂危機？**
> 互相或小團體討論下列議題：
> 1. 何謂危機？
> 2. 從個人處境或日常生活舉例說明危機或危機狀態。

Roberts 與 Yeager (2009, p. 2) 定義危機是一種「面對壓力或痛苦的生活事件或是一連串個人覺察危險、威脅或及其痛苦，且無法以過往的因應方式解決的主觀的反應」。危機不同於壓力情境。儘管個人能夠運用因應機制去克服不適與焦慮的壓力情境，然而處於危機狀態下，個人「現有的因應機制無法發揮作用且個人無力因應與克服這個情境」(Wright, 1991)。先前已經討論過，每個人看待情境或事件的方式不同，有人可以視為一種壓力情境並且克服障礙，有人卻無法適應且視為一項危機。個人人格、資源、支持系統與適應技巧與過去的壓力經驗等導致了差異(Roberts and Yeager, 2009)。Regehr (2011, p. 136) 認為有四個因素導致危機：(1) 突如其來的事件；(2) 個人面對危機的資源，包括個人與社會資源及支持；(3) 當前其他壓力源的挑戰；(4) 個人知覺這個壓力事件的程度已經達到威脅的程度。這四個不同因素形成各種不同狀況。例如，個人面臨家庭成員罹癌死亡（突如其來的事件），嘗試運用自身的適應技巧以減輕情感痛苦，但是缺少其他家人或外部支持（個人面對危機的資源），同時經歷伴侶關係破裂（當前其他的挑戰）並且喪失至親讓個人感到徹底崩潰（達

到壓力事件的程度）。其他人或許也經歷類似的突發事件（喪親），但能獲得並運用個人及社會資源與支持也沒有其他的挑戰，就可減輕將此壓力情境視為危機的程度，並強化個人的適應能力。因此，危機是這四個因素綜合而成，Regehr (2011, p. 136) 定義「危機」是一個綜合體：

> 危機＝事件＋個人面對危機的資源＋其他當前的壓力源
> ＋個人對事件的知覺。

危機源自上述四項因素的綜合體，而且是主觀的。許多事件都可能被視為個人、家庭或社區的壓力痛苦或威脅事件，包括喪失至愛、自殺意圖、自傷或傷人的念頭、艱難的生活變動（例如離婚、失業或經濟、身心轉變）。又或者是影響社區及公眾的事件，例如天災（颶風、地震、龍捲風、海嘯、火山爆發、火災、水災等）、恐怖攻擊、槍擊或侵害、仇視、大規模車禍、船難、火車意外或空難(Roberts, 2005)。個人、家庭與社區所擁有優勢、資源與既有因應機制的程度將會決定他們能否處理這個事件，能夠處理減低事件的影響或不足以負荷成為危機狀態。

Roberts (2005, p. 13)個人處於危機狀態時經常出現以下特徵：「(1) 知覺這個突發事件是有義意且有威脅性的；(2) 無法以既有的因應方法改變或降低壓力事件的影響；(3) 更加恐懼，焦慮與／或混亂；(4) 呈現高度主觀性的不適；(5) 快速進入一個危機狀態─失衡狀態」。危機是有期限的，持續時間一天到四至六週(Regehr, 2011)；在四至六週之後，個人可能會面臨「進一步的心理或情緒發展的傷害」(Skinner, 2013, p. 428)。危機干預通常在事件當下或緊急階段運用，個人正面臨身心的不適，並顯示無助感、混亂、沮喪、焦慮、憤怒、煩躁、低自尊、語無倫次、疲累與耗竭、毫無條理、煩躁、暴力、孤立、社會退縮、震驚狀態、感到緊張快被打倒崩潰、呼吸困難、睡不著、吃不下與或者難以與人溝通(Regehr, 2011; Roberts and Yeager, 2009)。Golan (1978) 主張在事件發生當下或急性期予以危機干預是最有效的，此階段個人最願意接受協助。

危機干預試圖透過與危機狀態的系統（亦即個人、家庭、社區）共同運作，以恢復其既有的因應機制與資源，或發展出足以應付壓力或危險事件的

新因應機制與資源，避免進一步的身心問題。危機干預透過運用個人既有的優勢、資源與適應技巧，提供個人成長與發展的機會，同時激發新的優勢能力、資源及適應技巧，以便於日後面臨壓力或危險事件時得以運用。Roberts (2005, p. 5)認為「危機干預終極目標在於運用具體步驟處理個人情感並且建立一個行動計畫，以提升有效的適應方式或協助個人重建因應與問題解決的能力」。

危機理論的基本假設

危機理論學者(Golan, 1978; Parad and Parad, 1990; Roberts, 2005)提出一些危機與危機干預的基本假設。說明如下：

1. 系統（個人、家庭、社區）的各個生命週期時時都可能遭遇壓力與危險事件，促使系統必須運用其既有優勢、資源與因應機制來處理這些事件，並且降低或減輕事件導致的負面結果。
2. 面臨這些阻礙壓力或危險事件時，運用系統的優勢、資源與因應機制維持平衡與穩定的狀態。
3. 當系統面臨壓力或危險事件，其既有的優勢，資源與因應機制無法有效的降低或減輕這些事件的負面結果時，系統將因打破平衡造成失衡，然後緊接著產生危機。
4. 在緊急危機狀態用以處理突發危機事件並且獲得緩解的系統優勢、資源與因應機制，也是未來壓力或危險情境時可以運用的工具。

危機干預模式的七個階段

Roberts (1991; 2005)的危機干預模式包含七個階段，社工人員（與其他危機工作者）與個案共同描述形塑一個危機狀態。

如圖12.1顯示，各階段危機干預的發展是從一個階段到另一個階段，然而實際上有些階段有重疊或共同集結。例如，第一階段，計畫與危機管理與身心社會評估，也可能運用於第二階段，建立關係及發展治療關係。此外，危機干

預包含有評估與干預的重疊部分,評估與干預相互影響,工作人員持續來回運用評估及干預技巧(Regehr, 2011)。

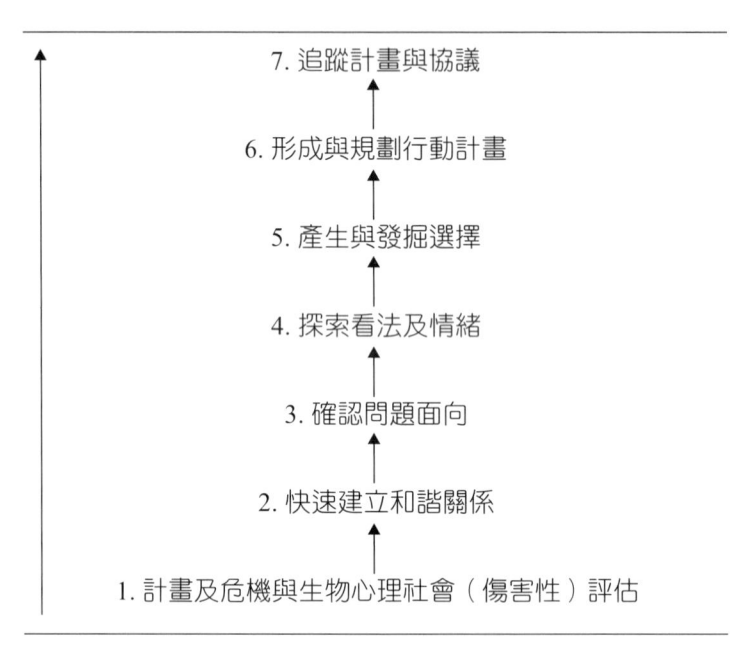

```
7. 追蹤計畫與協議
      ↑
6. 形成與規劃行動計畫
      ↑
5. 產生與發掘選擇
      ↑
4. 探索看法及情緒
      ↑
3. 確認問題面向
      ↑
2. 快速建立和諧關係
      ↑
1. 計畫及危機與生物心理社會(傷害性)評估
```

圖 12.1 七階段危機干預模式。取自 Eaton and Roberts (2009) and Roberts (2005)。

1. 第一階段:計畫及危機評估(包括傷害性評估)。第一階段包括個案生理心理社會評估,探討個案的生理與心理健康及社會支持。個案健康評估係指探究個案的醫療狀況或需求(也就是非處方用藥,處方藥物),任何醫療需求,目前使用的藥物或酒精(包括曾經使用藥物名稱、使用時間多長、劑量),或是因成癮導致戒斷症狀。傷害性評量是指社工人員評估個案任何傷害或企圖傷害自己或他人,與任何過去曾經發生的自傷史。不論何時,一旦出現個案傷害自己的危險、被其他人傷害或有醫療需求,社工人員必須立即聯繫緊急醫療(通知119)及/或警察以確保個案的安全。社工人員應該了解個案的社會環境支持及資源,尤其當社工人員與個案執行干預計畫時應該擬定這些支持與資源(Eaton and Roberts, 2009; Roberts, 2005)。本階段經常與第二階段共同執行。

2. 第二階段:快速建立密切與治療性關係。本階段經常與第一階段共同執

行。如果第一階段社工人員與個案最初的接觸未能建立和諧關係，就無法收集資料進入第二階段。因此社工人員應該盡快與個案建立和諧關係以收集資料解決危機狀態。社工人員應運用以人為中心觀點(Rogers, 1957)，展現絕對的正向尊重、真誠同理個案（請見第七章）。Eaton 與 Roberts (2009) 強調社工人員與個案會談時保持平和與在掌控中的重要性。例如，假如個案表示她聽到已過世母親的聲音，社工人員不該與其爭論質疑，而是應該專心傾聽讓個案繼續說出她的想法、感受與經驗。

3. 第三階段：確認個案當前的問題與突發的危機狀況。此階段社工人員仍然持續與個案建立關係，並且蒐集危機情況的資訊與突發事件。藉著回答下列問題可以確認問題及突發事件：撼動個案的最後「一根稻草」是什麼？個案是否曾經歷過類似狀況？如果有，個案如何因應這些狀況或其他的壓力事件？與此次的情況有何不同？(Roberts, 2005)社工人員在蒐集資料時必須以開放式問題方式，允許個案盡情詳述當前問題與突發事件，並且充分表達她或他的經驗與故事。

4. 第四階段：有效地運用積極傾聽技巧處理個案的想法與情緒感受。此階段也與第三階段重疊連結，社工人員藉著以開放式問題與積極傾聽技巧，引導個案詳述其當前問題與突發事件。當個案述說她或他的故事，社工人員應該持續運用以人為中心技巧與以正向積極尊重，真誠同理，且應該接受認同個案當前的感受與情緒。社工人員的積極傾聽包括鼓勵性及接納性表達方式（例如，「好」、「嗯哼」），以及反應式陳述，社工人員全面反應個案或個案所表達的觀點以鼓勵個案討論這些議題，進一步確認社工人員能正確表達個案的陳述。例如：

個　　案：我不知道像這樣我怎麼繼續下去。
社工人員：你不知所措，必須做某些改變。

社工人員可以從個案呈現的陳述回應其感受與情緒，盡力支持個案並且鼓勵她或他與社工人員持續討論。例如：

個　　案：我希望有人可以說，沒有人真正完全了解我所經歷的。

社工人員：此刻你覺得非常孤單。

這個階段最重要的是讓個案覺得他們的經歷、感受與情緒是被接納及支持的。

5. 第五階段：確認個案的優勢力量與先前成功的因應機制衍生形成解決之道。第三階段呈現個案當下的問題，第五階段開始形成衍生解決之道，並確認新的或先前未曾使用過的因應機制來處理這些問題。社工人員與個案共同確定解決之道與因應機制可以減輕當下的問題。此階段加入焦點解決觀點實務（參閱第十章），特別是關於確認建立個案既有的優勢資源與適應技巧。本階段初期，社工人員以焦點解決問題詢問個案嘗試引導出個案的優勢、資源與因應技巧，提醒個案情況好轉之時。類似的問題包含：(1) 除此之外問題──「哪個時候你覺得不像現在那麼沮喪？」、「這些時間點有什麼不一樣？」；(2) 適應問題──「到目前為止你都怎麼處理這些遭遇？」；(3) 過去成功經驗──「過去你曾面臨這種狀況嗎？」「過去類似情況你怎麼處理因應呢？」(Greene et al., 2005) 透過這個過程，社工人與個案開始針對當下問題尋求解決之道，同時社工人員也能夠關注到每個抉擇的結果以及個案的想法與感受。雖然這是個合作的過程，也可能是社工人員提供許多選項讓個案考慮的情況(Roberts, 2005)。有種狀況是個案對於解決之道無法下決定，例如，個案目前的精神狀況需要住院或個案因恐嚇或預謀傷人被警方拘留。

6. 第六階段：擬定行動計畫。一旦確定當下問題的解決途徑之後，社工人員與個案應該開始擬定行動計畫。當然這必須假設個案身心狀態都可以參予計畫的情況下，例如，如上所述，假如個案立即需要住院，社工人員就必須去執行一個過程中沒有個案作為合作夥伴的危機干預計畫。在此階段，社工人員須確認個案同意以此行動計畫（或步驟）來應付當前危機情況，還有確認個案將會繼續尋求社工人員或機構的服務，或執行因應機制。此行動計畫應以最適合個案的形式書面紀錄，計畫影本同時交付個案及社工人員收存。

7. 第七階段：建立追蹤計畫與協議。初期危機干預之後，社工人員應該追蹤個案確定行動計畫狀況以確保危機解除或減輕(Eaton and Roberts, 2009)。追蹤方式可以是電話或當面訪談。

案例：危機干預理論在實務上的應用

你是一名危機工作者，接到當地學校來電表示一名14歲男性英國黑人，Rasheed，他向同學宣稱將在傍晚企圖自殺。學校諮商人員與Rasheed會談得到證實，他表示再也不能容忍同學的霸凌。現在Rasheed與學校諮商人員安全在一起，但是她害怕假如讓Rasheed下課回家，他是否會執行自殺計畫。Rasheed要求學校諮商人員不要通知父母，他不想要他們難過。你立刻向學校報告並且針對Rasheed運用七個階段的危機干預模式。

當你到達學校，你發現Rasheed坐在學校諮商人員辦公室，雙眼瞪著牆壁。Rasheed沒有對你打招呼，而且挪動椅子身體背對你。首先你開始執行生物心理社會評估，迅速衡量這個情勢的傷害性與任何必需的醫療照顧（第一階段：計畫與執行危機傷害性評估），而且同時試著與Rasheed建立治療性的關係（第二階段：迅速建立和諧與治療性關係）。你評估Rasheed與你及學校諮商人員同處在辦公室的當下，他是安全的，但必須判定Rasheed自殺的意念有多強。你問Rasheed是否能夠問他幾個問題，他同意了，但學校諮商人員也必須跟他一起在場。為了與Rasheed建立關係，你同意了他的要求。Rasheed繼續面對著牆跟你說話，為了配合Rasheed，你詢問是否能夠坐他旁邊而沒有要他轉過來。

你問Rasheed目前有否服用藥物或任何健康問題，Rasheed表示他有氣喘而且隨身帶著氣喘噴霧器，但今日還不需要。他沒有提到其他的健康問題。Rasheed也否認有使用藥物或酒精。你開始討論自殺的念想，你說「你知道學校諮商人員打電話請我過來跟你談話，因為你表示要傷害自己，關於這些想法，你能跟我多談一點嗎？」Rasheed沒有轉身，他說「我已經厭倦被捉弄與霸凌，假如我死了也沒有人會懷念我」。你問Rasheed他的自傷計畫，他說他

能弄把槍或到藥房買點藥。你評估雖然Rasheed有自殺意念，但尚未充分安排好執行計畫，在他執行這個計畫之前還必須先執行其他任務（也就是，取得一把槍或買藥）。Rasheed告訴你他跟父母與兩個妹妹同住，他從未跟父母談過自殺的念頭，他們也會同樣的沮喪且對他生氣。Rasheed表示他跟父母關係很好，但是他們不明白他究竟經歷了什麼。你評估Rasheed不需要緊急醫療照護，並且進入危機干預的下一個階段。

　　如上所述，藉著回應Rasheed學校的諮商人員陪同在場的要求，第二階段延續第一階段而開始，背對著你，請求同意談話與坐在他旁邊，並且以非批判態度傾聽同理。Rasheed繼續說出更多訊息並且一邊述說一邊開始把身體轉向你。當持續建立和諧與治療性的關係之後，你繼續從Rasheed蒐集導致此次危機情境的相關議題與突發事件（第三階段：確認個案當前的問題與突發的危機狀況）。你開始問一個開放性問題，「今天發生什麼事讓你產生傷害自己的念頭？什麼事你的最後一根稻草？」Rasheed表示在一個絕大多數白人的學校裡，身為黑人經常被同儕霸凌，他常常受到種族歧視甚至身體虐待，例如被推去撞牆、以及在走道被絆倒、在運動健身房淋浴時熱水被關掉。他表示今天在健身房一個上鎖的房間裡，當他低頭時一群男孩談論他的身體並且用手機拍照，然後男孩們把照片遍傳全校。Rasheed說因為其他人窺見他的身體隱私，他覺得很丟臉與羞愧。他覺得這種霸凌只會愈來愈嚴重，他再也不想面對。你積極聆聽Rasheed所敘述的問題，並了解同理他的感受與情緒（第四階段：有效地運用積極傾聽技巧處理個案的想法與情緒感受）。你回應Rasheed，「你覺得今天的經驗很丟臉而且永不會停止，你一定覺得又生氣又受傷」。在這個討論過程中，Rasheed身體轉而面對你，你繼續積極傾聽他的經歷並且了解他的感受與情緒。

　　你開始尋求Rasheed自殺意念的解決之道（第五階段：確認個案的優勢力量與先前成功的因應機制衍生形成解決之道），你提出了一些焦點解決實務問題以確認Rasheed的優勢能力、資源與既有的因應機制。你問Rasheed，「這對你而言真的很難，到目前為止你能處理因應這種霸凌嗎？」Rasheed回答他試著忽略其他男孩，不跟他們往來，盡可能減少待在學校的時間。你問

Rasheed，「比起現在你覺得有沒有什麼時間感覺安全跟快樂？」Rasheed敘述在家裡與家人共處以及打電玩時非常快樂。你承認Rasheed已經運用他過往的因應機制，但並不足以用來處理今日發生的情況，你也了解對Rasheed而言家人是個強有力的支持系統。

你開始探索Rasheed宣稱自殺的解決方式，並且提出一些這個舉動所導致的後果，例如家人會有什麼反應。同時也邀請學校諮商人員一起加入討論，特別是應該關注校園中的種族歧視以避免日後對Rasheed的傷害，學校諮商人員表示她會立刻報告教務主任給予這些男孩懲罰，避免將來再度發生傷害或凌虐。學校諮商人員也會聯繫當地種族平等委員會(Race Equality Council)關注校園種族歧視議題。你要求Rasheed承諾會與父母討論今日在學校所發生的這件事，Rasheed同意了。你也必須確保這段時間他的父母能夠加以關注避免他傷害自己，例如把可能有傷害性的藥物拿開。Rasheed表示藉著這個事件的討論並且知道今天羞辱他的男孩將會有某些處置，他覺得自己好些了，你問Rasheed是否願意定期跟一位諮商人員談談，他同意了。Rasheed詢問是否可以回家。

你要求為Rasheed訂定一個行動計畫以保護他（第六階段：擬定行動計畫），Rasheed同意將所討論的行動重點寫在一張紙上，你們兩人與學校諮商人員都簽名。這個行動計畫如下：

1. 危機工作者轉介Rasheed給一名諮商人員，與他定期討論想法及感受。
2. Rasheed一旦有任何傷害自己或自殺的想法必須立刻告訴告訴媽媽或學校諮商人員。
3. 危機工作者須與Rasheed的雙親討論這件情況，並且確保拿開家裡任何自我傷害的東西。
4. 學校諮商人員與教務主任針對傷害Rasheed的男孩們施予懲戒。
5. 學校諮商人員聯繫當地種族平等委員會(Race Equality Council)協助處置校園種族歧視問題。
6. 危機工作者確認Rasheed對於行動計畫的執行狀況。

Rasheed的父母來到學校與你及學校諮商人員共同討論這個事件，你、Rasheed與學校諮商人員簽署行動計畫，每個人都保有一份影本。接下來的日子，你追蹤Rasheed與他父母是否依照計畫執行並通知他們轉介至諮商機構（第七階段：建立追蹤計畫與協議）。

優勢與限制

社會工作實務中運用危機干預有其優勢與限制，優勢如下：

- 危機干預，特別是Roberts (1991)模式，出現危機情況時提供了明確的執行步驟，雖然不見得容易執行，其過程明確利於社會工作人員遵照執行。
- 危機干預是一個短期的方法，特別用於減輕危機狀態，以及協助人們改善他們的適應、自信與問題解決技巧。這個方法特別針對社會工作人員運用在面對各種危機情境，並且迅速減輕危機問題。
- 由於危機干預的本質是短期介入，可以與其他理論或方法共同並用，例如，社工人員可以針對某個家庭運用危機干預的七階段模式以減輕眼前的危機，然後改變使用其他的理論或方法（即是，認知行為治療，任務中心社會工作）以解決其他或根本問題。

限制如下：

- 危機干預意在減輕當前問題或危機，不見得能夠用於導致當前問題或危機的根本原因，例如種族歧視、壓迫與／或貧窮(Payne, 2005)。雖然社工人員可能運用危機干預減輕危機情況，他們還是會想著引發當前問題或危機的根本原因，並且盡可能的透過追蹤或轉介其他資源來處理這些問題。此外，危機情況是長時間形成的也需要長時期的處遇(Regehr, 2011)。
- 當個案拒絕接受社工人員參與就難以執行危機干預，因為社工人員必須蒐集個案或其他能夠代表回答問題者的資訊才能執行危機干預評估，缺評估資訊，社工人員無法擬定行計畫。社工人員必須記住運用諮商及個人中心技巧與個案建立和諧關係，以便順利蒐集資料（第二階段）。

▲ 所有的危機情況實務中,真正的合作是困難的,有某些狀況社工人員所執行的行動計畫與個案意願相違背,例如為確保個案的安全聯繫警察或急救醫療服務,這種狀況實際上被視為消權(Skinner, 2013)。雖然社工人員應該致力於全程與個案合作,有些時候卻會面臨如此抉擇,此時應該與督導或同事共同完成。

倫理與文化的考量

為有效執行危機干預,O'Hagan (1991) 認為必須有一個堅固的倫理基礎,確保社會工作作者與其他系統共同參與,運用**反歧視**(anti-discriminatory),反壓迫實務與挑戰性態度,對於差別待遇及／或壓迫的行為與政策。一個堅固的倫理基礎要求社工人員具備危機干預理論實務的知識與訓練,特別是他們經常要面對更嚴重有時甚至威脅生命的情況。社工人員應該擁有足夠的必要資源來執行這個角色,如督導支持與訓練。社工人員也應該具備自我察覺敏感度,特別是當他們面對困難的身心危機情況。支持與督導也是重要的一環,社工人員不該獨自面對關鍵抉擇,更應該有督導或其他勝任合格的同事提供支持及引領。

社工人員運用危機干預時應該密切注意個案的文化角色,對某個人或文化而言是一個危機狀況,可能是另一個人或文化的壓力或挑戰性事件。在個人家庭乃至社區未曾發生過的優勢文化裡,經常期待人們以特別方式回應,並視之為不尋常或歧視與／或差別待遇經驗。個案界定當前問題與突發事件為緊急危機?或基於社工人員的價值信念及文化所認為的過去或現在經驗界定為危機?此外,社工人員在尋求危機情境的解決途徑時,應該留意個案解決方式可能不同於社工人員的文化或優勢文化所使用的方法。在執行危機干預計畫時除了社工人員專業價值與原則,同時也經常將個案的文化視為該被考慮的資源。

危機干預與反壓迫實務

　　反壓迫實務以及增權是社會工作重要論點，而且也應該被融入危機干預。危機干預強調為減輕當前危機與個案夥伴共同合作的重要性，社工人員應該試著建立合作關係，從一開始參與讓個案界定其當下的問題以及突發事件，尋求危機的解決之道並擬定行動計畫。雖然社工人員需要針對個案情況提供某些解決建議，一個或數個適當的選項讓個案考慮。社工人員實務工作中應適當運用增權與反壓迫，與其他專業人員（警察、醫療人員）保護個案，例如住院。無條件的正向態度尊重個案，同理心與真誠，並挑戰任何控制壓迫個案的企圖，社工人員正可以滿足這個需求。

　　某些學者與社工人員對危機干預有所存疑，認為干預並非聚焦反壓迫或反歧視實務，其本質在解決眼前危機狀態而非突發事件的根本問題(Payne, 2005)。雖然危機干預模式焦點是用於短期及當前問題，社工人員可以將反壓迫與反歧視實務，以及任何對於行動計畫的環境限制或結構性壓迫加以結合評估。包括轉介其他資源或機構，要不然就是之後運作時加入其他理論方法。例如上面的案例，社工人員的目標是減輕Rasheed的危機狀態，確保他的安全無虞，但行動計畫也包含了導致Rasheed危機的背後的種族歧視問題與霸凌。

危機干預研究

　　危機干預並不被認為是「醫療」方法，而是一個利用改變的過程與個案共同工作的短暫干預，因此，要針對危機干預的效能加以評估有些困難，尤其危機的界定經常因人而異(Dziegielewski and Powers, 2005)。大部分危機干預研究在探索危機干預之後降低沮喪，自殺意念的形成或創傷後壓力症候群的困難度或癥候(Everly et al., 2005)。Roberts and Everly (2006)針對36件危機干預方法效益評估進行資料分析，得出三個類型：(1) 家庭維繫，包括居家緊急家庭諮商，通常持續三個月；(2) 團體危機干預，通常在創傷事件之後實施三次；(3) 個人或團體單次危機干預，時間約20分鐘至2小時。資料分析說明雖然此三類

型都顯示有效,家庭維繫方法比起團體或個別干預更有效。

　　危機干預效能評估的困難是本身缺乏結果評量方法(Regehr, 2011)。運用**危機狀態評估量表**(Crisis State Assessment Scale, CSAS)對個案施測有助於了解危機干預的效度。CSAS係評量個案察覺危機狀態的程度,包括兩個部分:(1) 心理創傷;與(2) 因應問題成效(Lewis, 2005)。雖然還有其他的危機干預評量方法與量表可用,例如Beck Hopelessness Scale, Beck Scale for Suicide Ideation, Linehan Reasons for Living Scale, Suicide Potential Lethality Scale 與 Modified Scale fo Suicide Ideation,這些都是著重自殺而非個人對於危機或克服危機能力的察覺(Roberts and Yeager, 2009)。透過衡量個人對於危機干預前後知覺程度,CSAS確實被認定是個有用的危機狀態效度評量工具。

摘要

　　危機干預是一個短暫的方法,用於強化個案的優勢、資源與因應機制,以克服危機情況並提升個案因應能力,自信與問題解決的技巧。當個人既有的因應機制不足以應付壓力與危險的情境,危機情況並非特定或可預先決定,端視個人的知覺而定:一個人的危機情況可能是另一個人的挑戰。面臨危機的個人通常會顯現一些症狀如退縮、沮喪、不安、憤怒、焦慮或可能出現精神症狀。危機干預的目標在協助個人,家庭與／或社區運用其既有或新有的優勢,資源與因應機面對挑戰壓力或危險事件,以回歸平衡狀態。Roberts (2005)主張一個危機經驗可能會帶給個人創傷,也可以視為一個成長與發展的機會。本章也探討社工人員如何在危機干預個案實務運用Roberts (1991)提出的七階段模式。

> **個案研究**
>
> Caroline，19歲，白人，是2歲與4個月大孩子的單親媽媽。Caroline與她的2個孩子住在一間兩房公寓，距離親友大約車程30分鐘的城鎮。她跟孩子的父親很少接觸，他沒有提供經濟資助，也沒有來探視照顧孩子。自16歲起Caroline因憂鬱而接受諮商協助，但4個月前孩子出生起她就沒有去看諮商人員。有一天，Caroline打給999表示她需要立即的幫助「我再也受不了」。Caroline一直哭泣並說需要別人的幫忙，她很害怕自己會傷害小孩。Caroline表示「我再也受不了，我的嬰兒哭個不停，在我做出蠢事之前最好誰來幫幫忙！」你是一位社工人員被電話通知與警察抵達案家，你要如何運用七個階段危機干預來幫助Caroline？

延伸閱讀

Regehr, C. (2011) Crisis theory and social work treatment, in F.J. Turner (ed.), *Social Work Treatment: Interlocking Theoretical Approaches*, 5th edn. Oxford: Oxford University Press.

An overview of implementing crisis intervention in social work practice with individuals, groups and communities.

Roberts, A.R. (ed.) (2005) *Crisis Intervention Handbook: Assessment, Treatment, and Research*, 3rd edn. New York: Oxford University Press.

A complete guide to crisis intervention, including an overview of the seven-stage crisis intervention model and guides to implementing crisis intervention with various client groups and in various settings.

Roberts, A.R. and Yeager, K.R. (2009) *Pocket Guide to Crisis Intervention*. New York: Oxford University Press.

A brief overview and guide to implementing crisis intervention.

參考文獻

Bott, E. (1976) Hospital and society, *British Journal of Medical Society*, 49(2): 97–140.

Caplan, G. (1961) *A Community Approach to Mental Health*. London: Tavistock.

Caplan, G. (1964) *Principles of Preventive Psychiatry*. New York: Basic Books.

Dziegielewski, S.F. and Powers, G.T. (2005) Designs and procedures for evaluating crisis intervention, in A.R. Roberts (ed.), *Crisis Intervention Handbook: Assessment, Treatment, and Research*, 3rd edn. New York: Oxford University Press.

Eaton, Y.M. and Roberts, A.R. (2009) Frontline crisis intervention, in A.R. Roberts (ed.), *Social Workers' Desk Reference*, 2nd edn. New York: Oxford University Press.

Everly, G.S. Jr, Lating, J.M. and Mitchell, J.T. (2005) Innovations in group crisis intervention, in A.R. Roberts (ed.), *Crisis Intervention Handbook: Assessment, Treatment, and Research*, 3rd edn. New York: Oxford University Press.

Golan, N. (1978) *Treatment in Crisis Situations*. New York: Free Press.

Greene, G.J., Lee, M.Y., Trask, R. and Rheinscheld, J. (2005) How to work with clients' strengths in crisis intervention: a solution- focused approach, in A.R. Roberts (ed.), *Crisis Intervention Handbook: Assessment, Treatment and Research*, 3rd edn. New York: Oxford University Press.

Lewis, S.J. (2005) The Crisis State Assessment Scale: development and psychometrics, in A.R. Roberts (ed.), *Crisis Intervention Handbook: Assessment, Treatment, and Research*, 3rd edn. New York: Oxford University Press.

Lindemann, E. (1944) Symptomatology and management of acute grief, in H.J. Parad (ed.), *Crisis Intervention, Selected Readings*. New York: Family Welfare Association.

O'Hagan, K. (1986) *Crisis Intervention in Social Services*. London: Macmillan.

O'Hagan, K. (1991) Crisis intervention: changing perspectives, in J. Lishman (ed.), *Handbook of Theory for Practice Teachers in Social Work*. London: Kingsley.

Parad, H.J. and Parad, L.G. (1990) *Crisis Intervention Book 2: The Practitioner's Sourcebook for Brief Therapy*. Milwaukee, WI: Family Service America.

Payne, M. (2005) *Modern Social Work Theory*, 3rd edn. Basingstoke: Palgrave Macmillan.

Rapoport, L. (1962) The state of crisis: some theoretical considerations, *Social Service Review*, 36(2): 211–17.

Rapoport, L. (1967) Crisis- oriented short- term casework, *Social Service Review*, 41(1): 31–43.

Regehr, C. (2011) Crisis theory and social work treatment, in F.J. Turner (ed.), *Social Work Treatment: Interlocking Theoretical Approaches*, 5th edn. Oxford: Oxford University Press.

Roberts, A.R. (1991) Conceptualizing crisis theory and the crisis intervention model, in A. Roberts (ed.), *Contemporary Perspectives on Crisis Intervention and Prevention*. Englewood Cliffs, NJ: Prentice Hall.

Roberts, A.R. (ed.) (2005) *Crisis Intervention Handbook: Assessment, Treatment, and Research*, 3rd edn. New York: Oxford University Press.

Roberts, A.R. and Everly, G.S. (2006) A meta- analysis of 36 crisis intervention studies, *Brief Treatment and Crisis Intervention*, 6(1): 10–21.

Roberts, A.R. and Yeager, K.R. (2009) *Pocket Guide to Crisis Intervention*. New York: Oxford University Press.

Rogers, C.R. (1957) The necessary and sufficient conditions of therapeutic personality change, *Journal of Counseling Psychology*, 21(2): 95–103.

Scott, D. (1974) Cultural frontiers in the mental health service, *Schizophrenia Bulletin*, 1(10): 58–73.

Skinner, J. (2013) Crisis theory, in M. Davies (ed.), *The Blackwell Companion to Social Work*, 4th edn. Chichester: John Wiley & Sons.

Thompson, N. (2011) *Crisis Intervention*. Lyme Regis: Russell House Publishing.
Wright, B. (1991) *Sudden Death: Intervention Skills for the Caring Professionals*. London: Churchill Livingstone.

第十三章
社區工作

前言

　　在某種程度而言，所有社會工作都可能在社區之內執行；可能包括一個社工人員把社會服務輸送到一個特定地區或一群有共同特徵或興趣的人們。或者，可能也包括社工人員直接與社區民眾共同評估需求並且提供以社區為基礎的干預。不論社區參與程度如何，接受且認定社區是社會工作實務的基本觀點。IFSW (International Federation of Social Work's) (2012)支持上述論點，認為社會工作是「運用人類行為與社會系統理論，社會工作干預強調人與環境的互動」。環境必然是由個人生活互動的社區所組成，因而將社區工作定義為「強調了解個人是社區的一部分，及增長社區成員面臨社會經濟或政治挑戰的能力的一套方法」(Healy, 2012, p. 169)。

　　當社會工作實務運用系統理論與生態觀點時，社區是相當重要的一環，此時社會工作人員的評估與干預重點不只是個人或家庭，更需要延伸至其外部環境（例如社區），對於個人成長與發展有所助益或阻礙的各個層面加以考慮。同時個案干預的焦點也應該立即的從個案系統（個人、家庭、團體）延伸到社區或更大範圍如社會，經濟或政治體系。就某種程度而言，社會工作人員參與社區工作時將會因其角色與觀點而有所不同。有些社會工作人員可能只被賦予對個人與家庭評估干預計畫等任務，然而其他社會工作人員可能會將社區視為滿足個案需求與達成目標的工作重點。依此觀念，社工人員可以將社區工作列入既有角色外的其他方法，或者視為社工實務的個別方法(Healy, 2012)。本章將要回顧社區工作的歷史與其在社會工作實務中運用狀況。

253

社區工作的起源

雖然社會工作的歷史絕大部分強調個人獨特性，社會工作實務與社區相互關聯的歷史卻淵源流長。社會工作的起源可溯及COS (Charitable Organization Society，慈善組織會社)與Settlement Movement（睦鄰公社運動，發生於英國及美國），成立以社區基礎的睦鄰公社，如Oxford House（1883年成立），Toynbee Hall（1885年成立）以及Hull House（1889年成立）。雖然COS更加強調資格評估與個人，睦鄰公社則重視建立社區組織以提供勞工階層與移民的社會與教育性活動。

二十世紀期間，社會工作與社區工作開始朝向兩條不同路線發展；社會工作更強烈傾向個人工作路線，而在英國，社會工作開始與志願工作分道揚鑣，走向制度服務。1968年Seebohm Report對此相當支持，推動1970年Local Authority Social Service Act（地方政府社會服務法案），期盼社會服務輸送更能夠回應社區當地的需求。這個法案確立了社會工作的專業，賦予法定的輸送責任。同時，社區工作也開始發展成一項專業，公部門與志願服務組織都會聘雇社區工作人員以滿足地方需求(Adams, 2010)。很遺憾的，1980年代中期之初，社區工作人員與社會服務的社區角色開始低落，特別是政府部門更加抗拒社區的概念，最值得注意的是，支持者引述Margaret Thatcher的論點：「有個別的男性與女性，以及家庭，沒有社會這檔事。」社區工作與社會工作繼續走向分歧，特別是在訓練的重點：社區工作人員重視政府、公民、社區參與、社會資本、民主與人權；而社會工作則強調反歧視、使用者增權、專業團隊工作與個別需求(Teater and Baldwin, 2012)。

1980年代可謂是社會工作範圍內的社區工作角色之關鍵時刻，Barclay Committee回顧社會工作(Barclay Report, 1982)提議社工人員配置於社區的社區社會工作（填補式社會工作），滿足需求，提供支持，與建置社區資源。其重點在於預防更甚於干預，目的在於依賴州政府支持之前優先運用社區本身的資源。儘管有此概念，但社區社工人員從未全然的付諸實行。Griffiths Report (1988)也主張將地方社區與制度化社會服務加以連結，隨之1990年NHS and

Community Care Act；訴求協助個人能夠盡可能繼續留在社區。雖然此法案貌似以社區為重心，實際結果卻是更加強調個人主義與市場化，而非社區或社區工作。儘管聯合政府開始執政後推動「大社會」(Big society)，社會工作仍首要聚焦於個人。

英國社區工作被視為從社會工作分離出來的一部分，最主要由有薪或無薪的社區工作人員實施於青少年工作，住宅與計畫革新方案(Mayo, 2009)。英國社區工作透過激進社會工作運動取得在社會工作的位階，該運動質疑社會工作回歸本質，並且採用系統及生態觀點檢視導致社會不公義的社會經濟與政治因素，而非單純強調個人(Ferguson and Woodward, 2009)。

社區工作釋義

為了解社區工作，首要必先了解「社區」的定義，「社區」是一個爭論與質疑的術語，文獻記載超過90個以上的不同定義(Cohen, 1985)。《社會工作辭典》(*Dictionary of Social Work*)將社區定義為「用來提到一群有相關興趣或共同目標的個人，這個概念也可以描述團體或地理界線的社會關係」(Pierson and Thomas, 2010, p. 104)。此定義強調認為社區是地理區域的組成，即相互鄰近的個人組成一個社區，可以是鄰近地區、村落裡的村莊、一個行政區域或都市地區，或者是一個特定的住宅區域或街道。此外也可以不論地理區域，將社區視為具備共同特徵、興趣、文化或經驗的個體，例如特定族群的群體、聽障者社區、負有養育責任的群體，或那些有特定宗教信仰者。依此論點，社區不僅是地理疆界，社區可以跨越地理界線，特別是透過實質資源援助。Healy (2012)更進一步將其分成不同類型社區，如地理性社區、聯盟社區與認同性的社區。聯盟社區係透過正式聯盟將一群有共同興趣或關注議題的個體組合連結在一起〔例如，**英國社會工作協會**(British Association of Social Work)〕，而認同性社區則是透過共同的認同、特徵或經驗所連結（例如，聽障者社區）(Healy, 2012)。本章所討論的社區定義：「社會性獨立的一群人共同參與討論決策，分享特定事務所形成」(Bellah et al., 1985, p. 333)。此定義認為社區不

只是地理性區域,更甚者是這個區域的人們透過關係網路的互動,在此他們有共享的認同與幸福感(Teater and Baldwin, 2012)。

誠如社區定義多所分歧,社區工作之組成也有不同。所有社會工作皆會參與社區,隨著社區干預的目標而大有不同。當今大多數社會工作實務強調個人,再者是直接關連的家庭,較少重視個人或家庭生活所在的社區,幾乎絕少積極性的社區干預。因此,想從社會工作內涵來定義社區工作有其困難。Adams (2010)同時也認為社區工作定義問題可以從地方政府的服務輸送給社區成員,延伸到堅守社區發展角色,也就是工作人員主動積極推動社區成員發展或強化社區。儘管社區工作如此不同,Adams (2010, p. 208)主張所有社區工作論點應該是「本質上是政治的」與「資源供給以符合人們需求」。此論點與系統理論即生態觀點一致以加強支撐社會工作實務。

Twelvetrees (2008, p. 1)定義社區工作為「藉著協助社區民眾發起自主性共同行動以改善他們自己的社區」。廣義來說,社區工作是由許多活動所組成。另外社區工作還有其他的名稱與定義,從提供社區教育延伸到主動參與社區需求評估。表13.1列出一系列社區工作差異型態及概略說明。

▶ 表13.1　社區工作變異

社區工作類型	定義
社區發展工作	社區成員組成,目標認同與共同工作達成目標。目標重點在於建立社會與經濟產能／資本。(Midgley and Livemore, 2005)
社區形貌	「對於某地區居民群體的需求廣泛的描述,不論是被定義或是社區自行定義,就是一個社區,資源存在於社區之內,並且主動參與特定目標或改善社區生活品質的行動計畫與方法。」(Hawtin and Percy-Smith, 2007, p. 5)
社區教育	目標朝向「視社區成員為同儕學習者與老師,以確認並建立社區知識」。(Healy, 2006, p. 259)
建立社區能量	「以社區既有的知識,技巧,與專業人員為基礎加以發展,滿足社區成員優先覺察的需求。」(Adams, 2008, p. 161)
社區計畫	專業人員與社區成員共同確認社區需求並且針對需求有所回應。專業人員的任務係資料蒐集與分析,與提供滿足已確認需求的解決方法。(Healy, 2012)

▶ 表13.1 社區工作變異（續）

社區工作類型	定義
社區組織	「努力嘗試糾正社會中不平衡的社會經濟勢力，社區組織幹部應該試圖動員底層弱勢公民，確認他們的受迫，共同採取行動讓他們的社區得到更好的對待。」(Healy, 2012, p. 172)
社區社會工作	「正統社會工作源自影響個人或群體的問題與責任與社會服務部門資源與志願組織，試著找尋解決管道，支持，賦予能力與加強正式及非正式關係之地方網絡，此乃社區組成的基本定義，也是個案社區利益的優勢。」(Barclay Report, 1982, p. xvii)
網絡	「一種人群關係的組合，所憑藉的連結諸如他們的居所，友誼聯繫，親屬關係，共同職業或休閒活動。」(Adams, 2010, p. 212)

　　誠如社區工作有其分類法，Twelvetrees (2008)表示因著社區工作不同面向，從某類型社區工作到另一類型可以看成一個連續體。社區工作者能夠看到各方面並且將相關特定的工作予以規劃。每個面向描述如下(Twelvetrees, 2008, pp. 3-7)：

1. 社區發展工作「相對於」社會計畫。社區發展是連續體的其中一面，包括主動積極參與社區成員與促進社區成員認同並且朝向目標共同努力。連續體的另一端社會計畫意味著工作人員繞過社區由服務提供者直接執行計畫以滿足社區需求或達成目標。

2. 自助／服務方法與影響力方法。許多社區資源充裕足以用來滿足已確認之需求，可以列為自助或服務方法。另一方面，社區也許需要利用外部資源以及協助資源取得，這是影響力方式。

3. 一般與專家社區工作。一般性社區工作人員具備一般性的技巧，可以運用在各種社區部門（如就業、住宅）與社區成員（如兒童、長者、女性）。專家社區工作人員可能具備專業知識與技巧與一個特定社區團體共事，例如健康知識需求的特定社區團體。

4. 過程與結果、表達性與工具性團體。社區工作人員應確認社區關注的是過程目標（例如經驗分享與學習），或者是結果目標（例如實質或實體結

果）。表達性團體主要強調結果的過程，且需要設立一位領導者來完成結果目標。

5. 促進（使能）角色與組織角色。社區工作人員將須建立她／他在社區工作的角色。這個角色可能是一個促進者，工作人員較非指導性及依循社區步調，而不是指導性且以領導團體達成目標的組織者角色。

6. 社區工作是本身的權力與視社區工作為一種態度或方法。有時可能是社區工作人員擔任社區工作一職，且為主要及唯一工作，反之，也可能其他個人如教師、社工人員、警員或護理人員將社區工作納入原有職位與角色。

7. 無償與支薪的社區工作。有些社區工作人員本身是地方社區的領導者或引導者，主動積極參與社區運作達到目標，然而並未受雇或以社區工作人員身分支薪；許多支薪的社區工作人員對雇主負責，也必須忠於工作職務與聘僱機構的政策，同時也應該具有社區工作人員必備的技巧。

　　社區工作是社會工作實務中一項重要且有用的方法，尤其是社會工作人員將常被期待執行個人、家庭與團體評估與干預之時，應該考慮其環境與周遭社會、政治與文化體系對於個案的衝擊與影響。社會工作人員在實務工作上可以參考上述社區工作面向多樣化運用。Ife (2002) 表示社區工作實務上，社會工作人員應該確認兩項假設：

1. 改變來自底層。社區成員應該主動積極參與確認需求、建立目標並且共同行動達成目標。改變必須來自社區成員本身，而非社區外部個人所強加的。

2. 過程與結果一樣重要。社區成員應該主動積極參與過程並且朝著他們設定的目標努力前進。過程與結果同等重要，特別是過程可能是提升社區知識、技巧、資源與優勢的機會，可做為社區成長發展的有利工具。

> **練習13.1** 如何將社區工作融入你的實務工作裡？
> 1. 在你的職場／實務工作裡，你做（或應該做）什麼社區工作？
> 2. 你將如何－或你曾如何參與這些社區？
> 3. 有哪些社區參與的利益或挑戰？（考慮社區、個案、你與機構。）

社區工作的階段與技巧

社會工作實務內有各式各樣的社區方式，其範圍從社會工作人員執行社區個案評估，與社區成員溝通以決定滿足社區需求的社會服務機構的範圍，或者社工人員受雇社區組織執行社區工作。雖然社工人員參與社區工作的程度不同，有人發現許多階段性方法有助於解釋社區工作，Healy (2012, pp. 179-99) Adams (2010, p. 211) and Mayo (2009, p. 133)的著作，針對社區工作階段提出最佳的描述如下：

1. 強調社區實務。社區工作首要階段是工作人員應先行思考社區工作實際運作的範圍。進行評估工作時，應該要考慮檢視是否有適當之對應理論可以整合運用，例如系統理論與生態觀點。在實務工作的評估與干預階段，根據工作狀況重新審視理論能夠突顯出社區潛在的特點(Adams, 2010)。
2. 與社區成員認識與磨合。本階段包括認識社區成員並開始建立關係與參與夥伴工作。工作人員可能開始與社區成員討論，詢問他們的經驗、優勢、資源、期望與目標。工作人員必須具備一個有效並且能夠向社區成員傳達互動與關係的目的，工作人員也需要確保更廣大的社區成員參與，畢竟社區中有些成員不必然認同社區或可能對社區的存在無感納入更廣泛的社區成員才能更具有代表性。Healy (2012)主張本階段可分為二個時期：
   (a) 計畫前期。此時期工作人員蒐集社區相關知識與資訊，以及社區成員優先的需求，也建立工作人員的角色與目的。Healy (2012, p. 180)認為藉著社區觀察，與社區成員談話、回顧機構文件檔案，就可以達成並且發掘媒介來源。計畫前期可以提高工作人員的可信度與工作人員

對社區及其需求的了解(Healy, 2012)。

(b) 認識社區。此時期包括工作人員對社區成員的認識，對工作人員角色、社區優勢、資源與需求的相互了解。此時期彼此分享資訊，包括工作人員出席社區集會所或者會議室，工作人員可以透過傳單、通訊、社區機構、傳播媒體或在公開場所（如公園）召開會議以認識社區成員，以傳達工作人員的角色資訊(Healy, 2012)。Healy (2012, p. 182)提出幾個認識社區的策略，包括在中立地點會面，提供食物與餐點，表達工作者對社區資訊與優勢與潛在需求的了解，盡可能通知邀請更多社區成員參加（包含立場不同的成員），並且確保任何社區成員所需支持性需求的可用資源，例如交通、照護需求。

3. 評估與分享概念。本階段由社區主動參與確認優勢、資源、需求，希望與潛在目標的評估所構成。一個社區檔案對本階段應該有其效用（參考表13.1）。依照Healy (2012, p. 183)所主張，資源就是「存在於社區中且有助於改善社區生活品質的能力或資本的形式。這些資源包括人力與社會成本，例如學校與社區聯盟，就如同企業與基礎建設，例如建築物。」Hart (1999)的社區資本三角堪稱是社區資本與資源確認的有效工具（參考www.sustainablemeasures.com有進一步描述解釋）。此三角的基礎是自然資本，可能是自然資源（食物、水），生態系統服務（氧氣、淨水），以及自然之美（海濱、高山）。人力與社會資本的基礎是自然資本以及人（技巧、教育、能力）的組成與連結（家庭、鄰里、政府）。最後，資本立於三角的頂端且由人造物質組成，例如建物、資訊與公共基礎建設。當社區對於其優勢與資源十分熟練，應該主動積極參與優勢，資源與需求的評估 (Healy, 2012)。

假如礙於時間與資源因素，你無法在評估階段整理出一個完整的社區檔案，你可以仰賴其他資訊來源蒐集資訊，例如地方與國家統計資料，或者是透過調查，焦點團體，社區座談會或參與行動研究(PAR)（見Kindon et al., 2007）。無論你選擇使用哪種方法蒐集資訊，社區成員應該參與其中以確保工作人員與社區成員分享所蒐集的資訊，並且正確分

析／評估以反應出他們的經驗與渴望(Adams, 2010)。不管以何種方式資訊蒐集完成評估，任何研究的評估與發現應該以「盡可能大多數社區成員可以接受的」方式呈現出來；以清楚、簡單、非艱澀用語，容易依循的架構，精簡摘要，摘要重點訊息與調查結果，影像資訊，可能的話有專業印刷服務(Healy, 2012, pp. 190-1)。

4. 發展與執行行動計畫。一旦完成所有優勢資源、需求、希望與已確認目標的評估後，下一階段應是發展行動計畫，包括目標確認及達成目標之步驟，或者包括發展社區方案或干預。此行動計畫應該涵蓋社區成員主動參與，藉著舉辦公開座談會或者社區小團體盡可能廣為宣達，以確認能夠聆聽並考慮到社區所有的觀點，同時／或者舉辦社區內小團體會議，工作者能夠「對於特定小團體更符合其發展過程」(Healy, 2012, p. 191)。Healy (2012)表示工作人員必須整合創造性的觀點，擬定一個盡可能更多成員參與的行動計畫。SWOT法則是一個方式，分析成員的(S)優勢(W)社區的弱勢(O)機會與(T)外部環境對社區的威脅(Weil et al., 2010)。

　　一個議定的行動計畫由短期與長期目標所組成，列出社區成員最想優先達成的目標，並盡可能取得多數社區成員一致的同意與支持(Healy, 2012)。當行動計畫通過同意之後，工作人員可以促進者角色協助執行行動計畫，或是支持社區成員廣泛了解行動計畫資訊並且鼓勵成員投入參與。透過口語宣揚、實質來源，或是社區成員出沒之處等方式來傳布資訊。

5. 評估：回顧已達成的與未來期望。雖然最後才會進行社區工作評估，也需要從頭考慮，評估包含社區工作過程的焦點，檢視社區成員如何參與與他們的經驗，以及與社區內改變有關聯的工作成果（如知識、態度、經濟、社會的、生理的）；以及／或與任何資源或社區所產出相關的工作成果（如手冊、DVD、簡介）(Healy, 2012)。工作評估的方法可採量化或質性研究，同時Healy (2012)主張兩者並用，既蒐集資料數據（例如會議出席次數）也蒐集經驗資料（例如成員參與經驗）。評估對社區是有用的，對社區機構的工作者及潛在出資者亦然 (Healy, 2012)。評估也能顯示社區進一步的

需求，引領工作者再度回溯第三階段至第五階段(Adams, 2010)。

由階段1到5所顯示，個人參與社區工作必備的技巧與資源，內部資源包括會議場地，時間與經濟資源，社區工作人員必備的技巧可參見表13.2，也針對每項技巧目的之技巧扼要解說。

▶ 表13.2 有效的社區工作技巧

技巧	目的
參與及夥伴合作	開始與社區建立關係並取得社區信任共同合作
評估	決定社區的優勢、資源、需求與或發展區域
研究與評值	除了蒐集社區影像與其需求，還需工作評值
團體工作	參與社區團體成員，了解並確認團體工作階段與社區團體成員不同的角色
協商	解決衝突與分歧意見並且確保所有社區成員的聲音都被傾聽考慮
溝通	口語與非口語溝通技巧可增進社區成員各樣團體的參與
諮商	解決團體成員的衝突與差異，傾聽且處理敏感議題與情況，顧及差異性與多元化、鼓勵所有社區成員參與
組織	遵守時間表與截止期限，被社區視為可靠的，值得信任的且稱職的，本身亦然
資源	確認資源取得的方式，例如時間、物力與金錢
紀錄與報告撰寫	活動金額確實，監測活動過程與工作評量，向贊助者報告工作困難與成果之處

資料來源：Healy (2012)；Mayo (2009)。

案例：社區工作在實務上的應用

你是一名老年人服務團隊的社會工作人員，你透過個案評估來決定一個老年人是否符合社會服務資格，包括提供居家支持服務與照護以滿足其基本健康與社會需求。隨著時間改變，你發現社會服務門檻提高了，除非需求相當緊急或嚴重，許多老年人不再符合救助資格，同時你也注意到特別在社會與經濟剝奪區域(Highland Court)有一大群被視為與社會隔絕排除的單身老人。你相信

以社區為基礎的預防性方案能夠使Highland Court減少社會孤立而獲益，接著會降低老人使用社會服務數量或延緩其服務需求（強調社區實務）。你向團隊主管報告社區基礎的預防性方案，並且取得其認同此方案將會是有用的資源，特別是針對Highland Court受到社會孤立隔絕的老年人，但是支援該方案的資金不多。團隊主管同意在Highland Court每週半天執行此以社區預防性方案，並且同意撥付300鎊專款作為初期工作經費。

你開始確定此「社區」為居住於Highland Court且65歲以上之老人，不論是否遭到社會孤立。計畫前期為獲取對社區有更清楚的面貌，你先著手研究社會孤立對老年人的影響，並且透過近期人口統計資料以蒐集Highland Court的社會經濟資訊。你利用上級所許可的工作時間與資源，你決定採用社區發展工作論點，與社區成員共同確認需求來擬定發展方案。雖然你引導社區成員確認需求，並發展預防性社區基礎方案，你努力積極參與社區成員之中。

你前往社區成員經常出沒的當地社區中心──午餐俱樂部，自我介紹，並與之討論你的期望。然後你問社區成員是否願意協助你確認社區需求，與訂定方案，營造社區強烈參與及凝聚力，然後降低社會孤立。你與當時的社區成員討論如何獲知那些很少到午餐俱樂部的成員的想法與意見，並鼓勵他們參與。將五名對社區工作抱持興趣的成員組成指導小組協助你評估社區需求，以及徵求那些更孤立且不到午餐俱樂部者的觀點，然後回報社區團體以激發方案的構想，兩週後大家回到午餐俱樂部開始進行評估。你贊成製作傳單邀請所有社區成員開會，指導小組成員負責分發傳單以及挨家挨戶個別拜訪鼓勵那些孤立的老人出席。一週後，你與指導小組在社區中心開會討論方案，每次會議皆會提供茶與咖啡。

兩週後，你發現更多社區成員加入午餐俱樂部，開始進入評估與構想分享階段，指導小組針對通知成員方案的進度提出報告，並且說明難以前來的社區成員的困難。你要求成員將他們社區的優勢與資源記錄在白板上的紙，你要求成員思考自然資本，例如公園、大自然與土地；人力與社會資本，例如技巧、能力與專精知識；以及建物資本，例如人口集中點與會議空間。然後請成員考慮他們對自己的社區有何需求，希望與目標，鼓勵他們思考得以在社區施行的

方案，運用社區自己的優勢與資源，達到激勵參與及凝聚力。會議進入尾聲，你宣布散會並且將優勢、資源、需求、期望與目標予以摘要帶到兩週後下次會議。指導小組也同意一週內去訪視沒來開會的其他成員蒐集意見，並在下次會議報告。

完成評估且隨後會議也取得成員贊成，你跟社區成員發展與執行行動計畫，成員們已經確認社區內更有創造性的目標，例如唱歌與園藝。成員們也表明有些人無法參加此方案，並且要求到府的探訪服務。某些身體較健壯的社區成員表達提供此項服務的興趣，你與指導小組同意研發可行的歌唱園藝與探訪方案，同時社區成員也會擔當領導者或提供探訪服務以展開他們自己的方案。數週後，你與指導小組確認一個當地慈善會已經在社區中心組成社區歌唱班，每週一小時。取得政府許可，一個社區成員願意負責在當地公園裡認養照顧一個社區花園。你與當地老人慈善會合作提供友善訪視服務，許多Highland Court社區成員報名。你的社區工作告一段落，但仍會不時地以社會工作人員的角色造訪視察方案進度。你與團隊主管也針對Highland Court老年人數量資料追蹤評估服務，判斷社會服務需求是否降低（評值）。

方案開始六個月之後，你訪視社區中心，社區成員表示方案仍繼續運作，參加者愈來愈多，社區也更加發展，成員彼此成為朋友而且在其他活動有所互動。

優勢與限制

社會工作實務在執行社區工作時有些優勢與限制，優勢包含如下：

▲ 社區工作以社會工作價值為基礎，特別是社會公義、增權與反壓迫。社區工作尋求透過與當地團體共同努力創造改變，向因社會、經濟與政治結構限制或阻斷取得資源而陷入壓迫、貧窮、種族主義與排除等表達挑戰(Coulshed and Orme, 2012)。

▲ 社區工作是社會工作人員運用系統理論與生態觀點的一種方式，可以讓社會工作人員評估個人與家庭之外的系統，必要時進入這些系統以執行干預

計畫。

- 社區工作使社會工作人員能夠同時評估個別需求與共同需求，社區成員參與社區工作既能滿足他們自己的需求，同時也能滿足社區共同的需求，讓社區建立更豐富的資源，以及提升未來問題解決的增權意識。
- 社區工作適合套用社會工作知識與技巧，社會工作人員應該擁有社區工作必要技巧，例如關係網絡、評估、協調、跨專業實務、研究、團體工作、溝通、諮商、資訊分享與工作量管理等，如此方能於執行社區工作時強化本身的能力與有效性。

社區工作限制如下：

- 社會工作主要強調個案工作。許多社會工作人員較傾向採取個案方式，導致他們無法看到社區工作的重要性。社會工作人員應自我提醒注意個人在環境中的重要性，與社區如何協助或妨礙個人的成長發展。
- 對於與社區共事並參與其中所需要的時間和資源，社會工作機構經常很缺乏，但儘管缺乏資源，社會工作者應該更有創造力，例如運用傳媒（臉書），既有可用的公共資料或者在公園召開午間論壇來評估社區需求。
- 雖然社區工作的本質是反壓迫的，社區內確有某些個人經歷壓迫與排除；同樣的，社區內有些團體也會相互競爭有限的資源。社會工作人員應該注意社區內各不同團體參與以及積極的程度，或者是忽視與邊緣化。社會工作人員可以多從社區橫向面尋求各種意見，特別是那些被邊緣化者的聲音與經驗。

倫理與文化考量

將社區工作納入社會工作實務有其倫理與文化考量，第一，社區係由地理位置或共同興趣的一群人所組成，然而團體成員更可能存在著許多文化，經驗與信仰的差異。工作者開始進行社區工作前，應該注意社區與社區內的不同，也應該收集更多與社區文化相關的資訊（計畫前期）。社區工作也應該將任何

適當的文化儀式或宗教信仰予以納入。第二，工作人員應該參與社區工作並且共同評估社區優勢、資源、需求與目標。當工作人員與社區成員共事時，工作人員需要保證將自己的渴望，希望與信仰排在社區之後；這並不是說工作人員不能分享自己的意見，知識或特定領域的專門技術，真正的社區工作應該將社區的希望與渴望擺在最前面，工作人員應協助社區達成目標。很多時候工作人員也會因自己的工作目標與社區不同感到緊張壓力，此時，應該打開心胸誠實與社區成員交流想法及目標，試著取得如何往前進步的協議。假若違反社會工作專業價值與原則，工作人員也可能中止工作。第三，更多時候，工作目標是工作人員受到雇用機構交辦任務，和社區目標並不一致，此時，工作人員與社區需要再度公開誠實的對話，以決定對彼此共事最好的行動方案，包括修正工作或工作人員需要從方案中抽離。最後，假如工作人員受聘雇卻發生工作人員與社區之間權力不平衡的爭議，應該工作一開始就講清楚，並且達成協議，同時接受（可能的話試著消除）權力不平衡。

社區工作與反壓迫實務

社區工作根本上是反壓迫的，在本質上試圖挑戰那些阻礙社區成長發展的社會，經濟與政治架構。工作人員的角色在於與社區共事以滿足需求達到目標，此也意味著在社區工作過程中促進社區掌握權力。雖然社區工作致力於增權，但有些時候社區內的權力可能伴隨在許多挑選的成員身上，他們操控過程且未能呈現所有社區成員意見(Coulshed and Orme, 2012)。對工作人員而言，關注這種權力不平衡何時發生非常重要，鼓勵所有成員表達意見都能被聽見，特別是那些種族隔離的、邊緣化的與受壓迫的。工作人員須留意類似情況並且主動鼓勵所有社區成員參與。Healy (2012, p. 192)提出幾項成員參與的創造性想法，例如：在社區舉辦「創意嘉年華」或「智囊團」，以聚集社區成員共同分享想法；辦理社區藝術活動促進社區參與，與／或到其他社區實地訪查觀摩。除此之外，就反壓迫觀點而言，社區工作應該考慮社區成員參與社區所需的資源，例如交通、兒童保育、事情的時刻與地點(Healy, 2012)。

社區工作研究

社區工作發展的效益端視所利用方法之類型與方法的有效性，許多不同的證據顯示，一系列廣泛的活動也涵蓋在社區為基礎的方法或干預之中。Knapp et al.(2012)回顧文獻檢視社區為基礎方法或干預的效益與實用性，以推定對於社會工作與社會照護是否有效。由此來看，Knapp et al. (2012)發現**時間銀行**(time banks)（參考www.timebanking.org）對於個人求職與技巧有其經濟與福利效益，即增進信心與自信，降低保險給付與社會孤立。**友善訪視**(befriending)服務可以降低老年人的社會孤立與沮喪、健康訪視(Knapp et al., 2012)。最後，**社區導航員**(community navigators)提供弱勢族群在情緒、社會與實質支持，協助個人更快速取得必須且適當的服務，可以降低與財務負債相關的沮喪(Knapp et al., 2012)。

其他針對個人，社會與社區利益所施行之社區基礎方案，各項研究包括施行社區園藝(Ohmer et al., 2009)，服務學習方案(Chupp and Joseph, 2010; Stoecker et al., 2010)以及社區成員參與確認需求與服務(Craig, 2011; Wang, 2006)。

摘要

本章檢視社區工作如何納入社會工作實務。就某種程度來說，所有的社會工作都在社區內施行，社會工作人員應具備社區如何形塑影響個人與家庭的相關知識，本章描述社區工作實務，包括一系列活動，從社區教育到社區為基礎的研究，以及工作人員的多元角色；從與社區討論社區需求到促進社區方案達成。系統理論與生態觀點引領社會工作實務，提醒社區社工人員思考環境內的個人與家庭，促進社區實務工作的成功。本章也說明社工人員社區工作的必備技巧，與社區工作步驟，有利於實務工作使用。

個案研究

你是一所兒童與家庭服務機構兒童照顧(LAC)單位的社會工作人員，機構位於中型城市，然而寄養家庭遍布城市與鄉村。你注意到男同性戀、女同性戀、雙性戀、變性者與性別質疑者(GLBTQ)青年個案量遽增，你在單位會議中提出報告，而單位也詢問是否提供足夠的服務量以滿足GLBTQ青年之需求，特別是鄉村地區通常資源較少。單位主管同意給予額外的工作時間以及小額經費（500英鎊）評估其需求以提供任何支持性服務以補足服務缺口，並且要求你三個月後回報。請說明你如何以社區工作評估GLBTQ青年之需求，與你如何將青年們納入評估並發展新服務，思考一下在有限的時間與經費完成工作，哪些是最有用的社區工作型態，以及必備技巧。

延伸閱讀

Association for Community Organization and Social Administration (ACOSA) – a membership organization and information site for community organizers, activists, non-profit administrators, community builders, policy practitioners, students and educators – http://www.acosa.org/joomla/

Hardcastle, D.A. (2011) *Community Practice: Theories and Skills for Social Workers*, 3rd edn. New York: Oxford University Press.
A complete guide to the theories and skills for social workers who wish to engage in community practice.

Journal of Community Practice – publishes theoretically and empirically based journal articles that address community practice. An overview of the journal can be found at: www.acosa.org/joomla/journalinfo

Teater, B. and Baldwin, M. (2012) *Social Work in the Community: Making a Difference*. Bristol: Policy Press.
Provides an overview of the historical and political context of community work as well as a review of different types of social work in the community.

Twelvetrees, A. (2008) *Community Work*, 4th edn. Basingstoke: Palgrave Macmillan.
Provides an overview of the different types of community work.

參考文獻

Adams, R. (2008) *Empowerment, Participation and Social Work.* Basingstoke: Palgrave Macmillan.

Adams, R. (2010) *The Short Guide to Social Work*. Bristol: Policy Press.

Barclay Report (1982) *Social Workers: Their Roles and Tasks*, London: National Institute for Social Work.

Bellah, R.N., Madsen, R.D., Sullivan, W.M., Swidler, A. and Tipton, S.M. (1985) *Habits of the Heart: Individualism and Commitment in American Life*. Berkeley, CA: University of California Press.

Chupp, M.G. and Joseph, M.L. (2010) Getting the most out of service learning: maximizing student, university and community impact, *Journal of Community Practice*, 18(2/3): 190–212.

Cohen, A.P. (1985) *The Symbolic Construction of Community*. New York: Tavistock and Ellis Horwood.

Coulshed, V. and Orme, J. (2012) Social Work Practice, 5th edn. Basingstoke: Palgrave Macmillan.

Craig, S.L. (2011) Precarious partnerships: Designing a community needs assessment to develop a system of care for gay, lesbian, bisexual, transgender and questioning (GLBTQ) youths, *Journal of Community Practice*, 19(3): 274–91.

Ferguson, I. and Woodward, R. (2009) *Radical Social Work in Practice: Making a Difference.* Bristol: Policy Press.

Griffiths Report (1988) *Community Care: Agenda for Action.*, London: HMSO.

Hart, M. (1999) *Guide to Sustainable Community Indicators*, 2nd edn. North Andover, MA: Hart Environmental Data.

Hawtin, M. and Percy-Smith, J. (2007) *Community Profiling: A Practical Guide*. Maidenhead: Open University Press.

Healy, K. (2006) Community education, in A. O'Hara and Z. Weber (eds), *Skills for Human Services Practice: Working with Individuals, Communities and Organisations*. Melbourne: Oxford University Press.

Healy, K. (2012) *Social Work Methods and Skills: The Essential Foundations of Practice*. Basingstoke: Palgrave Macmillan.

Ife, J. (2002) *Community Development: Community-based Alternatives in an Age of Globalisation*. French Forest, New South Wales: Longman.

International Federation of Social Work (IFSW) (2012) *Statement of Ethical Principles*. http://ifsw.org/policies/statement-of-ethical-principles/ (accessed 24 June 2013).

Kindon, S., Pain, R. and Kesby, M. (eds) (2007) *Participatory Action Research Approaches and Methods: Connecting People, Participation and Place*. Abingdon: Routledge.

Knapp, M., Bauer, A., Perkins, M. and Snell, T. (2012) Building community capital in social care: is there an economic case ?, *Community Development Journal*, 48 (2): 313–31.

Mayo, M. (2009) Community work, in R. Adams, L. Dominelli and M. Payne (eds), *Critical Practice in Social Work*, 2nd edn. Basingstoke: Palgrave Macmillan.

Midgley, J. and Livermore, M. (2005) Development theory and community practice, in M. Weil (ed.), *The Handbook of Community Practice*. Thousand Oaks, CA: Sage Publications.

Ohmer, M.L., Meadowcroft, P., Freed, K. and Lewis, E. (2009) Community gardening and community development: individual, social and community benefits of a community conservation program, *Journal of Community Practice*, 17(4): 377–99.

Pierson, J. and Thomas, M. (2010) Dictionary of Social Work. Maidenhead: Open University Press.

Stoecker, R., Loving, K., Reddy, M. and Bollig, N. (2010) Can community-based research guide service learning?, *Journal of Community Practice*, 18(2/3): 280–96.

Teater, B. and Baldwin, M. (2012) *Social Work in the Community: Making a Difference*. Bristol: Policy Press.

Twelvetrees, A. (2008) *Community Work*, 4th edn. Basingstoke: Palgrave Macmillan.

Wang, C.C. (2006) Youth participation in photovoice as a strategy for community change, *Journal of Community Practice*, 14(1/2): 147–61.

Weil, M., Gamble, D.N. and MacGuire, E. (2010) *Community Practice Skills Workbook: Local to Global Perspectives*. New York: Columbia University Press.

第十四章
團體工作

前言

團體工作是社會工作實務的基本方法,它是一個明確的個案團體方法,也可以運用在個案團體,例如家庭工作或社區工作,或者是社會工作團隊運作。就某種程度而言,所有個人都可以透過團體來運作,包括家屬、朋友、學校同儕、同事或娛樂休閒團隊。從這個意義來說,「團體對人生經驗極為重要」(Doel, 2013, p. 376)。團體可成為一個支持與互助來源以及個人自我與共同成長發展的地方。社會工作實務之團體工作透過在團體中分享共同的特徵、特質或經驗,是一個提供互助的有效方法。就團體工作範圍而言,團體是基本的改變來源〔International Association for Social Work with Groups (IASWG), 2013a〕,且團體工作之目的是成員們一起努力達成共同的目標。團體工作是一個彈性的方法,從高度結構化與時間限制的,到非正式與開放性,同時可以與許多其他社會工作方法合併運用(如動機式晤談、任務中心社會工作、焦點解決實務工作)。本章將討論團體工作理論與理論基礎、團體工作類型模式、團體過程、與團體的開始與實際運作狀況。

團體工作的起源

團體工作被歸入社會工作實務起源於十八世紀晚期與十九世紀初期之主流基督教團體工作,例如主日學、貧民學校、男女基督教青年會(YMCA, YWCA)等,目的在宣揚基督教,同時也對抗某些社會情境而影響個人,團體

與社區(Smith, 2004)。十九世紀期間，透過禮拜堂，男性工作者俱樂部，童子軍，睦鄰運動，青少年與成人教育等方式，開始發展出其他互助團體。這類俱樂部與活動較為重視團體，相較於聚焦於個人的COS (Charity Organisation Society)有所不同，強調共同努力達成共同目標。特別是成人教育，Basil Yeaxlee and Edward Lindeman，有其具體明確的團體過程(Smith, 2004)。此時開始團體工作發展成為一個方法，尤其是經過心理學與社會學理論加持，諸如Charles Horton Cooley「小團體理論」；Robert McIuer「群際關係」；George Herbert Mead「社會自我概念」；以及青少年工作人員與社區工作人員例如Josephine Macalister Brew and Josephine Kelin (Smith, 2004)。

　　1930年代團體工作開始納入成為社會工作的一環，於1960年代發展成為重要的方法。1970年代英國社會服務機構崛起，發展以團體工作為方法的青少年，家庭服務與心理衛生工作(Doel, 2013, p. 369)。許多教科書與英國期刊團體工作開始關注團體工作實務(Ward, 2009)。自此之後，社會工作實務明顯減少團體工作之運用(Drumm, 2006)，Ward (2009, p. 116)認為原因是社會工作者渴望專門化而非一般訓練，強烈重視法律，並且強調社會工作人員有法律責任，以及「新管理主義」強調結果評量而非實務方法的影響；因此形成重視個人與個人需求的社會工作相對於團體與社區或集體需求(Teater and Baldwin, 2012)。同時也導致團體工作實務由其他專業人員，例如諮商人員、職能治療人員(OT)與護理人員、或是志願與非營利單位的工作人員提供服務。儘管如此，團體工作仍然為社會工作實務常用的方法，團體工作的普及也使更多社會工作人員進入志願部門且活躍於法定服務。

團體工作釋義

　　為了運用團體工作，首先必須了解「團體」，團體定義「在某些時間裡，一群人集合在一起，視自己為團體的一員，同時也被外界認定為成員」(Preston-Shopt, 2007, p. 46)。Adams (2010, p. 205)進一步針對團體組成的最少人數明確規定：「團體是有互動且至少三個人或三人以上，成員們自覺與他人

也覺察彼此相互經驗分享」。從團體共同樣貌可以定義團體共同特質——將個人維繫與結合在一起的經驗特質，團體工作即是集合所有個人分享共同的特徵，特質或經驗，透過經驗分享彼此幫助或鼓勵個人，更重要達到群體的改變。

社會工作實務經常包含團體的運用，例如一名社會工作人員對家庭的服務，住宿機構或日間中心，兒童養育照護，特定族群團體（例如物質濫用），或協助成立自助團體(Adams, 2010)。不論何種團體，社會工作人員都應該了解團體過程與動力，以及團體準備，團體參與團體初期、中期、結束期運作的必備技巧。

團體工作實務依據團體工作理論實施，以社會心理學為基礎，如社會模仿與行為修正，團體工作理論假設是團體創造了一個環境，個人藉著彼此自我揭露經驗相互影響，對於成功的因應策略提供建議與資訊，相互建議與回饋。團體成員藉著自我揭露行為與獲得回饋，並且針對新的行為給予建議。個人根據他們從團體裡獲得的回饋修正自己的行為，個人認為團體是一個對其他有類似經驗成員自我揭露的安全場所，並且從每位成員的努力與成功加以學習。Lindsay and Orton (2008, p. 7)對團體工作定義為「是社會工作方法之一，透過有目的的團體經驗協助個人與團體滿足需求，並且去影響且改變個人、團體、組織與社區問題」。

Adams (2010, p. 206)提出三種主要的團體類型：問題焦點(problem-focused)，包括治療性的協助或自助團體；發展(development)強調教育性與個人成長；以及提升覺察(awareness raising)，目標為提升成員「知識與主題或議題的了解」。團體可能屬於這三種類型之一，或者這三種類型。例如，物質濫用團體可能被視為問題焦點團體，一個提升自尊的團體可以歸類為發展性團體，一個針對家庭暴力受害者自信心訓練的團體可視為發展性與提升意識團體。Doel (2006, pp. 23-4)進一步指出七個不同的功能來確認團體的類型：諮詢的、教育的、社會行動、社會控制、社會支持、任務性與治療性。再者，團體可能包括許多功能，例如任務導向團體提供治療性的功能。不論團體的類型與功能，團體提供成員相互幫助與支持、交換資訊的機會、學習與技巧檢測、培

養歸屬感，提供新的思考模式，從團體成員中獲取回饋時的感受與行為表現(Coulshed, 1991)。

> **練習14.1 團體如何幫助人？**
> 兩人一組或以小團體方式討論，想想你所參與的團體並回答下列問題：
> 1. 身為這個團體的成員有何收穫？
> 2. 身為這個團體的成員有何挑戰？
> 3. 你對此團體有何貢獻？怎麼做？

社會工作人員經常服務那些歷經或現在持續痛苦困難的個人，團體工作能將這些個人集合一起彼此分享學習。團體經驗讓個人了解他們並不孤單，團體其他成員可能也有類似的想法與感受。在團體之內所學習發展的知識與技巧，隨後可能轉變為個案在團體外自身環境的生活(Coulshed and Orme, 2012)。團體工作促進者（本章稱為團體工作人員）常被賦予任務去發掘共同經驗，事實與衝突(Drumm, 2006)，使成員們得以努力走過困難解決問題達成目標。Drumm (2006, pp. 20-2)提供一個社會工作團體的必備原則，摘要如表14.1。

團體類型

團體工作運用許多不同的團體類型，社會工作人員使用團體方法時將會需要決定哪種團體類型對個案及團體總體最有利益。Doel (2013, p. 371)引用Doel與Sawdon (1999, pp. 73-4)詳列團體的12個面向，用以說明團體整體特徵，有助於團體計畫執行，摘錄如下：

1. 團體歷史：團體可能是既有團體改編或新創的或從頭開始計畫。
2. 加入與離開：任何人皆可自由進出的開放式團體，或者特定成員可以加入的封閉式團體。
3. 團體組合：異質性團體允許不同成員加入，例如年齡或性別不同，或者限定相同屬性成員，例如限定女性。

▶ 表14.1　社會工作團體原則

包含並尊重所有成員	鼓勵每個成員參與團體，並且尊重其意見
互助	個人應該了解與回應自己的需求，就像其他人的需求，個人應該相互支持與幫助
管理階段	團體工作人員應認知與關注團體發展的階段，並在適當的階段加以干預
運用衝突	團體工作人員應突顯團體的衝突，予以了解發現與解決
發展、運用、與目的涵意打破禁忌	應持續重視團體發展與改變期間的目的，這種自覺對團體而言相當重要 團體工作人員可能需要提出團體成員視為羞愧，偏差或不正常的議題，可能包含表達「人們最難說出口的事，而說出『粉紅象』在房間(p. 21)（意即酗酒而不願意承認）」
活動價值	團體工作人員應從一連串活動中選出最符合團體成員學習的方式
問題解決	團體工作人員應允許團體成員發覺問題與展開問題解決，避免為團體解決問題

資料來源：Drumm (2006, pp. 20-2).

4. 領導：團體成員本身自行領導（自助）或由一名團體工作人員領導（實務者領導）。

5. 期限：團體持續運作沒有結束期（開放式）相對於有特定期限的時限性團體。

6. 長度：每次團體聚會時間長短可能長的，例如幾個小時，或是短的如30分鐘。

7. 間隔：團體成員可能很少見面，例如每個月，或是經常的，例如一週三次。

8. 大小：團體大小可能很大，超過十名以上成員，或者很小，至少三名成員。

9. 焦點：團體焦點可能外顯的，例如強調社區意識或社會公義，相對於內顯的，強調團體的過程與發展。

10. 選擇：團體成員可能是志願的，成員自己選擇加入，或者是強迫性（非志願性），成員被要求參加。

11. 結構:團體結可能是鬆散的,沒有設定的議程,或者是緊密的,有特定的議程。
12. 空間:團體運作空間可能分散的,或者密集或隱密的。

Doel (2013)強調團體可能有不同的樣貌,例如某個戒菸團體,是新創的,有一個必須遵守的治療行程,結構緊密的,由實務者領導,有時限的。然而**戒酒團體**(Alcoholics Anonymous, AA)可能是一個既存的團體,結構鬆散的、團體成員自行領導、開放式,而且沒有結束的期限。團體簡介也決定團體工作人員與成員的角色。Doel (2013, p. 370)質疑「有經驗的團體工作人員能夠運用各種不同的團體,因為他們了解團體過程,雖然各團體的目的不同,他們能運用這種了解幫助團體達成目的」。

團體過程

社會工作人員運用團體工作時應該先了解團體過程,Tuckman所提出團體發展時期(Tuckman, 1965; Tuckman and Jensen, 1977)有助於認識團體的成長、發展、衝突處理與目標達成。此模式由五個時期組成:形成、衝撞、規範、運作與中止,延伸為團體開始期、中間期與結束期。開始階段包括形成時期,中間階段有衝撞、規範與運作時期,而結束階段包括中止時期。團體通常朝直線方式發展,但經常在這些時期之間來回進展,例如,從團體可能會從形成,規範與衝撞到運作期,然後又回到衝撞期。團體工作人員必須留意每一個團體發展時期,每個時期都相當重要才能達到成效。例如,儘管潛藏著不安,團體工作人員不願意團體太快通過衝撞期,寧可讓團體成功經過此時期以達到運作期。團體工作人員注意當下團體所處時期,有助於了解工作人員本身之角色以及對團體最佳利益的干預方式。針對每個時期工作人員的任務描述如下:

1. 形成期。在形成期團體成員必須學習他們個人與團體的角色與責任,此時期團體成員開始相互認識、建立關係、團體認同與團體成員之間與工作人員是否可信任的(Tuckman, 1965)。團體工作人員應協助成員確定團體

之目的與目標，與協助建立團體成員之共通性與信任以達成任務(Healy, 2012)。Coulshed與Orme (2012)與Healy (2012)針對此時期團體工作者提出幾項任務如下：

- 包括團體工作人員，每個成員互相自我介紹，也許運用「破冰遊戲」鼓勵參與者。
- 建立涵蓋團體各時期的「基本規則」，諸如時間，傾聽、尊重彼此的觀點及保密原則。
- 對於團體目的與目標取得一致同意。包括每位成員加入團體之原因與說明每位成員透過團體想要達成的。
- 鼓勵每位成員參與。

2. 衝撞期。衝撞期團體開始經歷衝突，原因不外是成員為了成為領導者或權力與控制而爭鬥。成員們開始質疑自己為何要參加團體與他們在團體內之角色。團體開始分裂為幾個小的次團體，成員選邊站。此時期對於團體工作人員而言相當重要，工作人員應該允許成員經歷緊張與衝突，但須小心解決衝突，保持所有成員都能參與繼續走向運作期。Coulshed and Orme (2012) and Healy (2012)針對此時期團體工作人員提出幾項形成期的任務如下；

- 面對衝突時保持平靜，受到挑戰時勿演變成防衛心。
- 對於衝突應該予以認同與常態化，有助於了解團體本身的資源。但不過度強調孤立或難相處的成員。
- 小心處理允許成員表達他們關注的議題與克服衝突的因應策略。
- 小心開始賦予團體責任。

3. 規範期。此時期團體已經解決衝突並且進入一個平靜、意見一致與發展共識的運作關係。團體內達到普遍的承諾，並建立適當的運作模式。成員開始認同團體與確立個人角色，有時候成員的認同與角色並非正向的，例如

「代罪羔羊」或「沉默者」(Healy, 2012)。為了挑戰這些角色，促使規範期逐漸正向，Coulshed與Orme (2012)與Healy (2012)針對此時期提出團體工作人員的幾項任務如下：

▲ 運用團體活動以處理挑戰規範阻礙團體完成。
▲ 觀察團體並在過程與內容給予意見，以引導團體覺察。
▲ 更多傾聽而非指導性的角色。

4. 運作期。此時期團體對於目的與目標有一致的看法，而團體朝著這些目標努力。團體工作人員可能稍為減輕其促進者的角色，團體更能超越指導而運作。Coulshed與Orme (2012)與Healy (2012) 針對此時期提出團體工作人員幾項任務如下：

▲ 提供結構與重點，鼓勵成員擔負更多責任以達到團體目的與目標。
▲ 當團體求助時提供建議與支持。
▲ 觀察與察覺團體的成果。

5. 中止期。此時期為團體結束及希望是已經達到目的與目標的最後階段，此時期可以視為反應團體經驗，成就與前進策略之機會。進入結束期對於團體成員而言也是個困難的時間，彼此一起努力且形成連結與團體認同，團體工作者應謹慎處理。團體工作者的任務Coulshed與Orme (2012)與Healy (2012)針對此時期提出團體工作者幾項任務如下：

▲ 評估團體過程與成果。
▲ 察覺與慶祝團體成果。
▲ 讓團體成員有時間表達他們對團體結束的感受與失落感。
▲ 假如成員希望朝向其他不同目的或目標繼續共同努力，容許團體有時間回到計畫期。

團體計畫、運作與結束

　　社會工作人員運用團體工作方法時不僅需要了解團體類型、過程，也必須給團體計畫時間。團體工作人員的首要考慮是「團體將會顯現的特定需求是什麼？」(Doel, 2013, p. 372)。接下來的重點是確認團體的類型，結構與最適合團體目標的運作方法，以及符合團體需求與目標達成的最有效的幫助。最後，團體工作人員必須從團體開始到結束之過程予以關注，以確認成員清楚明白團體何時結束與如何結束。Coulshed與Orme (2012, pp. 242-3) 針對團體計畫提出某些基本疑問如下：

- 誰？多少？——團體工作人員需要確認組成團體的成員是誰？多少人？這個團體的成員可能是工作人員已經在服務的個案，例如日照中心的學習障礙兒童，或者是一個全新的團體。一旦決定團體的組成之後，團體工作人員應關注差異與平衡。團體的大小應是「超過三人，少於十四人」(p. 242)。

- 多久？——團體工作人員也需要決定團體的期限，與每次聚會的時間。應該採取開放式團體，不要設定結束時間且團體成員可以自由進出嗎？或者應該採取封閉式團體，明訂團體開始與結束時間，團體成員只能在開始時期加入？再者，決定團體的目的與目標。假如團體結構採開放式，也應考慮如何管理團體成員的離開與新成員的加入 (Doel, 2013)，因為這些可能影響團體目標分裂。Doel (2013) 建議因為成員變動中，開放式團體必須經常定期回顧團體目標。每次會議時間長度依照團體成員需求而定，可能短一點或需要中場休息。

- 哪一種方法？——為達成團體目標，團體工作人員必須決定哪一種團體工作方法最有效？團體工作人員不但需考慮成員的需求，還有工作人員本身的技巧。某些團體工作人員可能會根據理論觀點而使用特定的方法，例如認知行為治療，或心理治療，而其他團體工作人員則可能選擇機構所支持的方法。團體所運用的方法包括每次聚會時採用不同的活動，如透過藝術或音樂、遊戲或活動。

▲ 有哪些資源？——團體工作需考慮團體執行運作時所需要的資源，包括足夠的成員、容易到達的聚會場所、必需的設備，還有經濟考慮如場地租金、茶點、工作人員的時間與交通。

團體工作人員也需要確立他們在團體內的角色，決定是否團體進行期間作為領導者，或者逐漸將領導權逐漸傳遞給團體，或者團體（自助團體）與團體工作人員偕同領導，團體工作人員僅僅在團體開始時協助設置，或團體有任何需要時提供協助。在許多情況下（除了自助團體之外），團體工作人員是領導者或計畫團體的促進者，領導團體，監測與為團體結束做準備。Sharry (2001, p. 5)指出促進者的目的是「藉著個案相互幫助建立團體之信任氛圍，然後『遠離』團體後得以如此」。這種更民主的促進方式提供團體工作人員與團體成員彼此的合作機會。Healy (2012, p. 149)提醒「團體領導的合作模式應該在具備足夠權力與誠信之間達到良好的平衡，方能促進團體目標達成，同時也必須鼓勵共同分擔過程與結果的責任」。Healy (2012, pp. 151-6)認為團體工作人員為促成環境改變，必須堅持四項主要責任：(1) 建立信任——團體工作者可以藉著建立團體基本規則、模仿行為（例如可信度、保密、傾聽、受尊重），創造一個安全的環境，團體成員得以傾聽與尊重與表達與衝突處理，如此有助於團體成員建立信任；(2) 建立正向的團體認同——團體工作人員藉著強調團體共同的優勢而非問題或不足，並且立足於團體優勢創造一個共享的認同，因而提升團體正向的形象；(3) 促進團體所有權——團體工作人員應鼓勵團體負責任與團體所有權如適合於團體成員的技巧與能力；(4) 建立改變的方向——團體工作人員需確保團體活動與團體目的一致，並且將團體導向他們的目標。團體工作運用的活動與技術包括一般討論、角色扮演、書信使用、圖像技術（如插圖、蜘蛛網圖），視聽教材（如電腦、照相攝影），道具（如椅子、代幣、面具）或體能活動（例如舞蹈、歌唱、緩和運動、遊戲）(Doel, 2013)。團體工作人員也須不定時重提團體目的，確保所採用的活動與方法有助於朝向改變的方向。

團體工作人員也需要考慮團體工作的文件檔案或紀錄與回顧及評值(Doel, 2013)。針對每次團體聚會予以記錄與反省有助於團體過程之回顧，然後進一步計畫下次聚會。某些機構也許有標準化紀錄格式或方式，有些則很彈性，允許團體工作人員決定最佳的紀錄方式。有些人建議記錄內容包括成員名冊與團體重要發展紀錄，例如本次聚會有哪些不錯與哪些不太好的，同時也記錄每位成員，或者圖像記錄如蜘蛛圖記錄團體成員的座位與所發生的事(Brown, 1992; Coulshed and Orme, 2012)。不論記錄方式如何，團體工作人員仍須確保機密，只有那些取得許可的個人可以觀看。團體結束時的評值也相當重要，應該記錄成員之間的任何改變，確認是否達成目標與未來照舊繼續或加入哪些不一樣的。

最後，團體工作人員須特別注意團體結束期，團體應該察覺有計畫的結束，在最後一次聚會提供時間讓成員表達有關團體結束的想法與情緒。團體工作人員應強調本次聚會的成就，容許成員對團體運作與成就反省，並計畫未來。團體可能希望最後一次聚會有個慶祝標誌。

案例：團體工作在實務上的應用

你是一個社會經濟剝奪區域的兒童與家庭社區中心的社會工作人員，此社區青少女懷孕比率較高。幾乎所有參加社區中心的青少女母親失業且缺乏教育文憑。母親們常對你說她們有多麼願意工作，但不知道從哪裡開始找工作。他們的共同特徵是缺乏文憑與就業技能，所以你認定這個特定團體共同需求是技巧、教育與就業（確認團體的特定需求）。你問這些母親們是否願意加入一個以就業為目標而探索興趣與技巧的團體，母親們展露興趣，你開始在社區裡成立一個提升青少女母親教育或就業的團體。你從當地商家籌募350元協助團體運作。

你開始計畫團體的類型與功能，以團體需求為基礎（進一步教育或就業），你決定團體應是發展性，且具有任務指標與社會支持的功能。團體目標

指向探索母親們的興趣與技巧，並發展她們的教育與就業需求。就任務指標而言是指母親們參與那些教育與就業的活動，同時也提供母親們相互學習，分享共同經驗與支持的氛圍。團體成員已居住於社區中青少女母親，人數不超過十個（誰與多少人），那些從團體開始第一次聚會就加入的母親們關係緊密，也能持續參與團體。此團體採封閉式，每次聚會一個小時，每週一次，持續八週（期限），基於任務中心社會工作而設計結構性方案包括每週的活動與家庭作業（方法）。團體活動地點位於社區中心的一個房間，然後運用商家贊助基金提供茶點，與購買紙張、筆與其他資源包（資源）。居住在社區內的母親們可以走路或搭巴士來參加團體，團體進行期間也提供免費幼兒照顧。你領導每次聚會與促進團體與個人任務發展，因此為社區首次這類團體，你針對每次聚會好的與不好的都詳加記錄，同時你在結束期分發一個不記名問卷做為團體回顧與評值（文件記錄與回顧）。

　　你充分了解團體過程，團體計畫八週，但你打破週數及活動，分成開始期、中期與結束期。首次聚會你安排「破冰者」活動與自我介紹，接著擬定團體基本規則（形成期）。你要求團體成員給團體取個名字以建立共識，團體決定取名"Blazing Mums"。你也回顧團體的目的並且讓成員討論她們個人及團體的共同目標。你告知團體成員團體採結構式，每個成員都有家庭作業活動須要在下次聚會前完成。類似活動包括現有技巧評估，發掘興趣與嗜好，教育性活動與方案研究以及評估入學與／或就業所需資源（如兒童托育安排、交通、衣著）。首次聚會結束前簡略敘述之後七次聚會。

　　接下來七週團體持續進行，且經歷衝撞期、規範期與運作期。最後一週（中止期）團體回顧先前的過程並且慶祝他們的成果。媽媽們奉獻了時間精神參加團體，而且許多人完成每週活動，他們述說透過團體活動評估自己的技巧與需求，有些人也擬定了團體結束後的行動計畫。母親們也感受到來自同樣身為年輕母親的同儕支持，她們一致同意想要繼續見面互相支持，因此你幫助她們建立一個非正式團體，每週輪流在一個母親家裡聚會。最後一次聚會以「派對」方式進行，為母親們準備了蛋糕，以及相互交換手寫卡片。母親們也填寫不記名問卷，給予團體許多正向回饋。

優勢與限制

有許多社會工作實務運用團體工作方法之優勢與限制，優勢如下：

- 團體工作讓成員得以分享想法，感受與那些有類似經驗的他人之行為，「對礙於限制無法單獨處理的問題，不失為一種方式」(Adams, 2012, p. 204)。從這個意義來講，提供團體成員分享經驗，彼此回饋與相互學習的空間與機會，團體工作可視為一種為成員增權的方法(Adams, 2010)。成員可以在運用團體這個場域充分檢驗新的行為或因應技巧，以便日後在他們實際生活環境中應用。
- 透過鼓勵團體形成認同，負責任以及個人與全體共同成長發展，團體工作不失為一種反壓迫的方法。
- 團體工作對那些懼怕單獨獲得協助的個人而言，也是個安全的場域；團體讓個人從那些有類似經驗的其他成員身上獲得支持，團體成員因此得到資源與分享想法(Coulshed and Orme, 2012; Lindsay and Orton, 2008)。
- 團體工作可以與其他理論方法結合應用，也是個彈性的方法，團體工作者須了解團體類型與結構，還有團體過程，同時在實際操作時也需應用其他方法；例如厭食症青少年團體可以採用認知行為治療的結構式團體。

團體工作的限制如下：

- 長期以來，社會工作實務裡團體工作變得更不盛行了，個案與個人需求成為社會工作主流，社會工作人員實踐社會工作的能力受到限制。尤其那些因為機構的本質或時間與經濟資源而缺乏機構支持的個案。
- 團體工作並非適用於每個人，有些人覺得團體過程有點嚇人，因此寧願個別接受協助而非團體。基於個人意願與選擇，我們該給予尊重。雖然團體工作人員也會關注個人，但團體工作的重點畢竟是團體，此也意味著某些個人可能感覺受冷落或比起他人得到較少關注。

▲ 團體工作計畫與運作較昂貴，因此，更需要團體工作人員與機構的支持。
▲ 團體也可能變得有壓迫，雖然團體認同與角色的形成是個普通的過程，有些團體會深陷在衝撞期，某些個人、雙人或小團體表現出權威專斷的角色與邊緣化或壓迫他人。團體工作人員應該關注團體內任何壓迫或邊緣化的狀態，並且努力解決這些問題，讓團體能繼續往前運作。

倫理與文化的考量

團體工作併入社會工作實務時有倫理與文化的考量。首先，團體工作人員必須提供真實的資訊給團體成員，包括潛藏困難議題，例如對團體成員而言是禁忌的話題或者團體工作人員的想法與感受，都須列入保密(Gumpert and Black, 2006; Northen, 1999)。團體應將保密列為基本規則，但團體工作人員必須了解他們自己無法確保團體成員會遵守這個規定。團體工作人員在團體開始就應告知成員關於任何潛在限制或可能的負面影響，以及團體成員必須在被告知之後才繼續參與團體(Gumpert and Black, 2006)。第二，團體工作人員應留意每個成員出席狀況與鼓勵參與，然而也尊重個人有權利不參加。個別成員不該是被迫或操控加入團體，而是尊重鼓勵他們的自我決定(Gumpert and Black, 2006; Northen, 1999)。第三，團體工作人員應該堅持社會工作的原則與價值，而且保證她們具有專業能力可以進行團體計畫與執行(Gumpert and Black, 2006; Northen, 1999)。包括了解團體類型、團體過程與團體運作結束的方法，還有記錄與評值。最後，團體工作人員應該明白每個成員的不同與差異並且試著營造出一個尊重文化的團體氛圍。團體工作人員也應將此觀點導入團體討論同時遵守社會工作的原則與價值。有時候團體觀點與社會規範會有衝突，如果出現傷害的論點時，團體工作人員必須打破保密原則適當地告知團體之外的人。國際團體社會工作協會(IASWG)提出團體實務工作運用標準（請參考：http://iaswg.org/Practice_Standards）。

團體工作與反壓迫實務

當團體工作立基於社會公義、平等與參與時，其本質就是反壓迫的(Singh and Salazar, 2010)。團體工作的目標是將有類似特徵、特質與或經驗的人聚在一起分享資訊與資源，接受回饋與支持以相互學習促進個人與團體成長。這些人也許被社會邊緣化或壓迫，團體提供了一個機會與安全的環境給他們，獲得共同心靈幫助及支持。然後將那些在團體所學習的技巧轉移到生存環境中，以對抗那些過去的壓迫。團體工作人員在界定他們自己的角色與領導風格時，應鼓勵團體參與以及團體目標達成，要不然團體工作者可能營造出讓成員覺得限制或受壓迫。因此團體工作人員應該盡可能努力讓團體走向自我引導與參與(Doel, 2013)。如同先前所提及，團體工作的核心就是自我決定，將每個個體成員視為一個具有自己希望、選擇與受尊重的決定之整體。正因個人在團體外可能經歷壓迫，有時他們在團體內變成邊緣化或受壓迫，或被標籤為代罪羔羊或沉默者。團體工作者應加以關注以解決任何的衝突。最後，團體工作人員執行團體計畫時應該考慮個人與團體共同的需求，例如方便到達的聚會地點，以及活動與團體任務的適合性。

團體工作研究

團體工作被運用在各式各樣的情境與不同的個案團體，經常與其他方法合併使用，例如認知行為療法、動機式晤談或焦點解決實務工作。團體工作的效益取決於所使用的方法與團體的特定目標。例如強化智能障礙者自主性的團體(Carter et al., 2013)；一個針對被診斷嚴重心理疾病與物質濫用的退伍軍人團體的特殊治療方案"Skills for Recovery"相當有效益(Topor et al., 2013)；與針對墨西哥女性移民的家庭暴力干預課程也是有效的(Marrs Funchsel and Hysjullen, 2013)。因此，團體工作的效益取決於所運用的方法及特定目標的達成，還有機構與個案團體的參與。從《團體社會工作期刊》文獻回顧證實團體工作根本是不同機構的各式各樣個案。一般來說，團體工作對於團體成員與提供團體工

作服務之機構人員都有助益(O'Conner, 2002)。特別是，藉著傾聽的技巧與了解他人的能力，團體工作提供成員心理支持協助(Steinberg, 2003)，同時運用問題解決技巧與能力解決衝突(Northen and Kurland, 2001)。

摘要

本章旨在探討在社會工作實務中運用團體工作方法，將具有類似特徵，特質與或經驗的個人聚集在一起，培養發展心理支持與正向成長發展。雖然過去數十年以來社會工作實務逐漸減少運用團體工作，社會工作人員每日的實務工作仍持續運用團體方法——從家庭工作，到同仁共事，或特定個案群的結構式團體。社會工作人員欲有效運作團體，應該對不同類型與結構的團體以及團體過程具備基本了解，將有助於社會工作人員執行團體計畫與角色決定以及何種方法最適合團體。團體工作的本質也是增權與反壓迫的，致力於鼓勵所有成員參與，也促使團體盡量做到自我引導。本章對團體工作原理、團體類型與過程，以及執行計畫運作與結束予以概略闡述。

個案研究

以下案例研究與討論問題來自IASWG (2013a)〈實務工作者與教育者文獻〉。

你是某個志願服務機構的社會工作人員，服務對象是HIV/AIDS（愛滋帶原／愛滋病）。你跟同事決定成立一個最近因此病而喪失所愛者的照顧者團體，然而過去你工作的機構並未曾提供喪失所愛者之服務。什麼樣的團體適合這類成員的需求呢？社會工作人員的角色又是如何？你要如何策劃團體的架構，團體次數以及聚會時間長度、行事曆、成員多寡？你預期團體開始時成員有何想法與感受？你要如何呈現？

延伸閱讀

Groupwork – a British-based journal that focuses on the research and practice of groupwork both within the UK and internationally. An overview of the journal can be found at: http://essential.metapress.com/content/122773

International Association for Social Work with Groups (IASWG) – an association for professionals engaged in groupwork. The website provides additional resources used for practice and education – http://iaswg.org

Social Work with Groups – a journal that publishes research and practice on social work with groups. An overview of the journal can be found at: http://www.tandfonline.com/

Doel, M. (2006) *Using Groupwork*. London: Routledge.

This book provides an overview of groupwork and its application to social work practice.

Gumpert, J. and Black, P.N. (2006) Ethical issues in group work: What are they? How are they managed?, *Social Work with Groups*, 29(4): 61–74.

This article provides an overview of the ethical issues that groupworkers might face and how they can be managed.

Preston- Shoot, M. (2007) *Effective Groupwork*, 2nd edn. Houndmills: Palgrave Macmillan.

This book covers the values, knowledge and skills necessary to work effectively with groups.

參考文獻

Adams, R. (2010) *The Short Guide to Social Work*. Bristol: Policy Press.

Brown, A. (1992) Groupwork, 3rd edn. London: Ashgate.

Carter, I., Munro., S. and Martin, S. (2013) Exploring autonomy in group work practice with persons with intellectual disabilities, *Social Work with Groups*, 36(2/3): 236–48.

Coulshed, V. (1991) Social Work Practice: An Introduction, 2nd edn. Basingstoke: Macmillan.

Coulshed, V. and Orme, J. (2012) *Social Work Practice*, 5th edn. Basingstoke: Macmillan.

Doel, M. (2006) *Using Groupwork*. London: Routledge.

Doel, M. (2013) Groupwork, in M. Davies (ed.), *The Blackwell Companion to Social Work*, 4th edn. Chichester: John Wiley & Sons.

Doel, M. and Sawdon, C. (1999) *The Essential Groupworker: Teaching and Learning Creative Groupwork*. London: Jessica Kingsley.

Drumm, K. (2006) The essential power of groupwork, *Social Work with Groups*, 29(2/3): 17–31.

Gumpert, J. and Black, P.N. (2006) Ethical issues in group work: what are they? How are they managed?, *Social Work with Groups*, 29(4): 61–74.

Healy, K. (2012) *Social Work Methods and Skills: The Essential Foundations of Practice*. Basingstoke: Palgrave Macmillan.

International Association for Social Work with Groups (IASWG) (2013a) *IASWG Practice Standards*. http://iaswg.org/Practice_Standards (accessed 14 August 2013).

International Association for Social Work with Groups (IASWG) (2013b) *Example of Assignments for Social Work with Groups Courses: Beginning with a Group*. http://www.iaswg.org/docs/syllabus/Beginning%20with%20a%20group.pdf (accessed 19 August 2013).

Lindsay, T. and Orton, S. (2008) *Groupwork Practice in Social Work*. Exeter: Learning Matters.

Marrs Fuchsel, C.L. and Hysjullen, B. (2013) Exploring a domestic violence intervention curriculum for immigrant Mexican women in a group setting: a pilot study, *Social Work with Groups*, 36(4): 304–20.

Northen, H. (1999) Ethical dilemmas in social work with groups, *Social Work with Groups*, 21(1/2): 5–17.

Northen, H. and Kurland, R. (2001) *Social Work with Groups*, 3rd edn. New York: Columbia University Press.

O'Conner, D.L. (2002) Toward empowerment: re- visioning family support groups, *Social Work with Groups*, 25(4): 37–46.

Preston- Shoot, M. (2007) *Effective Groupwork*, 2nd edn. Houndmills: Palgrave Macmillan.

Sharry, J. (2001) *Solution- focused Groupwork*. London: Sage Publications.

Singh, A.A. and Salazar, C.F. (2010) The roots of social justice in group work, *The Journal for Specialists in Group Work*, 35(2): 97–104.

Smith, M.K. (2004) The early development of groupwork. http://www.infed.org/groupwork/early_group_work.htm (accessed 14 August 2013).

Steinberg, D.M. (2003) The magic of mutual aid, *Social Work with Groups*, 25(1/2): 31–9.

Teater, B. and Baldwin, M. (2012) *Social Work in the Community: Making a Difference.* Bristol: Policy Press.

Topor, D.R., Grosso, D., Burt, J. and Falcon, T. (2013) Skills for recovery: a recovery- oriented dual diagnosis group for veterans with serious mental illness and substance abuse, *Social Work with Groups*, 36(2/3): 222–35.

Tuckman, B.W. (1965) Development sequence in small groups, Psychological Bulletin, 63(6): 384–99.

Tuckman, B.W. and Jensen, M.A.C. (1977) Stages of small group development revisited, *Group and Organisation Studies*, 2(4): 419–27.

Ward, D. (2009) Groupwork, in R. Adams, L. Dominelli and M. Payne (eds), *Critical Practice in Social Work*, 2nd edn. Basingstoke: Palgrave Macmillan.

索引

PCS模式　PCS model　13
Thompson取向　Thompson's approach　13

▶ 一劃

一般系統理論　general systems theory　17
一般性評估架構　common assessment framework, CAF　38

▶ 二劃

人本主義　Humanism　126
人本主義心理學　humanistic psychology　126
人本主義心理學派　humanistic school of psychology　125
人本取向　humanistic　38
人格理論　theory of personality　125
人格機制　personality mechanisms　127

▶ 三劃

大量問題　problem-laden　199
女性主義完形療法　feminist gestalt therapy　115
女性主義社會工作　feminist social work　105
女性主義敘事療法　feminist narrative therapy　115
女性主義理論　feminist theory　8
女性主義結構主義　feminist constructionism　84

▶ 四劃

不一致之處　discrepancies　155
不契合　unfavourable　26
五階段模式　five-stage model　2
內化　internalization　128
內在動機　intrinsic motivation　147

友善訪視　befriending　267
反歧視　anti-discriminatory　247
反社會人格障礙　antisocial personality disorder)　193
反映式回應　reflective statements　156
反壓迫　anti-oppressive　211
反壓迫工作　anti-oppressive work　8
引發　evoking　151
心理社會理論　psychosocial theory　7
心理動力理論　psychodynamic theory　126
文化脈絡　cultural context, C　13
方法　methods　1
水淨化處理　water purification　169

▶ 五劃

代間取向　intergenerational　38
代幣制度　token economies　185
以困境為導向的對話　problem-oriented talk　199
以增權為基礎　empowerment-based　169
功能體　functional whole　17
外延性　extensionality　131
失智症治療圖譜　dementia care mapping, DCM　136
必要且充分的條件　necessary and sufficient conditions　132
正在進行改變之對話　mobilizing change talk　159
生命階段發展理論　life-stage development　109
生命模式　life model　19
生態觀點　ecological perspective　4, 17
目的　aspirations　170
目標問句　goal question　203
矛盾心理　ambivalence　147

289

六劃

任務中心取向　task-centred approach　6
任務中心模型　task-centred model　217
危機干預　crisis intervention　210
危機介入　crisis intervention　4
危機狀態評估量表　Crisis State Assessment Scale, CSAS　249
危機理論　crisis theory　4
合作性的關係　collaborative relationship　8
同理條件　the conditions of empathy　132
同理理解　empathetic understanding　132
因應型問句　coping question　205
多元交織性　intersectionality　107
好奇的態度　position of curiosity　3
成人心理衛生服務　adult mental health services　194
次系統　subsystem　19
老年病學　gerontology　193
自助　self-help　63
自我肯定訓練　assertion training　184
自我效能　self-efficacy　148
自我揭露　self-disclosing　119
自我感覺　sense of self　117
自我概念　self-concept　127
自動化思維　automatic thought processes　178
行為主義　behaviourism　126
行為和情感的結果　behavioural and emotional consequences　182
行為操作理論　theories of behavioural conditioning　175
行為療法　behavioural therapy　176
行為類別代碼　behaviour category code　136
行動　action　2
行動系統　action system　22

七劃

低度契合　minimally adequate　26
均衡　equilibrium　19
完形療法　gestalt therapy　118
戒酒團體　Alcoholics Anonymous, AA　276
批評結構主義　critical constructionism　84
抗拒　resistance　160
折衷取向　eclectic approach　6
改述　paraphrasing　157
改變中介系統　change agent system　22
改變措辭來表述　rephrasing　157
改變理論　change theory　2
改變對話　change talk　148, 158
決策平衡　decisional balance　152
決策制定　decision-making　163
決策權衡　decisional balance　163
決策權衡　decision balance　3
沉思期　contemplation　148
沉思期階段　contemplation stage　3
系統內部平衡　homeostasis　19
系統理論　systems theory　4, 17
系統減敏法　systematic desensitization　185

八劃

例外　exceptions　197
例外問句　exception question　203
依附理論　attachment theory　4
兒童身心症　childhood somatic disorders　193
兒童憂鬱／焦慮症　childhood depression/anxiety　193
取向　approach　2
性偏差　sexual deviance　193
治療師　therapist　132
治療場域　treatment milieu　135
注意力不足過動症　attention deficit hyperactivity disorder, ADHD　193

直線的前進　linear progression　154
社區復健計畫　assertive community treatment　57
社區導航員　community navigators　267
社會交替　social interchange　88
社會性別角色　gender roles　106
社會建構主義　social constructivism　3, 83
社會架構　societal framework, S　13
社會結構主義　social constructionism　84
社會診斷　social diagnosis　44
社會層級　sector of society　88
肯定　affirmations　156
附屬問句　satellite　204
非指導取向治療法　non-directive approach to therapy　127
非權威性態度　non-authoritative stance　139

▶ 九劃

俗民方法論　ethnomethodology　84
信念系統　belief system　182
後設分析　meta-analysis　212
後設架構　meta-framework　91
思覺失調症　schizophrenia　52
政治宣傳　political advocacy　111
架構　framework　3
為改變作準備之對話　preparatory change talk　159
英國社會工作協會　British Association of Social Work　255
計畫　planning　151
重要他人　significant other　10
陌生情境實驗　experiment of the Strange Situation　11
面向　aspects　91
面質　confrontation　151
風格　style　148

▶ 十劃

個人：環境契合度　person:environment fit　28
個人中心取向　person-centred approach　85, 125
個人中心理論　person-centred theory　3
個人中心療法　person-centred therapy　125
個人運作　individual functioning　89
個人層面　personal level, P　13
個案系統　client system　22
倡議　advocacy　192
哲學-行為-方法論思想系統　philosophical-behavioural-methodological thought system　86
家族治療　family therapy　18
恐慌症　panic disorder　193
效果律　law of effect　177
時間銀行　time banks　267
真我　true self　125
真實　realness　84
真實取向　in vivo approach　48
真實的考驗　reality-testing　130
破壞行為　disruptive behaviour　4
神經性厭食症　anorexia　116
高度契合　favourable　26

▶ 十一劃

動機式晤談　motivational interviewing　3, 138, 190
參與　engaging　151
問題飽和　problem-saturated　199
問題導向模式　problem-based approach　48
執行　implement　2
基模　schemas　178
基線數據　baseline data　183
情感反轉移　countertransference　9
情感的反映　reflection on feeling　157
情感連結　emotional bond　10
情感轉移　transference　9

敘事治療　narrative therapies　38
敘事治療　narrative therapy　85
敘事治療　narrative therapy approaches　93
現象社會學　phenomenological sociology　84
現實　reality　197
現實測驗　reality test　175
理論　theories　1
第一序改變　first order change　201
第二序改變　second-order change　201
處理訊息　throughputs　25
處遇　intervention　2
處遇服務　involvement　96

▶ 十二劃

創傷後心理壓力緊張症候群　post-traumatic stress disorder, PTSD　193
單極性憂鬱症　unipolar depression　193
復發　relapse　154
最大利益　best interest　170
無條件的積極關懷　unconditional positive regard　132
無條件的積極關懷　unconditional positive regard　68
焦點解決問題　solution-focused questions　51
焦點解決短期治療取向　solution-focused brief　38
焦點解決實務工作　solution-focused practice　6
策略性取向　strategic　38
結果問句　outcome question　205
結構性取向　structural　38
視覺模式　visual model　4
評估　assessment　181, 194
評量問句　scale question　203
評價　evaluation　181, 194
量尺法　scaling　3
開放式問句　open-ended question　156
階級式　hierarchical　210

順從性　compliance　169

▶ 十三劃

意向性　intentionality　130
意識形態視角　ideological perspective　115
意識喚醒　Consciousness raising　69
意識覺醒　consciousness-raising, CR　107
準實驗設計　quasi-experimental designs　212
解決問題取向對話　solution-oriented talk　199
解放　liberation　65
跨理論模式　transtheoretical model, TTM　148
運用自我　use of self　8
道德缺陷　moral weakness　44

▶ 十四劃

厭惡療法　aversion therapy　185
夢想問句　dream question　204
實用主義　pragmatic　213
實相　reality　83
實務　practice　2
實務智慧　practice wisdom　5
實證本位實務　evidence-based practices, EBP　139
對內化行為　internalizing behaviour　212
對外化行為　externalizing behaviour　212
摘要　summaries　156
種族敏感　ethnically sensitive　107
管理照護服務　managed care service　119
精神分析　psychoanalytic　106
精神動力學　psychodynamic　106
精神動力學療法　psychodynamic approaches　109
維持現狀對話　sustain talk　159
聚焦　focusing　151
認知失調　cognitive dissonance　148
認知行為理論　cognitive behavioural theory　8
認知行為療法　cognitive behavioural therapy　175

誘發事件　activating event　182
銜接課程　access course　137

▶ 十五劃

價值條件　conditions of worth　129
增強　reinforcement　185
增權　empowerment　63
增權取向　empowerment approach　63
增權取向工作　empowerment-based work　8
廣泛性焦慮症　generalized anxiety disorder　193
標的系統　target system　22
模仿和角色扮演　modelling and role-plays　185
模式　model　3
衝突模式　conflict model　163
談話療法　talking therapy　191

▶ 十六劃

激進派建構主義　radical constructivism　84
積極自我關懷　positive self-regard　128
積極關懷　positive regard　128
篩選機制　filtering mechanisms　88

▶ 十七劃

優勢取向　strengths-based approach　8
優勢觀點　strengths perspective　85

▶ 十八劃

擴大反映　amplified reflection　161
簡單反映　simple reflection　161
覆述　repeating　157
蹟問句　miracle question　202
雙重反映　double-side reflection　161

▶ 十九劃

懵懂期　precontemplation　148
關係文化療法　rational-cultural therapy　120
關係取向社會工作模式　relationship-based social work　8
關係彈性　relational resilience　111
關係權限　relational competence　111

▶ 二十劃

嚴格結構主義　strict constructionism　84

▶ 二十二劃

權力剝奪　disempowering　191
權力差異　power-differential　170

▶ 二十五劃

觀點　perspective　3

MEMO